Christoph Probst

Ein Student der „Weißen Rose"

Bibliografische Information der Deutschen Nationalbibliothek
Die Deutsche Nationalbibliothek verzeichnet diese Publikation
in der Deutschen Nationalbibliografie; detaillierte bibliografische
Daten sind im Internet unter http://dnb.de abrufbar.

1. Auflage 2020
Alle Rechte vorbehalten
© Paulinus Verlag GmbH, Trier
Umschlagabbildung: Titelseite: „Weisse Rose Institut, München"
Rückseite: George (Jürgen) Wittenstein / akg-images 894360
Gesamtherstellung: Paulinus Verlag, Trier
Druck: Repa-Druck, Saarbrücken-Ensheim
ISBN 978-3-7902-1741-4
www.paulinus-verlag.de

Thomas Mertz

Christoph Probst

Ein Student der „Weißen Rose"

paulinus

Inhalt

Zeittafel	6
Ein kurzer Blick auf die Münchener Studenten der „Weißen Rose"	13
Erster Teil **Der liebende Unbekannte – ein Lebensbild**	23
Murnau und Kochel am See, November 1919 bis April 1927	28
Murnau, Oberstdorf und Nürnberg, April 1927 bis Sommer 1932	32
Marquartstein, Schuljahre 1932 bis 1935	34
München, Schuljahr 1935/36	39
Schondorf, Schuljahr 1936/37	42
Arbing bei Osterhofen und Oberschleissheim, April 1937 bis April 1939	54
München und Schongau, April 1939 bis April 1941	56
München, Sommersemester 1941	62
Straßburg, Oktober 1941 bis März 1942	69
München, April 1942 bis 22. Juli 1942	81
München, am Eibsee, Lermoos, Ende Juli 1942 bis Ende Oktober 1942	96
Lermoos, Innsbruck, München, Dezember 1942	103
Lermoos, Innsbruck, München, Januar und Februar 1943	111
München, 19. bis 24. Februar 1943	122

Zweiter Teil
Ein Briefporträt — 137

Fotos aus dem Leben von Christoph Probst — 163

Dritter Teil
„… ein einziger Weg zu Gott" — 171

Freundschaften — 171

Verhaltensweisen menschlichen Richtigseins — 173

Das Leben ist eine Mission — 175

Glauben — 178

Freiheit! — 179

Das einzelne Gewissen — 180

Widerstand — 182

Wir werden gerichtet nach der Liebe — 184

Nachtrag
Was aus den Freunden der „Weißen Rose" wurde — 187

Lesetipps und Kurztitel — 193

Zeittafel

1919 Christoph Probst wird am 6. November als zweites Kind von Hermann und Katharina Probst, geb. von der Bank, in Murnau geboren. Der Vater ist promovierter Chemiker und Privatgelehrter, die Mutter Lehrerin.

1921 Trennung der Eltern. Christoph und seine Schwester Angelika leben von nun teils bei der Mutter, teils beim Vater.
Im April 1922 wird die Ehe geschieden.

1923 Im März heiratet Katharina Probst den Ingenieur Eugen Sasse.

1924 Dieter Sasse wird geboren.

1925 Ab Oktober wohnt die Familie Sasse für drei Jahre im sogenanten „Russenhaus", dem Sommerhaus von Wassily Kandinsky und Gabriele Münter.

1927 Am 28. April wird Christoph eingeschult. Er kommt in die zweite Klasse der Murnauer Knabenschule, nachdem er das erste Schuljahr von seiner Mutter unterrichtet worden war.
Ende Juli wechselt Christoph in das private Kinderheim Schult in Oberstdorf, wo sein Vater zu dieser Zeit mit Elise Jaffé wohnt. Er besucht das Kinderheim wohl bis 1929, seine Mutter unterrichtet ihn das vierte Schuljahr wieder selbst.

1928 Im September heiratet Hermann Probst seine langjährige Lebensgefährtin Elise Jaffé.

1929 Mitte März 1929 ziehen Hermann und Elise Probst nach Langenwang, Gemeinde Fischen im Landkreis Oberallgäu.

1930 Von Ostern 1930 bis Juni 1932 besucht Christoph Probst das staatliche Neue Gymnasium in Nürnberg.
Hermann und Elise Probst ziehen nach Ruhpolding-Zell.

1932 Katharina Sasse trennt sich von ihrem zweiten Mann und siedelt von Nürnberg nach Marquartstein über, wo ihre drei Kinder aus erster und zweiter Ehe an dem dortigen Landerziehungsheim ihre Schulbildung als Externe fortsetzen können. Christoph Probst besucht die Schule bis Ostern 1935.

1933	Am 30. Januar beginnt mit der „Machtergreifung" Adolf Hitlers die rasche Umgestaltung Deutschlands in den totalitären NS-Staat.
1935	Im Schuljahr 1935/36 lernt Christoph Probst am Neuen Realgymnasium in München in der Klasse 7a seinen besten Freund Alexander Schmorell kennen. Am 15. September 1935 verabschiedet der Reichstag die Nürnberger Gesetze, die rechtliche Grundlage der Judenverfolgung in Deutschland.
1936	Von Ostern 1936 bis zu seinem Abitur im März 1937 ist Christoph Probst Schüler des Landerziehungsheims Schondorf. Am 28. Mai stürzt sich Hermann Probst unerwartet aus dem Fenster der Klinik, in der er wegen psychotischer Depressionen in Behandlung ist; er stirbt einen Tag später an den Folgen.
1937	Ab April absolviert Christoph Probst seinen Arbeitsdienst im zweiten Arbeitslager in Osterhofen-Arbing, etwa 35 Kilometer von Passau. Im November beginnt er seinen Militärdienst bei der Flak in der Luftwaffenkaserne in München-Freimann/Oberschleissheim.
1938	Im November absolviert Christoph Probst einen fünfmonatigen Sanitätsdienst in Schleissheim.
1939	Im April beginnt Christoph Probst sein Medizinstudium in München. Im Sommer (möglicherweise schon ein Jahr zuvor) lernt er seine künftige Frau Herta Dohrn, die Schwester eines Klassenkameraden, kennen. Am 1. September beginnt mit dem deutschen Angriff auf Polen der Zweite Weltkrieg. Hitler beschließt Anfang Oktober die – später so genannte – „Aktion T4" zur systematischen Ermordung von über 70.000 Menschen mit physischen, psychischen und geistigen Behinderungen durch die Zentraldienststelle T4.
1940	Von Anfang April bis Ende August verrichtet Christoph Probst als Sanitätsunteroffizier auf dem Krankenrevier der Flakartillerieschule in Altenstadt bei Schongau seinen Dienst. Am 7. Juni 1940 wird sein Sohn Klaus Michael geboren. Beginn der Westoffensive mit der Einnahme von Paris am 14. Juni 1940.

1941 Von Ende Januar bis März muss Christoph Probst erneut seinen Sanitätsdienst in Schongau in der Garnison am Fliegerhorst leisten.
Im Frühjahr lernt Alexander Schmorell Hans Scholl kennen.
Am 21. Juni beginnt der Angriffskrieg Deutschlands auf die Sowjetunion.
Am 19. August heiratet Christoph Probst Herta Dohrn standesamtlich.
Im Herbst lernt Hans Scholl den „Hochland"-Gründer Carl Muth kennen.
Im Oktober wird Christoph Probst nach Straßburg an die dortige neu gegründete „Reichsuniversität" versetzt.
Im November heiratet seine Mutter Katharina den Münchener Arzt Dr. Heinrich Kleeblatt.
Am 30. Dezember wird Christophs zweiter Sohn Vincent geboren.

1942 Im Februar beginnen die Lese- und Diskussionsabende der Münchener Studenten mit der Lesung des „Seidenen Schuhs" von Paul Claudel.
Im April wird Willi Graf in die Münchener Studentenkompanie versetzt.
Im Mai beginnt Sophie Scholl ihr Biologie- und Philosophie-Studium in München und lernt den Freundeskreis ihres Bruders Hans kennen.
Im Sommersemester besuchen Hans und Sophie Scholl und einige Freunde die Leibniz-Vorlesung von Professor Kurt Huber an der Münchener Universität.
Am 3., 17. und 23. Juni sowie Anfang Juli und am 9., 10., 16. und 22. Juli finden Lese- und Diskussionsabende statt, die die Verbreitung der ersten vier Flugblätter flankieren.
Am 13. Juni beginnt die Freundschaft Willi Grafs mit Hans Scholl.
Am 17. Juni stößt Professor Huber zum Freundeskreis.
Die vier von Hans Scholl und Alexander Schmorell verfassten Flugblätter der „Weißen Rose" erscheinen zwischen dem 27. Juni und dem 12. Juli. Christoph Probst hat davon Kenntnis.

Am 22. Juli beginnt die Deportation der Juden aus dem Warschauer Ghetto in das Vernichtungslager Treblinka.
Vom 23. Juli bis zum 6. November absolvieren Alexander Schmorell, Hans Scholl und Willi Graf ihre Pflichtfamulatur in Gshatsk bei Moskau.
Anfang September mieten Christoph und Herta Probst mit Sohn Michael ein Zimmer im österreichischen Alpendorf Lermoos.
Am 27. September spricht Thomas Mann in einer BBC-Rundfunksendung über die Massenvernichtung von Juden.
Im November und Dezember finden regelmäßige Treffen des Freundeskreises der „Weißen Rose" in der Wohnung der Geschwister Scholl und im Atelier Eickemeyer statt. Willi Graf und Professor Kurt Huber nehmen aktiv an den weiteren Aktionen teil. Es gibt Versuche, den Aktionskreis u.a. in Stuttgart, Hamburg, Berlin, Saarbrücken, Freiburg, Köln und Bonn zu erweitern.
Im November beziehen Christoph und Herta Probst in Lermoos ihre erste und einzige gemeinsame Wohnung, die Herta Probst nach Kriegsende beibehalten wird.
Nach der Einnahme Stalingrads durch die deutsche 6. Armee wird die Stadt am 22. November von der Roten Armee eingekesselt.

1943 Im Januar ziehen sich die deutschen und italienischen Verbände aus Nordafrika nach Tripolis zurück.
13. Januar: Der bayerische Gauleiter Paul Giesler beleidigt in einer Rede vor Münchener Studierenden die anwesenden Studentinnen. Es kommt unter den Studenten zu Protesten.
Am 21. Januar wird Christophs Tochter Katja geboren.
Vom 14. bis 24. Januar beraten US-Präsident Franklin D. Roosevelt und der britische Premier Winston Churchill in Casablanca über den weiteren Kriegsverlauf. Sie fordern die bedingungslose Kapitulation Deutschlands.
Zwischen dem 27. und dem 29. Januar erscheint das fünfte Flugblatt der „Weißen Rose" in sechs süddeutschen und österreichischen Städten. Hans Scholl, Alexander Schmorell und Will Graf verteilen etwa 2.000 bis 5.000 Exemplare des fünften Flugblatts nachts in der Münchener Innenstadt.
Am 28. oder 29. Januar verfasst Christoph Probst den Flugblattentwurf, der ihn das Leben kosten wird.
Am 31. Januar übergibt Christoph Probst seinen Flugblattentwurf Hans Scholl, der ihn darum Ende November gebeten hatte. – Gegen den Befehl Hitlers kapituliert der südliche Kessel von Stalingrad unter Generaloberst Paulus. Zwei Tage später geben sich auch die Truppen im Norden geschlagen.
Am 3. Februar wird die deutsche Niederlage in Stalingrad offiziell bekannt gegeben.
Sophie Scholl verteilt Anfang Februar tagsüber Flugblätter in München.
In einer ersten Nachtaktion vom 3. auf den 4. Februar malen Alexander Schmorell und Hans Scholl in München Freiheitsparolen an Häuserwände, u.a. an das Universitätsgebäude.
Am 8./9. Februar folgt eine zweite Nachtaktion.
Zwischen dem 5. und 11. Februar richtet die Münchener Gestapo eine Sonderkommission ein zur Ermittlung derer, die hinter den regimekritischen Flugblättern stecken.
Ab dem 12. Februar wird das von Kurt Huber verfasste sechste Flugblatt gedruckt und verteilt.
In einer dritten Nachtaktion vom 15. auf den 16. Februar geben Hans Scholl, Alexander Schmorell und Willi Graf an verschiedenen Postämtern versandfertig gemachte Flugblätter auf und schreiben weitere Parolen an Gebäude in der Münchener Innenstadt.

Am 17. Februar wird Hans Hirzel aus Ulm von der Gestapo verhört und mit dem Namen Sophie Scholl konfrontiert. Hirzel informiert daraufhin die Eltern Scholl mit einem vereinbarten Codewort.

Am 18. Februar werden Hans und Sophie Scholl in der Universität München bei der Verbreitung von Flugblättern entdeckt und verhaftet. Am Abend werden Willi Graf und seine Schwester Anneliese verhaftet. Alexander Schmorell versucht zu fliehen. – In seiner berüchtigten Rede im Berliner Sportpalast verkündet Propagandaminister Joseph Goebbels unter großem Beifall des Publikums den „Totalen Krieg".

Am 20. Februar wird Christoph Probst in Innsbruck verhaftet und nach München überstellt.

Am 22. Februar werden die Geschwister Scholl und Christoph Probst vom Volksgerichtshof unter Vorsitz seines Präsidenten Roland Freisler zum Tode verurteilt. Das Urteil wird noch am gleichen Tag vollstreckt.

Am 24. Februar wird Alexander Schmorell in München verhaftet.

Am 27. Februar wird Kurt Huber verhaftet.

Am 19. April findet der zweite „Weiße Rose"-Prozess vor dem Volksgerichtshof statt. Willi Graf, Alexander Schmorell und Professor Kurt Huber werden zum Tode verurteilt. Zehn weitere Angeklagte erhalten Gefängnis- und Zuchthausstrafen.

Im Juni erwähnt Thomas Mann in einer BBC-Sendung die Studenten der „Weißen Rose".

Am 13. Juli sterben Alexander Schmorell und Kurt Huber unter dem Fallbeil.

Am 12. Oktober wird auch Willi Graf nach monatelangen, ergebnislosen Verhören hingerichtet.

Im Dezember werfen britische Bomber das sechste Flugblatt der „Weißen Rose" über Deutschland ab.

Ein kurzer Blick auf die Münchener Studenten der „Weißen Rose"

Von den sechs Studenten, die den Kern der Widerstandsbewegung „Weiße Rose" bildeten, sind Hans und Sophie Scholl weltweit bekannt. Alexander Schmorell wurde von der russisch-orthodoxen Kirche heiliggesprochen, die Seligsprechung von Willi Graf wird derzeit durch die katholische Kirche geprüft und nach Professor Kurt Huber wurde die eine Hälfte des Platzes vor dem Hauptgebäude der Münchener Universität benannt – gegenüber dem Geschwister-Scholl-Platz. Weniger Aufmerksamkeit fand seit jeher – trotz seiner nicht unbedeutenden Rolle im Kreis der widerständigen Freunde – Christoph Probst.

Christel, wie er im Familien- und Freundeskreis genannt wurde, lernte auf dem Neuen Realgymnasium in München im Schuljahr 1935/36 mit 15 Jahren den zwei Jahre älteren Mitschüler Alexander Schmorell kennen. Zwischen den Beiden entwickelte sich eine Freundschaft, die trotz unterschiedlichen Charakters und zeitlicher Trennungen „unzerreißbar" wurde und ihr kurzes Leben lang hielt. Beide studierten Medizin, Christel aus Profession, Alex oder Schurik, wie die Koseform seines Namens im Russischen lautet, bis er wusste, dass er lieber Bildhauer werden wollte. Christel begann sein Studium 1939 gleich in München, Schurik folgte dem Freund nach einem Abstecher an die Hamburger Universität im folgenden Semester dorthin.
Ein Jahr später, im Sommersemester 1941, begegnete Schurik bei der zweiten Studentenkompanie in der Kaserne der ehemaligen Bergmannschule einem Kommilitonen, Hans Scholl, der mit ihm die Freude an einer guten Flasche Wein und an der Kunst des französischen Bildhauers Auguste Rodin teilte. Hans litt wie sein neu gewonnener freiheitsliebender Freund am Regime und am Kommiss. Beide verschwanden so manchen Sportnachmittag, um sich dem Rebensaft und einem guten Buch zuzuwenden[1]. Wann Alexander Schmorell seine beiden Freunde zusammenbrachte, ist ungewiss – doch bezeichnet auch Christoph Probst ein Jahr später Hans Scholl als seinen Freund.

---

[1] Christiane Moll (Hg.), Alexander Schmorell – Christoph Probst. Gesammelte Briefe, Schriftenreihe der Gedenkstätte Deutscher Widerstand Reihe B: Quellen und Berichte (hrsg. Von Peter Steinbach und Johannes Tuchel), Band 3, Berlin 2011 (Kurztitel: Moll), S. 433. Der Autor fühlt sich diesem Buch von Christiane Moll auch über die einzelnen Zitate hinaus in besonderer Weise verpflichtet.
Die in den Briefen verwandte Orthografie und Zeichensetzung wurde wie in der Briefausgabe beibehalten. Das führt unter anderem dazu, dass Christel, wie er sich selber schrieb, manchmal „Christl" geschrieben wird, u.v.a.

Diese drei jungen Menschen bilden den Nukleus jenes Freundeskreises, der später „Weiße Rose" genannt wird. Mit ihren drei Namen ist die „Kernmannschaft" in ihrem frühesten Entwicklungsstadium zu fassen. Denkvorschriften und Denkverbote – political correctness, wie es heute heißt – hatten die Studenten schon zu Schülerzeiten zum Nachdenken gebracht. Ereignisse in ihrem direkten Erfahrungsumfeld und von der Front, aus dem Inland und aus den besetzten Gebieten bestärkten sie immer mehr in ihrer grundsätzlichen Ablehnung des nationalsozialistischen Herrschaftsgefüges. Die Freunde verachteten die Diktatur, ihre Unfreiheit und ihre menschenverachtende Politik. Sie waren froh, gleichgesinnte Freunde gefunden zu haben, mit denen sie offen sprechen konnten. Da musste die „gegenseitige Übereinstimmung", wie Christel später einmal bemerkte, keine vollständige sein.

Im Spätsommer 1941 lernte Hans Scholl den 75-jährigen Gelehrten Carl Muth kennen, Herausgeber der kurz zuvor verbotenen katholischen Monatsschrift „Hochland". Das Magazin verstand sich als Handreichung für gebildete Katholiken im Dialog mit der Moderne, und seine Autoren hatten in den vergangenen achteinhalb Jahren die nationalsozialistische Ideologie unterschwellig bekämpft. Dem regimekritischen Mentor imponierte der begeisterungsfähige Student. Er bat den lesehungrigen Mediziner ihm dabei zu helfen, seine Privatbibliothek zu ordnen. Im Hause Muths lernte Hans einige der bedeutendsten und intellektuell reichsten Persönlichkeiten seiner Zeit kennen. Die Ansichten dieser faszinierenden Menschen bestärkten ihn weiter in der Ablehnung des Regimes.
In der zweiten Jahreshälfte 1941 machten die als Flugschriften verbreiteten Predigten des Münsteraner Bischofs Clemens Graf von Galen die Grausamkeit der verbal beschönigten Krankenmordaktionen der Nationalsozialisten in aller Öffentlichkeit bekannt. In seiner „Euthanasie-Predigt" in der Lambertikirche in Münster benannte von Galen am 3. August 1941 „konkrete Orte und persönliche Beispiele der Mordaktionen an Behinderten" und hielt „den Zuhörern vor Augen ..., was dies in letzter Konsequenz bedeutete."[2] Auch Christoph Probst, der die „Ereignisse des öffentlichen Lebens nach religiösen und sittlichen Maßstäben" beurteilte[3], musste damals seine Schwester aufklären, die „die ganze Abscheulichkeit des Geschehens nicht

---

[2] Miriam Gebhardt, Die Weiße Rose. Wie aus ganz normalen Deutschen Widerstandskämpfer wurden, Ebook-Ausgabe, München 2017 (Kurztitel: Gebhardt), hier: Position 2050.

[3] Georg Schwaiger, Christoph Probst. Student der Medizin, in: Helmut Moll (Hrsg.), Zeugen für Christus. Das deutsche Martyrologium des 20. Jahrhunderts, Paderborn [7]2019, (Kurztitel: Martyrologium), S. 423.

begriffen" hatte[4]. Die Krankenmorde gingen auch seinen Medizinerfreunden nahe[5].

Im selben Jahr radikalisierte sich die seit Jahren anhaltende Judenverfolgung. Im September wurde das Tragen des Judensterns Pflicht. Dies belastete Christel sehr, denn seine Stiefmutter war Jüdin. Seit dem Tode seines Vaters 1936 fühlte er sich für Elise Probst verantwortlich. Der menschenunwürdige Umgang mit den Juden war auch zwischen Hans Scholl und Carl Muth ein ernstes Gesprächsthema. Ab dem 8. November wurden die Münchener Juden nach dem Osten abtransportiert. „Wie Christiane Moll belegt hat, wussten die Scholls zu diesem Zeitpunkt auch schon von den Massenerschießungen von Juden im Osten." Von dem Massaker in der lettischen Stadt Dünaburg hatte ihnen ein Bekannter berichtet. Einem Freund schrieb Scholl mit Blick auf die körperlich-mentale Verfassung des Gelehrten: „Gegenwärtig ist er krank, Bronchitis; die eigentliche Ursache der Krankheit jedoch liegt auf geistigem Gebiet, nehme ich an. Die Aktion gegen die Juden in Deutschland und den besetzten Gebieten hat ihm die Ruhe genommen." (Moll, S. 146) Auch Alexander Schmorell ließ das Schicksal der Juden nicht unberührt. „Zuerst hat mir Schurik über das Pogrom gegen die Juden erzählt, dass es unmenschlich ist, dass sie nicht in den Omnibus einsteigen dürfen, dass sie zu Fuß gehen müssen und den gelben Stern tragen müssen", erinnerte sich ein Freund[6]. „Der Frage der persönlichen Verantwortlichkeit für all diese Verbrechen ließ sich kaum mehr aus dem Weg gehen." (Gebhardt, Position 2063)

Im Januar 1942 lud Muth zu einem Leseabend ein. Der damals geachtete Autor und Übersetzer Theodor Haecker las aus den von ihm selbst ins Deutsche übertragenen Predigten John Henry Newmans. In der „Das Mysterium der heiligen Dreieinigkeit" überschriebenen Unterweisung gibt der englische Kardinal zu bedenken, dass „das Christentum Übung und Arbeit gibt dem ganzen Geiste des Menschen, unserm höchsten und subtilsten Verstand ebensowohl wie unsern Gefühlen, Stimmungen, unserer Einbildungskraft und unserem

---

[4] Ralph Studer, Sein Leben war „ein einziger Weg zu Gott", in: Die Tagespost, 20. Februar 2017.

[5] Inge Scholl hielt diese Erinnerung fest: „Eines Tages kam wieder eine der Schwestern; sie war traurig und verzagt, und wir wußten nicht, wie wir ihr helfen konnten. Schließlich erzählte sie den Grund ihres Kummers. Ihre Schützlinge wurden seit einiger Zeit truppweise von Lastwagen der SS abgeholt und vergast. Nachdem die ersten Trüppchen von ihrer geheimnisvollen Fahrt nicht wiederkehrten, ging eine merkwürdige Unruhe durch die Kinder in der Anstalt. ‚Wo fahren die Wagen hin, Tante?' – ‚Sie fahren in den Himmel', antworteten die Schwestern in ihrer ohnmächtigen Ratlosigkeit. Von da an stiegen die Kinder singend in die fremden Wagen." (Scholl, Inge, Die Weiße Rose, Ebook-Ausgabe, Frankfurt am Main 2011 (Kurztitel: Scholl), hier: Position 490.)

[6] Chaussy, Ulrich/Ueberschär, Gerd R., „Es lebe die Freiheit!". Die Geschichte der Weißen Rose und ihrer Mitglieder in Dokumenten und Berichten, Frankfurt am Main 2013 (Kurztitel: Chaussy/ Ueberschär), hier: S. 124.

Gewissen"[7]. „Gewissen" war ein Stichwort, das die jungen Studenten berührte. Christel, Schurik und Hans bewegte immer eindringlicher die Frage, ob ein möglicher Widerstand gegen das totalitäre Regime erlaubt oder sogar geboten sei. Sie begannen ihr Gewissen diesbezüglich zu bilden.
Muth nutzte seine Kontakte zur Benediktinerabtei St. Bonifaz in München und verschaffte Hans Scholl und Alexander Schmorell einen Platz in der dortigen Bibliothek. In den Büchern suchten die Studierenden gemeinsam nach einer Antwort auf die sie umtreibende Frage – bei antiken und christlichen Autoren, allen voran Thomas von Aquin und Augustinus. Schließlich erhielten Hans und Alex Klarheit auf ihre Anfrage. Sie sahen sich nun im Gewissen zum Widerstand verpflichtet. Ihre Erkenntnisse teilten sie mit Christoph Probst, der selbst erst ein Jahr später zur abschließenden Gewissheit fand. Im Juli 1941 heiratete der 21-Jährige seine Freundin Herta Dohrn, im Dezember wurde er zum zweiten Mal Vater.

Im April 1942 wurde der in Kuchenheim bei Euskirchen geborene und in Saarbrücken aufgewachsene Medizinstudent Willi Graf der Münchener Studentenkompanie zugeteilt. Hier begegnete er den Freunden, die bald auch seine Freunde wurden. Hans' Schwester Sophie gesellte sich dem Freundeskreis ihres Bruders bei, nachdem sie im Mai ihr Biologie- und Philosophiestudium an der Ludwig-Maximilians-Universität in München aufgenommen hatte. Sie besuchte gleich im ersten Semester – mit auffallend vielen Nicht-Fachstudenten – die überfüllte Leibniz-Vorlesung des Philosophieprofessors Kurt Huber. Huber war nicht nur Spezialist für den deutschen Denker der frühen Aufklärung, sondern gehörte auch weltweit zu den angesehensten Erforschern des Volkslieds. Der kritische Hochschullehrer zog nachdenkliche Geister an. Wenn er Husserl oder Spinoza in der Vorlesung zitierte, bemerkte er lächelnd, man solle nur achtgeben und sich nicht vergiften: „Er ist Jude, Vorsicht!" (Chaussy/Ueberschär, S. 154) Auch Huber wurde bald zu den Gesprächsabenden eingeladen, die Schmorell und Scholl für ausgewählte Gäste organisierten und an die sich gelegentlich politische und weltanschauliche Aussprachen anschlossen. Huber hielt sich zunächst bedeckt. An der Universität war er zu exponiert.
Erst gegen Ende des Jahres legte er sich wie Willi Graf fest – um entschieden und entscheidend aktiv an Widerstandsaktionen mitzutun. Damit hatte sich die Kernmannschaft der „Weißen Rose" abschließend zusammengefunden. Verschiedene Charaktere, unterschiedliche politische Auffassungen, abwei-

---

[7] Siehe: Jakob Knab, Mentor des Widerstands, Die Tagespost, 24. November 2017. Das Zitat stammt aus: John Henry Newman, Das Mysterium der Dreieinigkeit und der Menschwerdung Gottes, deutsch von Theodor Haecker, Hochland-Bücherei im Kösel-Verlag zu München ²1950, S. 19.

chende Lebensgeschichten, alle geeint in dem Vorhaben, sich im Strom der Geschichte nicht widerspruchslos treiben zu lassen.

Begonnen hatte der Widerstand bereits zwischen dem 27. Juni und dem 12. Juli 1942. In den knappen zwei Wochen waren die vier ersten Flugblätter der „Weißen Rose" erschienen. „Wir schweigen nicht, wir sind Euer böses Gewissen; die Weiße Rose läßt Euch keine Ruhe!", endete das vierte Flugblatt. Geschrieben hatten Alexander Schmorell und Hans Scholl die herausfordernden Zeilen. Zu diesem Zeitpunkt wussten nur Christel Probst, Sophie Scholl und Traute Lafrenz, eine Freundin von Hans Scholl, davon. Gerichtet waren die beidseitig bedruckten Blätter an „Schriftsteller, Professoren, Schuldirektoren, Buchhändler und Ärzte aus München und Umgebung"[8]. Aufgerüttelt werden sollten die Verantwortlichen „der deutschen Intelligenz als Mitglieder ‚der christlichen abendländischen Kultur'." (Moll, S. 144) Angeschrieben wurden nur jeweils 100 Adressen. 35 der Angeschriebenen gaben die Post bei der Geheimen Staatspolizei (Gestapo) ab. Diese richtete eine Sonderkommission ein, um den Urheber aufzuspüren und dingfest zu machen. Der Apparat fühlte sich bedroht.

Währenddessen absolvierten die Verfasser eine dreimonatige Pflichtfamulatur in Russland. Auf dem Weg an die Front und im Verlauf der dortigen Wochen erlebten sie die anlaufende Judendeportation, Wehrmachtsverbrechen, SS-Korruption … was sie in ihrer Überzeugung bestärkte, den Widerstand nicht nur fortzusetzen, sondern auszuweiten. Zurück in München suchten sie weitere Mitstreiter und eine Vernetzung mit anderen Widerstandsgruppen. Der Tenor der Flugblätter wurde ernster, die Sprache „eine klarere politischere" (Widerstand, S. 379). Hubers Einfluss auf die nächsten beiden Flugblätter ist unverkennbar.

Christoph Probst, dessen Frau das dritte Kind erwartete, hatte es derweil nach Innsbruck verschlagen. Er blieb von dort aus im engen Kontakt mit den Freunden. Häufig kam er zu Stippvisiten nach München. Er wollte etwas tun, doch die Gruppe wollte ihn wegen seiner Familie keiner größeren Gefahr aussetzen. Schließlich bat ihn Hans um einen Entwurf für ein mögliches weiteres Flugblatt. Christel übergab ihm seinen Text Ende Januar. Scholl steckte ihn nach kurzem Überfliegen in die Tasche.

---

[8] Moll, Christiane, Die Weiße Rose, in: Steinbach, Peter/Tuchel, Johannes (Hrsg.), Widerstand gegen den Nationalsozialismus, Bonn 2004, S. 374-394 (Kurztitel: Widerstand), S. 377.

Am 27. Januar 1943 war in großer Auflage das fünfte Flugblatt erschienen. Es „war in seiner politischen Konzeption, der Propagierung eines ‚gesunden' föderativen Staatsaufbaus in Deutschland und Europa mit der Stoßrichtung gegen den preußischen Militarismus auf die traditionellen Bedürfnisse des Südens zugeschnitten." Hubers politische Vorstellungen und Theodor Haeckers massive Gegnerschaft gegenüber der preußisch-protestantischen Hegemonialmacht hatten in dem Text ihren Niederschlag gefunden. „Im Kern rief das Flugblatt angesichts der drohenden Niederlage dazu auf, sich rechtzeitig vom Nationalsozialismus zu trennen." (Widerstand, S. 380)
Von den 6.000 bis 9.000 Exemplaren, die Hans, Alex, Willi Graf und Sophie hergestellt hatten, wurden etwa 2.000 bis 5.000 Flugblätter in der Nacht vom 28. auf den 29. Januar 1943 in der Münchener Innenstadt ausgestreut. In mehreren anderen Städten hatten die Freunde die Schriften per Post versandt. Die „Flugblätter der Widerstandsbewegung in Deutschland" sollten durch gleichzeitiges Auftauchen an mehreren Orten den Eindruck einer weitverzweigten Organisation erwecken. Die Gestapo wurde erneut aktiv.

Der gute Verlauf der zurückliegenden Aktionen verführte die Freunde zu höheren Risiken. Nach der öffentlichen Bekanntgabe der Niederlage in Stalingrad am 3. Februar 1943 schmierten Alex und Hans in der Nacht auf den 4. Februar 1943 mit schwarzer Teerfarbe an die Wände von über 20 meist öffentlichen Gebäuden die Parole „Nieder mit Hitler" und strichen daneben ein Hakenkreuz durch. Rechts und links vom Eingang der Universität schrieben sie in 75 Zentimeter hohen Lettern das Wort „Freiheit". Fünf Nächte später wiederholten sie ihre Aktion – diesmal mit grüner Farbe – und schrieben die Worte „Freiheit" und „Nieder mit Hitler" an den Universitätseingang.
Wie im Sommer des Vorjahres verliefen die Untersuchungen der Gestapo auch diesmal im Sande. Nachdem es jedoch Mitte Januar bei der 470-Jahr-Feier der Universität zu Tumulten anlässlich der ausfälligen frauenfeindlichen Rede des Gauleiters Paul Giesler gekommen war, stand die Polizei unter erhöhtem Druck. Die Partei war bis in die Spitze hinauf beunruhigt. In Berlin maß man der Auffindung der Flugblatttäter größte Bedeutung bei. Doch die Gestapo stellte nur fest, dass die neuen wie die alten Flugschriften auf derselben Schreibmaschine erstellt worden waren. Das engte die Urheberschaft auf den Raum München ein. Man überwachte die Universität, doch ansonsten tappte die Geheimpolizei im Dunkeln. Am 11. Februar meldete sie an das Reichssicherheitshauptamt, dass „die Großfahndung ... ergebnislos verlaufen" sei. (Chaussy/Ueberschär, S. 71)

Währenddessen hatte Professor Huber ein sechstes Flugblatt verfasst. Sein darin enthaltenes Lob auf die Wehrmacht konnten Schmorell und Scholl nach ihren jüngsten Erlebnissen in Russland nicht teilen. Den gekürzten Text stellten die beiden Studenten gemeinsam mit Willi Graf am 12. Februar in einer Auflage von 2.000 bis 3.000 Stück her. In einer erneuten Nachtaktion auf den 16. Februar verbreiteten sie die Schriften. Danach malten sie erneut mit schwarzer Teerfarbe Parolen an die Bayerische Staatskanzlei und weitere Gebäude. An der Buchhandlung Hugendubel schrieben sie neben den Aufruf „Nieder mit Hitler" auch den Ausruf „Hitler Massenmörder". Die Schrift war einen Meter hoch.

Die Gestapo musste Ergebnisse vorweisen können. Sie ließ die Flugblätter von einem Fachmann untersuchen. Professor Richard Harder skizzierte die Täter in seinem Gutachten erstaunlich genau. Er „bescheinigte den Verfassern ein ‚aussergewöhnlich hohes' intellektuelles Niveau". Sie würden „die deutsche Sprache vollendet" meistern und hätten ihren „Gegenstand bis zur letzten Klarheit durchdacht". Da der Hochschullehrer nicht weiß, ob er von einem oder mehreren Tätern spricht, fährt er fort: „Der Mann weiss genau was er will; er verfügt über detaillierte Kenntnisse" und kommt „zu dem Ergebnis, dass Gegenstand und Forderung – d.h. das Verlangen nach ‚Freiheit und Ehre' für jeden Einzelnen in der Diktatur Hitlers – ‚fest und zielsicher' durchdacht und stark christlich geprägt seien." Harder bezweifelte jedoch, dass die „Flugblätter ‚in breiteren Kreisen der Soldaten oder Arbeiter' Widerhall finden könnten." (Chaussy/Ueberschär, S. 47f.)

Ulrich Chaussy hält die „Tarnung" der Studenten für „nahezu perfekt". Ihr Schutz sei „keine angelegte Maske, sondern die Normalität ihres Lebenswandels" gewesen. „Sie lernten und studierten, sie besuchten Konzerte, sie feierten Feste, fuhren in die Berge zum Skifahren oder Wandern, sie hatten Freunde und Liebschaften. Sie waren keine isolierten Einzelgänger, die den Kontakt zu anderen scheuten, um ausschließlich und unbeobachtet einer ominösen, nach außen abgeschirmten Tätigkeit nachzugehen." (Ebda. S. 74)

Doch dann taten Hans und Sophie Scholl etwas, was zunächst für ihre Freunde, später ihre Bewunderer und schließlich für die Historiker unerklärlich ist. Am Donnerstag, den 18. Februar 1943 betraten die Geschwister das Universitätsgebäude mit einem vollgepackten Koffer und legten die darin verstauten Flugblätter vor den Vorlesungssälen, in den Gängen und auf den Treppenabschnitten ab. Sie verließen das Gebäude durch den Hintereingang an der Amalienstraße und waren in Sicherheit. Doch dann kehrten sie ohne erkennbaren Grund und trotz der Gefährdung durch die augenblicklich zu Ende gehenden Vorlesungen noch einmal in das Universitätsgebäude zurück, um weitere Flugblätter auch im ersten Stock auszulegen. Sophie lief sogar in das zweite Stockwerk und schmiss von dort aus einen Stapel der Papiere über die Brüstung in den Lichthof. Diese letzte Aktion verriet sie. Der stramme Pedell, Hausschlosser und Hörsaaldiener Jakob Schmidt nahm die Geschwister fest. Und nochmals unerklärlicherweise ließen sich die Beiden widerstandslos in das Büro des Universitätsrektors abführen. Hans und Sophie Scholl hätten in einen Vorlesungssaal verschwinden oder fliehen können. Doch sie taten das nicht. Universitätsrektor Walther Wüst informierte die Staatspolizei.

Wohl erst jetzt bemerkte Hans den Zettel, den ihm Christel zweieinhalb Wochen zuvor gegeben hatte. Hans versuchte ihn in kleine Schnipsel zu zerreißen, konnte allerdings das belastende Material nicht ungesehen fortwerfen. Erneut bemerkte Schmidt Hans' Vorhaben. Der Pedell machte die Untersuchungsbeamten auf die Papierschnipsel aufmerksam. Die Beamten sammelten sie ein.

Die Geschwister kamen in den Sitz der Münchener Gestapo im Wittelsbacher Palais und wurden verhört. Nach anfänglichem Leugnen belasteten die bald zusammengetragenen Indizien sie derart, dass Hans um vier Uhr morgens durch ein Geständnis alle Schuld auf sich zu nehmen versuchte. Sophie folgte ihm darin, nachdem man sie mit den Aussagen ihres Bruders konfrontiert hatte. Inzwischen war Christel als der Urheber des zerrissenen Flugblattentwurfs ausgemacht. Die Polizei verhaftete den Ahnungslosen am folgenden Tag im Büro seiner Studentenkompanie in Innsbruck und überstellte ihn nach München.

Münchens Gauleiter erreichte unterdessen, dass der Volksgerichtshof – und nicht die Militärgerichtsbarkeit – den Prozess in der bayerischen Hauptstadt führte. Die betroffenen Soldaten wurden rasch aus der Wehrmacht entlassen. Die sonntags fertiggestellte Anklageschrift las Roland Freisler, der Präsident des Volksgerichtshofes, auf dem Flug in die „Hauptstadt der Bewegung". Das Urteil stand bereits fest: „Die Angeklagten haben im Kriege in Flugblättern zur Sabotage der Rüstung und zum Sturz der nationalsozialistischen Lebensform unseres Volkes aufgerufen, defaitistische Gedanken propagiert und den Führer aufs gemeinste beschimpft und dadurch den Feind des Reiches begünstigt und unsere Wehrkraft zersetzt. Sie werden deshalb mit dem Tod bestraft". (Moll, S. 246f.)

Der erste der vier Weiße Rose-Prozesse begann am Montag, den 22. Februar 1943 um 10.00 Uhr. Danach überstellte man die gegen 14.00 Uhr zum

Tode Verurteilten in das Gefängnis Stadelheim im Perlacher Forst. Um ein Exempel zu statuieren – „Ein Staat trotzte der ganzen Welt und hatte Angst vor der eigenen Jugend" (Harald Steffahn) –, sollte die Hinrichtung widerrechtlich noch am selben Tag stattfinden. Selbst die Gefängnisbeamten waren betroffen. Wider die Vorschriften erlaubte man den blutjungen Todeskandidaten, eine letzte Zigarette gemeinsam zu rauchen. Christel verabschiedete sich mit einem: „Wir sehen uns ja gleich wieder!" Um 17.00 Uhr, 17.02 Uhr und 17.05 Uhr wurden Sophie Scholl, Hans Scholl und Christoph Probst von Scharfrichter Johann Reichart mit dem Fallbeil getötet.

Noch am Morgen hatte Christel mit einer Gefängnisstrafe gerechnet. Um 16.04 Uhr teilte man ihm mit, dass ihm bis zur Hinrichtung nurmehr eine Stunde verblieb. Nach seiner Ankunft im Gefängnis hatte er bereits um die Taufe gebeten. Seit Monaten bereitete er sich auf den Empfang des Sakraments vor. Mit der Taufe empfing er die Kommunion. Christel schrieb einen letzten Brief an seine Frau und an sein „liebstes Mütterchen". Er dankte ihr, dass sie ihm das Leben gegeben habe und fuhr fort: „Wenn ich es recht bedenke, so war es ein einziger Weg zu Gott ..." Diesen Weg wollen die folgenden Seiten nachzeichnen.

Erster Teil

Der liebende Unbekannte – ein Lebensbild

Christoph Probst schätzte ein Gemälde sehr, das schon seinem Vater viel bedeutete, den „Springbrunnen" von Emil Nolde. Das Ölbild misst 1 Meter mal 73,5 Zentimeter und zeigt in ausdrucksstark-kräftigen Farben – blau, gelb, rot und grün – eine Mutter mit zwei Kindern. Eines der Kleinen badet seine Füße in dem runden Becken, aus dessen Mitte eine mächtige Fontäne aufsteigt. Bildbeherrschend sind freilich die beiden Wesen, die als Engel mit ausgespannten Flügeln und wehendem Haar in Putto-Manier in der oberen Bildhälfte über der Szene schweben. Der Künstler signierte rechts unten. Den Titel liest man auf der Rückseite auf dem Keilrahmen.
Bevor das 1916 fertiggestellte Bild knapp fünfzig Jahre später einen Schweizer Besitzer und schließlich den Weg in die Orangerie der Staatlichen Kunsthalle Karlsruhe[1] fand, gehörte es – laut Datenblatt der Nolde Stiftung Seebüll – drei „Privatbesitzer[n] in Deutschland". Deren Namen sind auf dem Blatt nicht vermerkt. Doch gehörte der „Springbrunnen" zunächst Hermann Probst, der es 1917 vom Künstler selbst erstand. 1936 erbte es Hermanns zweite Frau Elise, die es 1941 ihrem Stiefsohn Christoph zur Hochzeit schenkte. Alle Drei fanden in dem Bild nach eigener Aussage Ruhe und Kraft.

Nolde ist als „entarteter Nazi" in Verruf geraten. Befremdlich, Elise Probst, geborene Rosenthal, eine Jüdin, mit Ada, der Frau des Antisemiten Emil Nolde, befreundet zu sehen.[2] Maximilian Probst, ein Enkel Christophs, äußerte sich zu dieser Ambivalenz in einem Artikel in der „Zeit", als wegen der Nazinähe des Künstlers der Umgang mit seiner Kunst öffentlich heftig diskutiert wurde. Auslöser war die Ausstellung „Emil Nolde – Eine deutsche Legende" im Frühjahr 2019: „Im Fall von Emil Nolde ist mir schmerzlich bewusst, wovon die Rede ist, wenn von der Ambivalenz gesprochen wird, die wir angesichts seiner Kunst auszuhalten hätten. Hier der Antisemit, dort der Maler, dessen Bilder für mich seit je, also tatsächlich seit ich im Kindesalter angefangen habe, Malerei wahrzunehmen, aufgeladen sind mit rundum erhebender Bedeutung. Die

---

[1] Bild mit Legende in: Siegmar Holsten u.a., Malerei des 20. Jahrhunderts. Bestandskatalog Staatliche Kunsthalle Karlsruhe, Petersberg 2011, S. 274f.

[2] Elises Verbundenheit war so stark, dass sie nach dem 19. Juli 1937 mit Angelika und Christoph in München die nationalsozialistische Propaganda-Ausstellung „Entartete Kunst" besuchte, auf der zahlreiche, im Hause Probst geschätzte Künstler ausgestellt wurden, die das Regime ablehnte, darunter eben Emil Nolde.

ersten Nolde-Bilder sah ich bei uns zu Hause. Sie hingen bei meinen Eltern im Wohnzimmer. Nun hängen sie bei mir im Wohnzimmer."³
Probst fragt sich: „Was mache ich nun mit dieser Nolde-Geschichte, mit all dieser wie irre verdichteten Ambivalenz?" Seine Antwort: „Ich will diese Ambivalenz gelten lassen, auch gegenüber anderen, sonst hat sie keinen Wert. In der aufgeregten Debatte um Nolde scheint mir diese Dimension aus dem Blick zu geraten." Zum Kern vordringend und dadurch zum Nachdenken anregend, fährt der Enkel des Widerständigen fort: „Man setzt mit einer abstrakten, vorgefertigten Gedankenfigur an – oft ist es die ‚politische Korrektheit' – und passt das ambivalente Material gelebten Lebens in diese Gedankenfigur ein. Wer das tut, hat von deutscher Geschichte das Entscheidende nicht verstanden. Denn diese Geschichte zwingt uns, äußerst genau zu sein, immer den Kontext mitzudenken und, soweit es irgend geht, nicht zu generalisieren und zu pauschalisieren. Sie zwingt uns, von einer vielschichtigen Wirklichkeit auszugehen und in dichter Beschreibung an ihr dranzubleiben. Sie zwingt uns, im Zweifelsfall den Einzelfall gelten zu lassen."
Nachdenklichkeit, abgewogenes unabhängiges Urteil, gelebte Konsequenz – hier klingt die Beschäftigung mit dem Erbe des Großvaters an, „den ich grenzenlos bewundere". Auch Christoph Probst hätte sagen können: „Der Maler, dessen Bilder für mich seit je, also tatsächlich seit ich im Kindesalter angefangen habe, Malerei wahrzunehmen, aufgeladen sind mit rundum erhebender Bedeutung. Die ersten Nolde-Bilder sah ich bei uns zu Hause. Sie hingen bei meinen Eltern im Wohnzimmer. Nun hängen sie bei mir im Wohnzimmer." Christoph nannte sein Wohnzimmer in Leermoos das Nolde-Zimmer. Hier verbrachte er um die Jahreswende 1942/43 viel Zeit. Von März 1942 bis Februar 1943 – in diesen wenigen Monaten – musste er einer „vielschichtigen Wirklichkeit" gerecht werden, musste er, ohne „zu generalisieren und zu pauschalisieren", „äußerst genau" erfassen, was „diese Geschichte" von ihm erwartete. Ein Einzelfall? Christophs Vorfahren stammten aus Kaufbeuren. Die wohlhabende Kaufmannsdynastie Probst war in der schwäbischen Stadt am nordöstlichen Rand des bayerischen Allgäus bereits im 17. Jahrhundert ansässig. Einzelne Familienmitglieder mit sozialem Gespür trugen erheblich zum städtischen Gemeinwohl bei. Christophs Urgroßvater beispielsweise gründete die Kaufbeurer Suppenanstalt[4] und spendete reichlich für die Martinskirche und das Waisenhaus.

---

[3] Maximilian Probst, Emil Nolde – Der Judenhasser, der uns malte, in: Die Zeit, 25. April 2019. Emil Nolde portraitierte bei einem Besuch 1921 am Kochelsee 1921 die Kinder Christoph und Angelika in zwei 46 mal 33 Zentimeter großen Aquarellen.

[4] Siehe auch den Schülerartikel von „Felicitas", „Die Volksküche von Maria Mathilde Krescentia Espermüller", geborene Probst, unter: http://schulverein-des-jbg.de/assets/artikel-espermueller.pdf, abgerufen am 10. Juli 2019.

Um die Jahrhundertwende entschloss sich Christophs Großvater, nachdem er das Familienunternehmen zunächst im großen Stil weiter ausgebaut hatte, seine beiden Geschäfte zu verkaufen, um sich als „Bildungsbürger allen seinen Neigungen widmen zu können" (Moll, S. 52). Richard Probst heiratete Clementine Gèneve aus Kempten, die noch im Jahr der Geburt des gemeinsamen Sohnes Hermann 1886 starb. Aus Richards zweiter Ehe gingen vier weitere Kinder hervor. Alle erzog der Vater über die Maßen streng. Schon ein Schmatzen wurde mit einer Ohrfeige gezüchtigt.

Hermann Probst, Christophs Vater, begann seine Schulausbildung 1895 am Gymnasium bei St. Stephan in Augsburg. Er schloss sie neun Jahre später am Realgymnasium zu München ab. Danach studierte er bis 1908 Naturwissenschaften am Polytechnikum in München und an der Albert-Ludwigs-Universität in Freiburg, spezialisierte sich an der Rheinischen Friedrich-Wilhelms-Universität in Bonn in Chemie und schloss das Universitätsstudium 1913 ab. Seine Promotion beschäftigte sich mit den „Beiträge[n] zur Kenntnis der Pinakolinumlagerung und deren Umkehrung".

Die Freundschaft mit dem gleich denkenden jüdischen Mitstudenten Erich Rosenthal, den er an der Universität in Freiburg kennenlernte, beeinflusste Hermann Probsts weiteren Lebensweg. Rosenthal war begeistert von den Ideen Rudolf Steiners[5] und dessen Anthroposophie[6], „da sie nach humaneren und natürlicheren Lebensweisen strebte". Er war auf der Suche nach einem „Christentum ohne Priester und Dogma". Den Erinnerungen seines Sohnes Joseph[7] zufolge faszinierte Rosenthal auch die Homöopathie: „In meiner Kindheit spielte die Homöopathie bei uns eine große Rolle; meine Eltern hatten außerordentliches Vertrauen in einen Münchener Homöopathen, Doktor Kleeblatt."[8] (Bald/Knab, S. 189f.) Über Hermann Probst schreibt Joseph Rosenthal: „In Freiburg freun-

---

[5] Rudolf Steiner (1861–1925) begründete die spirituelle Weltanschauung der Anthroposophie.

[6] Anthroposophie bezeichnet eine spirituelle und esoterische Weltanschauung sowie den die Wahrnehmungs- und Erfahrungsmöglichkeiten erweiternden Erkenntnisweg dorthin. Die Anthroposophie verbindet Elemente des deutschen Idealismus, der Gnosis, christlicher Mystik und fernöstlicher Weisheitslehren.

[7] Joseph Rovan (1918-2004), ursprünglich Joseph Rosenthal, wurde unter seinem nom du plume aus dem Zweiten Weltkrieg bekannt. Er „war Publizist, Mitarbeiter in vier französischen Ministerien, politischer Berater französischer und deutscher Regierungen, lehrte deutsche Geschichte an der Sorbonne. Er war Präsident des ‚Bureau International de Liaison et de Documentation' der Gesellschaft für deutsch-französische Zusammenarbeit. Zahlreiche Veröffentlichungen, darunter ‚Geschichte der Deutschen' und ‚Im Zentrum Europas'. Er gilt als einer der wichtigsten Förderer der deutsch-französischen Beziehungen im 20. Jahrhundert." Bald, Detlef/Jakob Knab (Hrsg.), Die Stärkeren im Geiste. Zum christlichen Widerstand der Weißen Rose, Essen 2012 (Kurztitel: Bald/Knab), hier: S. 190.

[8] „Doktor Kleeblatt" sollte später der dritte Ehemann von Christophs Mutter Katharina werden.

dete sich mein Vater mit einem Kommilitonen an, der aus einer wohlhabenden katholischen Familie des Allgäus stammte, jenem kleinen gebirgigen Landstrich zwischen Bayern und Baden-Württemberg, der allmählich in die Tiroler Berge Österreichs übergeht. Hermann Probst war groß und schlank, während mein Vater, der kaum größer war als ich, einen dicken Bauch vor sich hertrug; zwischen diesen äußerlich so verschiedenen Männern entwickelte sich eine tiefe Freundschaft, die bis zum Tod von ‚Onkel Hermann' 1936 fortbestand. Ich nannte ihn ‚Onkel', weil er der Freund meines Vaters war, aber er wurde es wirklich, weil er in zweiter Ehe Tante Lise heiratete, eine der Schwestern meines Vaters." (Bald/Knab, S. 190)

Von seinem katholischen Glauben, in dem er allzu streng erzogen worden war, distanzierte sich Hermann Probst in jener Zeit, trennte sich formal aber nie davon. In München gehörte er einer schlagenden Verbindung an, gab sich dandyhaft und extravagant und handhabte äußerst freigiebig das beträchtliche großmütterliche Erbe, über das er seit seiner Volljährigkeit 1907 verfügen konnte. „Zuviel Geld",[9] meinte sein Leibfuchs[10], habe er gehabt. (Moll, S. 53) Bei Ausbruch des Ersten Weltkriegs meldete sich Hermann Probst wie zahlreiche Intellektuelle und Künstler im August 1914 freiwillig an die Front. Doch bereits beim ersten Heimaturlaub wurde er krankgeschrieben aufgrund einer „Nervosität". Die Erkrankung heilte nicht aus. Im Februar 1915 wurde Probst vorzeitig wegen „Dienstunbrauchbarkeit" aus dem Militär entlassen. (Bald/Knab, S. 191)

Wohl noch während des Studiums – vielleicht beeinflusst durch seinen Stiefbruder Rudolf, der ab 1909 Kunstgeschichte studierte und sich anschickte, einer der bedeutenden Galeristen der Weimarer Republik zu werden – beschäftigte sich Hermann Probst intensiv mit zeitgenössischer Kunst. Er sammelte selbst und vermittelte Kunstwerke. Angetan hatten es ihm insbesondere Künstler wie Wassily Kandinsky, Gabriele Münter, Franz und Maria Marc, die zum „Blauen Reiter"[11] gehörten und „Geistiges" und „Religiöses" gleichsetzten. Probst bevorzugte zunächst Paul Klee, mit

---

[9] Jedoch schrieb Hermann Probst Ende 1927 an Emil Nolde: „Es ist nicht schwer dankbar und zufrieden zu werden – wenn man 600000 M. – also alles Geld verloren hat – und findet immer noch einen gedeckten Tisch vor und braucht vor Allem, nichts zu tun!" (Moll, S. 68)

[10] Ein Student, der in eine Verbindung eintritt, wird „Fuchs" genannt. Er wählt einen älteren Burschen – also jemanden, der bereits länger zur Verbindung gehört und zu dem er ein besonderes Vertrauensband aufgebaut hat – zum „Leibbursch" und wird somit zu dessen „Leibfuchs".

[11] In den beiden Ausstellungen der „Redaktion Der Blaue Reiter", die den namengebenden „Almanach Der Blaue Reiter" herausgegeben hatten, wurden wichtige Wegbereiter der modernen Kunst ausgestellt. Unter den locker miteinander verbundenen Expressionisten, die sich den Redakteuren Wassily Kandinsky und Franz Marc zugehörig fühlten, befanden sich unter vielen anderen Paul Klee, August Macke und Gabriele Münter, aber auch der Komponist Arnold Schönberg.

dem er spätestens seit 1915 befreundet war und den er mit Rainer Maria Rilke zusammenbrachte. Probsts Vorliebe für Klee endete, als er – wohl Ende 1916 – in Berlin Emil und Ada Nolde kennenlernte. Geradezu hymnisch scheint er den norddeutschen Expressionisten verehrt zu haben. In Noldes Autobiografie heißt es: „Im Tauentzienatelier saßen oft bis in die tiefen Nachtstunden hinein die Menschen und Freunde, seltsam angeregt vor meinen Bildern. Gern und besonders glücklich die beiden Brüder Probst, und als dann Hermann Probst, wie ein Priester, meinen ‚Springbrunnen‘ triumphierend entführen durfte, war seine Freude groß." „In der Formulierung steckt kein Augenzwinkern, es ist so gemeint, wie es da steht: Hermann, der Priester, Nolde, der Künstler-Gott." (Maximilian Probst) Das war Ende 1917. Und Hermanns Briefe an Nolde im darauffolgenden Jahr bestätigen dies merkwürdig anrührende Urteil.

Nach dem Aufenthalt in Berlin ist Hermann Probst bereits seit dem Frühjahr 1917 in Kochel am See zu verorten, wo Maria Marc wohnte. Wahrscheinlich war es Probst, der im März 1917 die Särge der gefallenen Maler Franz Marc und August Macke aus Metz nach Deutschland überführte, so dass Macke auf dem Alten Friedhof in Bonn und Marc auf dem Kocheler Friedhof bestattet werden konnten. Wassily Kandinsky und Gabriele Münter hatten vor dem Krieg im benachbarten Murnau mehrere Sommermonate verbracht. Im „Russenhaus", wie der Volksmund das Haus nannte, waren zahlreiche Werke und Ideen des „Blauen Reiters" entstanden. Seit Kriegsbeginn jedoch vermietete Münter das Gebäude.

Am 8. Juli 1917 heiratete Hermann Probst in „größter Stille" Katharina von der Bank, eine Freundin Maria Marcs. Trauzeugen waren der Komponist Heinrich Kaminski und Elise Jaffé[12], die ältere Schwester seines Freiburger Freundes Erich, in deren Salon sich die beiden wohl kennengelernt hatten.[13] In Jaffés Haus in Kochel am See zog das junge Paar nun in eine eigene Wohnung. Katharina stammte aus einer Aachener Familie und war Lehrerin. Auch sie war vom „Springbrunnen"-Bild begeistert. Am 30. Dezember 1917 schrieb Katharina an Ada Nolde: „Nun hängt das Bild in seinem Zimmer u. überstrahlt alles mit seiner Wärme und seinem Glanz.

---

[12] Joseph Rovan schildert seine Tante in seinen „Erinnerungen eines Franzosen, der einmal ein Deutscher war" kurz so: „Sie war eine sehr kleine Frau, die zerbrechlich wirkte, aber sie besaß außerordentlich viel Energie und einen unvergleichlichen Lebensmut. Man hatte sie mit einem jüdischen Geschäftsmann namens Jaffe verheiratet; natürlich war das eine Vernunftheirat. Sie hatte zwei Kinder mit diesem beschränkten und abstoßenden Ehemann. Man erzählte sich, dass er einmal morgens vor seinem weichgekochten Frühstücksei saß, daran roch, es seiner Frau reichte und sagte: ‚Das Ei ist faul, iß du es, Elise!'" (Bald/Knab, S. 193)

[13] Barbara Probst-Polášek, Ein österlicher Sieg, Christoph Probst – Vollendung eines jungen Lebens, in: Kirche heute, Monatsschrift, April-Ausgabe 2018.

Es ist uns ein Quell immer neuer Freude und Seligkeit, ein Symbol für unser Leben u. ein Unterpfand für die Zukunft." (Moll, S. 59) Lebenssymbol und Zukunftsunterpfand waren aber auch die Geburt der Tochter Angelika am 7. April 1918 und die des Sohnes Christoph eineinhalb Jahre später.

Murnau und Kochel am See, November 1919 bis April 1927

Christoph – oder Christel wie er in der Familie und von seinen Freunden genannt wurde – kam am 6. November 1919 zur Welt. Nicht in Kochel am See, wo sein Vater weiterhin wohnte, sondern in Murnau. Katharina hatte ihren Mann gerade zum ersten Mal – vorübergehend – verlassen.
Hermann Probst hatte sich im Lauf des Jahres stark verändert. Immer ausgiebiger beschäftigte er sich mit indischer Philosophie, Buddhimus und chinesischen Weisheitslehren. Er legte sich ostasiatische Kult- und Ausstattungsgegenstände zu, lernte Sanskrit und das mittelindische Pali, entdeckte die „Kunst der Sterndeutung" – für das Ehepaar Nolde und andere erstellte er Horoskope –, vertiefte sich in die 30 Bände des siamesischen Buddhakanons und verschloss sich immer mehr in sich selbst, um zu reiner Schauung zu gelangen.[14] Katharina vermochte ihm darin nicht zu folgen. Sie konnte seine „radikale Hinwendung zu Buddha und damit seine Aufgabe des eigenen Ichs und seine Forderung es ihm gleich zu tun" (Moll, S. 60) nicht mitgehen.
Im Juli 1919 zog die Schwangere mit Angelika in Murnaus Kohlgruberstraße 75c, wo sie ihren Sohn Christoph Hermann Ananda[15] mit Hilfe der Pflegerin Walburga Sapper zur Welt brachte. Christel wurde wie seine ältere Schwester nicht getauft. Die Eltern wollten den Kindern die Freiheit belassen, selbst einmal zu entscheiden[16]. Katharina versuchte in den kommenden beiden Jahren noch zweimal mit ihrem Mann ein für beide erträgliches Gleichgewicht zu finden. Beide Male zog sie zu Hermann in das Haus von Elise Jaffé zurück, hielt es dort aber nur jeweils kurz aus. Im Oktober 1921 siedelte sie endgültig nach Ried um, wo ihre Freunde Heinrich Kaminski und (mittlerweile auch) Maria Marc wohnten.
Im April 1922 wurde die Ehe von Hermann und Katharina Probst geschieden. Geld für ihren Unterhalt und den ihrer Kinder verdiente sich Katharina als

---

[14] Eine Zusammenfassung des Weltbilds von Hermann Probst bei Moll, S. 61.

[15] „Ananda" ist der „Name eines Vetters des Buddha väterlicherseits, der diesem über zwanzig Jahre als Mönch diente. ‚Ananda' bedeutet in Sanskrit ‚Wonne', ‚Seligkeit' und ist eines der drei Prädikate des indischen Brahman". (Moll, S. 51) Durch die Namensgebung Ananda wollte Katharina ihre Ehe wohl bewahren.

Köchin. Dabei setzte ihr die Inflation arg zu. Manche Nacht konnte sie nicht schlafen. Das Geld, das Hermann beisteuerte, „reicht nicht einmal für ihre [der Kinder] Milch", vertraute sie ihrem Tagebuch an. (Moll, S. 63) Deshalb dürfte sie es als Rettung empfunden haben, dass sich der Ingenieur Eugen Sasse für sie interessierte. Im darauffolgenden März heirateten sie. Im Oktober 1923 zog Katharina (die sich selber auch gern Karin nannte) mit Eugen und den beiden Kindern in eine gemeinsame Wohnung in Murnau. In der Zwischenzeit hatten die Kinder einige Monate bei ihrem Vater in Kochel verbracht. „Das Verhältnis der Kinder zu Vater und Stiefmutter," erklärte Christophs Sohn Michael später, „blieb auch nach der Wiederverheiratung von Katharina mit Eugen Sasse gut, und man besuchte sich gegenseitig."[17] Man ließ sich auch gemeinsam fotografieren.[18]

Dem Tagebuch Katharina Sasses verdanken wir wertvolle Einblicke in die Kindheit und Jugend ihrer Kinder. Den halbjährigen Christoph, der für den Vater ein „Inbegriff der Menschlichkeit" war, beschrieb sie als „Unschuld, das reine Gewissen selber, während in Angeli ein kleiner Dämon steckt. Das eine Kind bietet zum andern durch d. Gegensatz einen wundervollen Ausgleich. Christof beruhigt u. herzt einen, er ist mild u. gut; Ali strengt sehr an; ihr reger Geist bedarf viel". Über die drei- bzw. anderthalbjährigen Kinder notiert sie: „Angeli ist vor allen Dingen klug, Christoph lieb u. frech u. süß – ein richtiges, naives Kind, das sich alle Herzen im Sturm erobert." (Moll, S. 63) Das bestätigt die Schwester neidlos: „Schon als kleines Kind gewann der Bruder alle Herzen, und obgleich ich nur anderthalb Jahre älter bin als er, entsinne ich mich genau, wie er wohlgenährt und strahlend auf der Mutter Schoß saß, das Gesicht von einem mächtigen Schopf blonden Haares umwölkt, und allen Menschen die Ärmchen entgegenbreitete."[19] (CPG, S. 127) Angelika hatte offensichtlich keine Rivalitätsprobleme. „Seit frühester Kindheit verband uns eine Zuneigung, die kaum stärker gedacht werden kann und die dennoch von Jahr zu Jahr wuchs, so daß wir keine Freude voll genießen konnten ohne den andern." (Ebda.) Das Erziehungskonzept der Lehrerin-Mutter scheint aufgegangen zu sein: „Sie brauchen nur Liebe u. eine verständige, sichere Lei-

---

[16] Angelika Probst, Christoph Probst, in: Christoph-Probst-Gymnasium Gilching (Hrsg.), ... damit Deutschland weiterlebt. Christoph Probst (1919-1943), Gilching 2000 (Kurztitel: CPG), S. 130.
Der selbe Text auch unter dem Titel „Meine lieben Marienauer", in: Archiv des Instituts für Zeitgeschichte, München ZS/A 26, Band 4, S. 100–108.

[17] Michael Probst, Christoph Probst und Willi Graf im Widerstand der „Weißen Rose". Gründe – Ziele Vermächtnis, in: Helmut Moll (Hrsg.) „Weiße Rose" – Vor 60 Jahren zerschlagen, PEK Skript, Köln 2003, S. 12–48 (Kurztitel: PEK Skript), S. 15.

[18] https://www.slideshare.net/DanielDominguez7/05-probst-3

[19] Weiter meint Angelika Probst: „Schon damals zeigte er die Fähigkeit, die ihn später so auszeichnete: allen wohlzutun, alle zu erfreuen und ringsherum Harmonie zu schaffen."

tung, um sich aufs Beste zu entfalten u. gute, freie Menschen zu werden. Strafen sind gar nicht nötig. Gott gebe, daß sie so gut u. froh weiter gedeihen." (Moll, S. 64)

Für Angelika war ihr Bruder ein „Spielgenie sondergleichen". In ihren kurz nach dem Krieg verfassten Erinnerungen klingen einige Passagen emotional überhöht, doch ohne den Blick auf den Persönlichkeitskern des toten Bruders zu verstellen: „Mit allem spielte er, völlig hingegeben, von früh bis spät, und seine Phantasie schien ohne Grenzen." Der Bruder baute „ganze Nachmittage lang die wunderbarsten Schlösser und Türme mit unseren Bauklötzen" und sang „dabei unentwegt selbstgedichtete Lieder …, bis er ganz heiser war". Was ihn offenbar nicht daran hinderte, selbstvergessen weiter vor sich hin zu krähen. Christel besaß recht früh schon eine ihn ein Leben lang begleitende Liebe zur Natur. Er „kniete stundenlang vor den Blumenbeeten, entdeckte die winzigsten Knospen an unsern Kakteen und beobachtete genau die Fortschritte der aufbrechenden Blüten. Er kannte auch bald die Namen der Blumen, und später, als er älter wurde, legte er sich selber Beete an und versuchte, besonders große, seltene oder gar neuartige Pflanzen zu ziehen."

In eines seiner selbstangelegten Beete pflanzte Christel Kürbisse. Vermutlich den Vater imitierend, hockte er „fast eine Stunde lang", wie seine Mutter beobachtete, „vor seinen selbstgebauten Kürbissen …, nichts tuend und ins Anschauen völlig versunken. Als er dann aufstand und zu ihr kam, sagte er tief aufatmend: ‚Mutti, jetzt weiß ich, was ein Kürbis ist.'" In kindlicher Selbstüberschätzung hielt er den Dom zu Brixen für ein schönes Zimmer, eine dreißig Meter hohe Tanne für einen geeigneten Weihnachtsbaum, und einen der Löwen vor der Feldherrnhalle in München wollte er gerne – zum Spielen? – mitnehmen. (CPG, S. 127) „Seine Phantasie bewegte sich in einer hohen, freien, grandiosen Welt", erkannte Ricarda Huch.[20]

Freilich hatte auch Christoph seinen eigenen Kopf, den er durchzusetzen versuchte. In Katharinas Tagebuch heißt es: „Christel entwickelt eine erstaunliche, dabei kindliche Klugheit und seine Fragen, die in alle Tiefen gehen, nehmen kein Ende. ‚Menschenfresser' ist das Thema, das es ihm augenblicklich angetan hat, u. ich muß mehr erzählen, als ich verantworten kann. Gestern nun, als ihm etwas nicht paßte, stößt er eine schreckliche Drohung aus: ‚Ich geh zu den Menschenfressern; die fressen mich auf und dann hast du mich nicht mehr.'" (Moll, S. 64)

Auch wenn die Kinder nicht getauft waren, hinderte dies die Eltern nicht, ihnen von klein auf „eine natürliche Religiösität" zu vermitteln. Der fast vierjährigen

---

[20] Huch, Ricarda, In einem Gedenkbuch zu sammeln…, hrsg. und eingeleitet von Wolfgang M. Schwiedrzik, Leipzig 1997 (Kurztitel: Huch), S. 110.

Angelika konnte die Mutter „nicht genug biblische Geschichten erzählen u. kleine Gebete sagen, die sie alle sofort behält u. die sie allabendlich alle beten will." „Gott" und die „Schöpfung der Erde" waren Themen im Hause Sasse-Probst. Als Christel vier Jahre alt war, beschäftigte er sich mit den Themen „Sterben", „Himmel" und „Hölle". Er „fragte daher andauernd: ‚Gibt's 'n Himmel? Gibt's 'n lieben Gott?'" Und machte schließlich einen Vorschlag, den seine Mutter festhielt: „Wenn er einmal im Himmel sei, dann wolle er eine große Stange hinunterwerfen und die anderen Menschen auch hinaufziehen." Zwei Jahre später konstatierte Christel nach einem Besuch der Klosterschule, die Angelika eine Zeitlang besuchte: „‚Mutti die Schwestern sind ja gar nicht fromm, die haben ja einen ‚Minimax' (Feuerlöscher). Wenn sie Vertrauen hätten, bräuchten sie den doch nicht.'" (Ebda.)

Seines „forschenden und entdeckerhaften Bestrebens"[21] wegen nannte die Familie Christel eine Zeitlang scherzhaft „Christoph Kolumbus". Und weil der Junge normal, mutig und agil war, verdiente er sich den weiteren Beinamen: „Christoph Beulenschädel". „Seine Tollkühnheit war haarsträubend", erinnerte sich Angelika, „und es muß mehrere Schutzengel in Atem gehalten haben, ihn immer wieder heil aus all seinen gewagten Unternehmungen herauszuretten." Er sei, so die Schwester im Rückblick, „fast nie ohne Beulen und blutige Schrammen" zu sehen gewesen. (CPG, S. 127)

Am 31. Juli 1924 wurde Christels Halbbruder Dieter geboren. Das Verhältnis zwischen ihnen wurde im Verlauf ihres Lebens immer enger. Christel fühlte sich für den Jüngeren verantwortlich. Er unterstützte den Bruder gerne, und die Hilfe wurde dankbar angenommen. Eine unmittelbare Folge des Familienzuwachses war der Umzug der Sasses in das „Münter-Haus" in Murnau. Das Haus „war umgeben von freien Wiesen mit Obstbäumen und bildete den idealen Rahmen für eine Kinderwelt, die durch eine eher pantheistische Religiosität geprägt war und in deren Zentrum die Freude an der Entdeckung der Natur, seiner Tier-, Blumen- und Pflanzen-, Steinwelt und des Kosmos stand." Ricarda Huch fügt in dieses Bild noch den Vater ein: „Das Haus, das Christels Kindheit behütete, war von einem Garten umgeben, in dem unter einem alten Nußbaum viel bunte Blumen blühten und den als heroische Wächter schimmernde Berge umstanden: Rabenkopf, Herzogenstand, Benediktenwand. Die hohen Berge und der große starke Vater, der sie besteigen konnte, waren der Gegenstand seiner [Christels] kindlichen Bewunderung und Verehrung." „Die ganze Natur

---

[21] „Als wir noch im Kinderzimmer zusammen schliefen, hielt er mir schon lange Vorträge über das Perpetuum mobile, selbstkehrende Besen, Eßvorrichtungen für völlig Gelähmte, Bücher mit elektrischer Leuchtschrift und tausend andere Dinge. In solche Gedanken vertieft, konnte er vergeßlich sein wie ein zerstreuter Professor." (CPG, S. 128)

begeistert ihn", notierte Katharina. „Neulich rief er mich an einem besonders sternklaren Abend stürmisch nach draußen. ‚Mutti, ich glaub der Mond ist geplatzt, so viele Sterne gibt's ja gar nicht!'" (Moll, S. 65, Huch, S. 110)
Aus dieser Anteilnahme und Einfühlsamkeit, meint Moll, sei Christophs Liebesfähigkeit für schwächere Menschen und Tiere erwachsen. „Seit er einmal beobachtet hatte, wie ein sich sträubendes Kälbchen zum Schlachter geführt wurde," berichtete Angelika, „aß er jahrelang keinen Bissen Fleisch mehr, und über Menschen, mit denen er aus irgend einem Grunde Mitleid hatte, konnte er weinen. Besonders die Bettler, die damals noch vor die Haustüren kamen und um Brot oder Geld baten, hatten es ihm angetan, und er bemitleidete sie so innig, daß er beschloß, selber Bettler zu werden. Jeden Abend spielte er sein selbsterfundenes Lieblingsspiel: ‚Ich bin ein blindes Bettelmännchen', und ließ sich von uns durchs Haus und schließlich ins Bett führen." (CPG, S. 127)
Im Februar 1927 fasste Katharina Sasse die Entwicklung ihrer Kinder so zusammen: „Jeder Tag ist voll von Erlebnissen, nichts ist gleichgültig, selbstverständlich. Eine tiefe Religiosität (fern von jedem landläufigen Religionsunterricht) gibt ihrem jungen Leben großen Hintergrund, eine Begeisterung u. Beschwingtheit, die keinen trüben Alltag kennt, u. den jungen Seelen über manche Schwäche ihrer Veranlagung weghilft. Und wie können sie lachen u. toben u. spielen! Ein Glück, daß wir keine Mitbewohner in diesem Häuschen haben!" (Moll, S. 66)
1927 ging Christels erstes Schuljahr bei seiner Mutter daheim zu Ende, die Lehrerin hatte dazu eine Sondergenehmigung erhalten. Vom 28. April an besuchte Christel die Murnauer Knabenschule, deren Schulräume sich seit 1804 im Südflügel des Murnauer Schlosses befanden. (Moll, S. 67)

Murnau, Oberstdorf und Nürnberg, April 1927 bis Sommer 1932

Christel musste sich an die schulischen Gegebenheiten erst gewöhnen. Am zweiten Schultag, als sein Lehrer kurz das Zimmer verlassen hatte, stand er kurzerhand auf und ging nach Hause. Doch nach den ersten Startschwierigkeiten besuchte er die Schule gern.[22] Unter den 40 Klassenkameraden fand er rasch Freunde, für die er, wie Katharina notierte, „die größten Opfer bringt, u. denen er am liebsten alles was er hat, schenken möchte." (Moll, S. 68) Rechnen war Christels Stärke, abstraktes Denken fiel ihm schwerer.

---

[22] Die Schulzeit Christoph Probst von 1927 bis 1937 in: Moll, S. 67–100. Siehe auch die sehr gründliche Untersuchung von Christiane Moll über „Die Schulzeit von Christoph Probst in den Landerziehungsheimen Marquartstein und Schondorf im Spiegel seiner Briefe", in: CPG, S. 55–82.

In den Sommerferien, nach nur drei Monaten, wechselte der junge Schüler in das im Jahr zuvor eröffnete private Kinderheim Schult in Oberstdorf. Dorthin war sein Vater mit seiner zehn Jahre älteren Lebensgefährtin gezogen. Hermann Probst hatte das Haus in Kochel 1924 verkauft oder verkaufen müssen, führte jedoch sein Leben als Privatgelehrter, unterstützt von Elisabeth Jaffé, weiter. Angelika, die die Murnauer Mädchenschule besuchte, blieb bei der Mutter.

Der Theologe und Religionsphilosoph Arthur Schult besaß eine Hermann Probst verwandte Lebensphilosophie. Probst führte Schult in die Welt der „esoterischen Astrosophie"[23] ein und verhalf dem Heimleiter zu einer christlich-kosmischen Schau. „Im Zusammenhang mit der harmonikalen Weltbetrachtung des großen Astronomen Johannes Kepler und mit der Christosophie des großen Mystikers Jakob Böhme", berichtete Schult in seiner Lebensrückschau, „erschloß sich mir in lebendig-imaginativer Anschauung die überwältigende Erkenntnis vom makrokosmischen Wesen des Menschen." (Moll, S. 69) Die beiden Männern entwickelten eine freundschaftliche Beziehung, die sich auch Christel zu eigen machte und später beibehielt. Noch in seinen letzten Lebenswochen besuchte der „vielseitig begabte und sinnig versonnene" Schüler den alten Schulleiter.[24]

Hermann Probst sorgte sich damals um Christels Leseschwäche. Angelika dagegen entschuldigte sie: „Maler sind überhaupt in der Entwicklung zurück." (Moll, S. 70) Damit spielte sie auf das sie sehr beeindruckende Zeichentalent des Bruders an, auf das der Vater recht stolz war. Christel habe „mit solcher Begabung [gemalt], daß noch seine Zeichenlehrer später in der Schule meinten, er werde wohl Maler werden." (CPG, S. 127) Christel wiederum bemäntelte seine Schwäche nicht. Noch 1932 schrieb er seinem Stiefvater, dass er sich mit Bildern leichter als mit Worten auszudrücken vermöge.[25]

Katharina scheint ihren Sohn im vierten Schuljahr wieder selbst unterrichtet zu haben. Dann kam Christel 1930 auf das staatliche humanistische „Neue Gymnasium" an der Frauentormauer in Nürnberg mit einer Klassenstärke von 60 Kindern. Eugen Sasse hatte in der Stadt an der Pegnitz eine Anstellung gefunden. Freilich wohnte die Familie 15 Kilometer südlich von Nürnberg in der Gemeinde Wolkersdorf, da diese sehr ländlich geprägt war.

---

[23] Astrosophie ist als Lehre der Sterndeutekunst eine Unterkategorie der Astrologie.

[24] Im Frühjahr 1930 schrieb Christoph „an Frau Schult: ‚Es war wirklich herrlich bei Ihnen; ich glaube ich gehe nie wieder so gerne in eine Schule wie ich in die Ihre gegangen bin. Der Unterricht bei Mutter war ja auch sehr schön und gemütlich, aber hier fehlten uns halt die Kameraden.' (Moll, S. 71)

[25] Die Briefe von Alexander Schmorell und Christoph Probst sind chronologisch ediert in: Moll, S. 533–893. Im folgenden wird lediglich Ort und Briefdatum genannt, hier: Zell, den 19. Juli 1932. Orthografie und Interpunktion wurden original belassen.

Auch Hermann und Elise Probst zogen 1930 ein weiteres Mal um. Sie hatten im September 1928 geheiratet und zunächst in Langenwang gewohnt. Nun mieteten sie in Zell, einem Ortsteil von Ruhpolding, eine Vierzimmerwohnung im ersten Stock des Hauses der katholischen Schreinerfamilie Johann und Maria Kaltenbacher. Mit ihren Vermietern verstand sich das Ehepaar recht gut.[26] Für die Installation eines großen Fernrohrs wurde sogar der Balkon ihrer Wohnung erweitert. Die Kinder Kaltenbacher mussten zwar häufig ruhig spielen aus Rücksichtnahme auf den „Nervositätsprofessor", doch hatten sie Hermann Probst gern. Weil er sie ernst nahm und weil er ihnen Bonbons schenkte. Elise wurde aufgrund ihrer homöopathischen Kenntnisse sehr geschätzt. Was gesunde Ernährung anbelangte, setzte sie Normen: „Viel frisches Obst und Gemüse und Käse und wenig Wurst und Mehlspeisen sollten gegessen werden." (Moll, S. 73) Für Christel wurde Zell zur eigentlichen Heimat.

Marquartstein, Schuljahre 1932 bis 1935

Christels Noten lagen in den zwei Jahren, in denen er in Nürnberg zur Schule ging, zwischen „lobenswert" und „hervorragend". Doch im Anschluss an die Sommerferien 1932 mussten er und seine Geschwister einen erneuten Schulwechsel meistern. Katharina Sasse hatte sich von ihrem zweiten Ehemann getrennt und war in den Luftkurort Marquartstein gezogen. Möglicherweise wegen der Nähe zu Hermann und Elise, die nur knapp 24 Kilometer entfernt wohnten. Die drei Kinder wurden als Externe im Landerziehungsheim Marquartstein aufgenommen, dessen Gründer und Schulleiter, Hermann Harless[27], mit Hermann Probst bekannt war.
Christels Charakter lässt sich zu dieser Zeit folgendermaßen beschreiben: Er hatte sich die Fähigkeit erworben, rasch mit neuen Lebenssituationen zurechtzukommen und neue Freundschaften zu schließen. Ihm scheint jetzt aber auch deutlich die umgebende Natur, „sei es die Pflanzen-, Stein- und Tierwelt, die Bergwelt, das Wetter, der Sternenhimmel", eine starke Geborgenheit vermittelt zu haben. Wohl, weil sie ihm, wohin er auch kam, immer unverändert begegnete und gleich blieb. (Moll, S. 73) Daneben faszinierte Christel zunehmend

---

[26] Nicht zuletzt der mutigen Familie Kaltenbacher verdankte Elise nach dem Tod ihres Mannes „die immer radikaleren und schließlich tödlichen Verfolgungsmaßnahmen gegen Juden" unbeschadet zu überleben. (Moll, S. 72)

[27] „Hermann Harless (1887-1961) hatte als Sohn eines Landpfarrers nach dem Besuch eines humanistischen Gymnasiums zuerst Theologie und dann Altphilologie studiert, um Lehrer zu werden. Seine politischen Vorstellungen wurden einerseits durch Friedrich Naumanns Idealbild eines nationalen und sozialen Staates, vor allen Dingen aber durch die deutsche Niederlage im Ersten Weltkrieg, in dem er selber noch im Herbst 1918 kurz mitkämpfte, bevor er krank wurde, geprägt." (CPG, S. 58)

die technische Welt. Und er besaß eine frohe Lebenseinstellung. Roland Klein, einen seiner Lehrer in Marquartstein[28], begeisterte in den Gesprächen mit Christel „das häufige, kurze Lachen, in das er immer wieder ausbrach". „Dieses Lachen kam ganz von innen heraus und ließ seine Lebensbejahung und sein frohes Weltbild erkennen. Es war weit entfernt von jedem Spott und von jedem Sich-Überheben über den anderen, ja geradezu das Gegenteil davon. Im Gespräch machte er viele humorvolle Bemerkungen, die immer von Lebensfreude getragen waren, nie dazu, den anderen anzugreifen oder zu verletzen. Das zeigt mir auch jener Ausspruch, als er – ich hatte die Klasse hart angegangen – von hinten mich einholend mir die Hand auf die Schulter legte: ‚Herr Klein, Sie Blume auf der Wiese Gottes'. Ich stutzte dann doch etwas. Er: ‚Rittersporn, Herr Klein, Rittersporn.' Wer konnte ihm böse sein?" (CPG, S. 143)

Das Landerziehungsheim[29] in Marquartstein war noch recht jung. 1928 gegründet, befand es sich 1932 noch im Aufbau. „Es war zu dieser Zeit eher ein familiärer Betrieb" mit etwa 70 Kindern. 1935 stieg die Schülerzahl auf 100 Kinder an, 20 davon waren Externe. Harless strebte in Marquartstein eine ganzheitliche Erziehung an. „Neben der reinen Wissensvermittlung räumte er der Bildung des Charakters, den seelischen, künstlerischen und sozialen Fähigkeiten eine große Bedeutung ein." Er wollte nicht, dass seine Schüler unter Druck bloß totes Wissen anhäuften, sondern wollte sie „zu produktiven, innerlich freien, durch sportliche, handwerkliche und vor allem musische Betätigung vor intellektualistischer Einseitigkeit bewahrten Persönlichkeiten" erziehen. (CPG, S. 57) Für ihn stand „die Stärkung des Charakters, der seelischen, künstlerischen, insbesondere der musischen Kräfte und außerdem die Ausbildung von sozialen Fähigkeiten im Vordergrund. Dieses Bildungsziel sollte mit Hilfe der freien Natur auf dem Land und der Lebensgemeinschaft im Heim, fern der städtischen Zivilisation verwirklicht werden." (Moll, S. 74)
Durch die „Machtergreifung" Hitlers 1933 gerieten die 24 privaten Landschulheime in Deutschland unter Druck. Ihre Existenz war gefährdet. Über allen schwebte die Gefahr der Verstaatlichung. Um überleben und ihre Traditionen weitgehend wahren zu können, konnten sie das neue Regime begrüßen und sich arrangieren oder – wurden gleich zerschlagen.

---

[28] Roland Klein (* 1906) „war ab Mai 1933 Lehrer für evangelische Religionslehre im Landerziehungsheim Marquartstein". Auch mit ihm blieb Christoph Probst in den kommenden Jahren weiterhin in Kontakt. (CPG, S. 50)

[29] Landerziehungsheime entstanden Ende des 19. Jahrhunderts als alternative Schulform. In Deutschland verfolgten sie im Anschluss an die Reformpädagogik des Hermann Lietz eine „Pädagogik vom Kinde her" und wollten fernab vom schädlichen Einfluss der Großstadt ein Lern- und Lebensort für die Schüler sein. Landerziehungsheime gab es auch in Großbritannien, Frankreich und der Schweiz.

Marquartstein[30] gehörte, wie Christiane Moll herausgearbeitet hat (CPG, S. 56), zu den „eher deutschnational orientierten Heimen …, die sich nach außen früh positiv zum nationalsozialistischen Staat bekannten." Christel teilte eine diesbezügliche Beobachtung gleich Anfang Mai 1933 seinem Vater und Elise, der „lieben Oma", in einem Brief mit: „Gestern war Jugendtag, an dem wir einen Marsch durch Marquartstein in Dreierreihen und Gleichschritt machten. Vorn die Hitlerjugend in Braunhemden unter der Führung des Hitlerjugendführers Uli. Herr Harles ist auch Hitler, denn als ich ihn etwas über die Hitlerjugend fragte[,] sagte er mir er sei Nationalsozialist und er grüßt alle Leute mit ‚Heil!'" (Marquartstein, den 8. [Mai] 1933)
Wie weit der Schulgründer am Ende wirklich überzeugter Nationalsozialist war, ist nicht widerspruchsfrei zu klären. 1933 stand er wohl noch unter dem Eindruck, das neue Regime werde die Ideale der Jugendbewegung verwirklichen. Den Vorstellungen einer bürgerlichen Welt und Kultur hatte er innerlich abgeschworen und träumte ersatzweise von dem neuen Menschen, den er mitzubilden gedachte. Der germanische Mensch, „der besonders mühsam um sein Gestalt-Werden zu kämpfen hat", schrieb er, sollte „wesentlichen Anteil am Durchbruch des neuen Wesens haben." Als Ziel formulierte Harless die „geistige und körperliche Mobilmachung der deutschen Jugend für den Lebenskampf". Denn: „In einer Zeit, in der ein Enthusiasmus für den schönen und leistungsbereiten Körper bestehe, solle der Körper gesund und tatkräftig gemacht werden. ‚Schaffen mit der Hand, Zeichnen, Malen, Tischlern, Kleben und Buchbindern, Garten bebauen, Tiere pflegen, Wandern, Singen und ein Instrument spielen …' solle die ‚… Ausdruckskraft durch strenge Zucht … steigern'." Trotz einer Relativierung mancher traditioneller Richtpunkte und Werte hielt Harless daran fest, dass Gott „Grund und Ende, Zuflucht, Stärkung und Heimat" sei. Geist war für ihn „junge Kraft, Bahn für kühne Menschen, steiler Weg und weiter Ausblick." Seine Einstellung ermöglichte ihm in Marquartstein die Einhaltung nationalsozialistischer Feiertage und die Übertragung von Hitlerreden mit der Feier des Sommer- und Wintersonnwendfests und dem Vorlesen des Weihnachtsevangeliums zu vereinbaren – in „einer ‚eigenartige(n) Gemengelage im Neben- und Durcheinander' von traditioneller Landheim- und neuer HJ-Erziehung". Zum Unterrichtsalltag gehörte vor und nach der Schule das Zusammenkommen aller in der Schlosshalle, „früh zu Gebet und zum Klassenappell, mittags zum Schlusslied..." (CPG, S. 58–61)
Christel beeinflusste dieser Werterelativismus nicht negativ. 1934 freute er sich über die Aufführung des Weihnachtsspiels, an der „Angeli und ich" heftig beteiligt waren. „Ängs als Verkündigungsengel und ich als einer der drei

---

[30] Gleiches gilt für das Landschulheim in Schondorf, das Christel später besuchte.

Könige." (M'stein 16. XII 1934) Das christliche Weihnachtsfest war dem ungetauften 15-Jährigen wichtig: „Ich wünsche Euch alles Gute zu diesem Fest und ein schönes Zusammensein ohne jeglichen Gedanken, als nur Weihnachten. Es gibt doch kein Fest, das einen so von allem Sachlichen und Wirklichen ablöst, wie Weihnachten, und es ist schön, daß es heute auch noch solche Momente im Leben gibt." (Zell/Ruhpolding, den 23. XII. 1934)

Seinen Briefen aus dieser Zeit entnahm Christiane Moll, dass Christel vorrangig sein schulisches Fortkommen interessierte. Seine Aktivität in der Hitler-Jugend (HJ[31]), der er beitreten musste, um nicht ins Abseits des Schullebens zu geraten, empfand er eher als störend – und das umso mehr als die Vereinnahmung durch HJ und deren Betriebsamkeiten immer drückender wurde. Moll (S. 78) bemerkt: „Der HJ-Dienst in Marquartstein nahm auch schon 1934 viel Raum und Zeit im Leben eines Schülers ein: mindestens zwei Nachmittage, einen Abend in der Woche, und häufig auch den Sonntag für die Aufmärsche und die Sportfeste. Es gab viel Sport, quasi-militärische Ordnungsübungen, Geländespiele, sowie ideologische Schulungen, Bastelnachmittage oder Elternabende, auf denen kleine Sketche und Volkstänze aufgeführt wurden. Auch wurde gesungen und musiziert. Christoph Probst, der Geige spielte, war auch im Landheimorchester, das für die Gestaltung von HJ-Abenden eingesetzt und damit ebenfalls vereinnahmt wurde". Christoph verpackte sein Klagen – die Briefe wurden in Marquartstein nicht zensiert – in Ironie: „Wie gern wäre ich am Sonntag auch in Zell erschienen, aber der Dienst, der wichtiger als Schule und alles ist geht vor. (Ha, ha, ha)" (Marquartstein, den 11. XII 1934) Oder unumwundener: „Ich habe sehr viel zu tun, in der letzten Zeit, so daß ich sehr viel anderes lassen muß. Zu der schulischen Arbeit kommt noch die H. J. mit ihren großen Anforderungen auf die Freizeit und die Geige." (Marquartstein, den 12. XI 1934) Den Geigenunterricht gab ihm Dr. Heinrich Ellermann[32], ein weiterer Lehrer, mit dem Christoph lebenslang befreundet blieb: „Gleich wird jetzt Herr Ellermann zu mir kommen da habe ich Geigenstunden. Darum mache ich Schluß." (Marquartstein, der 4. III 1934)

Während Christel einerseits über die fremdbestimmte Verplanung durch die HJ klagte, fand er andererseits altersgemäß durchaus Gefallen an den dort noch üblichen bündischen Aktivitäten, den Fahrten und Geländespielen. Im Herbst 1934 faszinierte ihn die Einführung der Kothe in Marquartstein – Hans Scholl empfand in Ulm dasselbe –, eines Schwarzzeltes nach dem Modell eines lap-

---

[31] Die HJ verdrängte als Jugendverband der NSDAP alle anderen Jugendverbände systematisch. Ab 1939 war die Zugehörigkeit verpflichtend. Das Hitlerregime wollte dadurch, Jungen – wie Mädchen durch den Bund Deutscher Mädel (BDM) in der HJ – vom Elternhaus ablösen und für Adolf Hitler und den Nationalsozialismus gewinnen.

[32] Der später bekannte Hamburger Verleger gehörte 1942 dem weiteren Kreis der „Weißen Rose" an. Siehe ausführlicher: Moll, S. 554f.

pischen Feuerzeltes. Über den ihm von seiner Mutter zum 15. Geburtstag geschenkten Marschkompass freute er sich riesig: „Mutti schickte mir einen Kompaß", berichtete er seinem Halbbruder Dieter, „(einen Marschkompaß, sehr nötig und vorgeschrieben für die H. J.), der mir sehr viel Freude macht." Daneben hatte es auch einen neuen Anzug gegeben: „Am Anfang hat es natürlich mit dem Kragen, Kragenknöpfchen und Krawatte einen harten Kampf gegeben, aber jetzt kann ich es schon ganz gut". (Marquartstein, 12. XI 1934)
Roland Klein beschreibt den 13-/14-jährigen Christel Probst als einen ungewöhnlichen, klugen Schüler, der ihm sofort als sympathisch auffiel. Der Pädagoge schätzte an ihm „seine Offenheit gegenüber anderen, seinen fröhlichen Charakter und die tiefe, innere Leichtigkeit." Christoph habe auf ihn nie einen gedrückten Eindruck gemacht, „auch nicht in späteren, schwierigen Zeiten. Obwohl sich Christel nicht in den Vordergrund drängte, bemerkte Klein schon damals seine Selbstsicherheit und Furchtlosigkeit." (Peter Schubert, in: CPG, S. 40)
Von der Schulzeit ihres Bruders in Marquartstein blieb auch Angelika insbesondere Christels Mut und Gewandtheit in Erinnerung. Durch die sei er bei seinen Schulkameraden beliebt und geachtet gewesen: „Wir besuchten damals das Landerziehungsheim in Marquartstein. Dort führt über die Ache – das ist ein ziemlich breiter Fluß – eine steinerne Brücke, deren Geländer sich halbkreisförmig in haushohem Bogen über die Straße schwingen. Und auf der Außenseite eines jeden Geländers geht es noch viel tiefer zum Wasser hinab. Einmal nach der Schule wetteten wir, ob es wohl jemanden gebe, der sich getraue, über diese Bögen – sie waren etwa einen halben Meter breit – zu laufen. Plötzlich sehe ich, wie unser Christel sich die Schuhe auszieht und schon mit ausgebreiteten Armen das hohe steile Steinband hinaufläuft. Das Wort blieb uns im Munde stecken, vorübergehende Frauen hielten aufschreiend an, er aber glitt weiter, vogelleicht und sicher wie ein Akrobat, erreichte die äußerste Höhe, blieb einen Augenblick stehen und lief auf der anderen Seite wieder hinunter." Neben Christels Kletterkunst imponierte der Schwester sein Skilauf: „In sicheren Schwüngen flog er die steilsten Hänge hinab, und als Bergsteiger und Kletterer übertraf er bald sogar unseren Vater." Hermann Probst blieb stets der verbindende Bezugspunkt der Geschwister. „Über all dem wurde er [Christel] groß, größer noch als der Vater, schlank und kraftvoll und schön anzuschauen." (CPG, S. 127f.)
Während der Zeit in Marquartstein konnte Christel seine schulischen Leistungen ungeachtet der nebenschulischen Belastungen stetig verbessern. Er übersprang im laufenden Schuljahr die vierte Klasse und wurde im Frühjahr 1934

mit 14 Jahren in die sechste Klasse versetzt. Lapidar konstatierte er die Konsequenzen: „In unserer Klasse sind jetzt 19 Kinder, auch sehr sehr gescheite, die jetzt von der Staatsschule kommen. Auch sind 2 Schüler gekommen, die 15 Jahre alt sind. Dadurch wird meine bisherige Primusexistenz gewaltig gestört." (CPG, S. 61) „Möglicherweise stand er auch hier schon", vermutet Moll, „wie in den späteren Jahren unter einem gewissen Druck, auch finanzieller Art, so schnell wie möglich seine Schulzeit zu absolvieren." Schließlich schloss Christel die Schule in Marquartstein im Frühjahr 1935 mit einem vorzüglichen Versetzungszeugnis ab. „In den Fächern Zeichnen, Schrift und Musik die Note ‚sehr gut' und in allen übrigen die Note ‚gut'." (Moll, S. 77)

Zum Abschluss seiner Schultage in Marquartstein fuhr Christel noch mit sechzehn weiteren Schülern und drei Lehrern – sowie zwei Kothen – nach Venedig, Istrien und Dalmatien. Ihn begeisterte das Mittelmeer mit seiner Flora und Fauna: „Wenn Du hier wärst, würde sich Dein Interesse wohl großenteils auf die seltsame Vogelwelt richten. Ja es hausen hier wirklich die seltsamsten Vögel, die ich je beobachtet. Aber auch die Vögel des Nordens sind hier vertreten, nur mit dem Unterschied, daß sie hier viel singfreudiger sind als im Norden." Er genoss die Reise aus vollen Zügen: „Ich schwimme hier am Kap Promontore, der Südspitze Istriens und von drei Seiten bespült die tiefblaue Adria das Kap. Ich bin ganz Seesalz und braun und fühle mich ganz frisch durchblutet. ... Der Eindruck des Meeres ist gewaltig und es erscheint mir jeden Tag blauer und schöner. Der ganze Strand ist von verschiedenartigen Lebewesen belebt und je länger man in das seichte Uferwasser schaut, umso belebter scheint es einem." Trotz solcher ausführlicher Naturbeschreibungen war Christel ein völlig normaler Junge seiner Zeit: „Was Dich stören würde, uns aber im höchsten Maße interessiert, sind die vielen Flieger, die den ganzen Tag lang brummend über unsern Köpfen sausen, und die großen Kreuzer u. Torpedoboote." (Promontore am 11. IV 1935)

München, Schuljahr 1935/36

Im Frühjahr 1935 wechselte Christel an das Neue Realgymnasium (NRG) an der Müllerstraße in München. Ein weiterer Schulwechsel war erforderlich geworden, nachdem Katharina Sasse mit ihren drei Kindern nach München-Schwabing gezogen war. So kam „der damals fünfzehnjährige Christoph Probst als neuer Schüler in Alexander Schmorells Klasse, die 7a des NRG. Dieses Ereignis sollte beider Leben nachhaltig verändern." (Moll, S. 80) Die beiden Heranwachsenden verband „neben spontaner Zuneigung und weitgehender geistiger Übereinstimmung die Vorliebe für Bergsteigen und Skifahren". Es entwickelte sich zwischen ihnen eine „unzerreißbare Freundschaft". (CPG, S. 41)

Alexander Schmorell[33] war am 16. September 1917 als Sohn des Arztes Hugo Schmorell und seiner Frau Natalia Wwedenskaja in Orenburg am Ural, nahe der Grenze zu Kasachstan, im europäischen Russland zur Welt gekommen. Die Familie trieb dort bereits seit Mitte des vorangegangenen Jahrhunderts Handel und gehörte zu den wohlhabenden Unternehmern am Ort. 1918 starb Natalia bei einer Typhusepidemie. Hugo Schmorell stellte daraufhin für seinen Sohn die 34-jährige Feodora Lapschina als Kinderfrau ein. Sie sollte bis zu ihrem Lebensende in der Familie bleiben. Man nannte sie einfach so: „Kinderfrau" – „Njanja". Ein weiteres Jahr später – 1920 – heiratete Hugo Schmorell erneut. Der ebenfalls deutschstämmigen Elisabeth Hoffmann gelang es trotz all ihrer Bemühungen nicht, sich die Zuneigung ihres Stiefsohnes zu erringen[34]. Die Njanja blieb Alex' Wahlmutter. Sie sorgte sich liebevoll um ihn und die beiden kommenden Stiefgeschwister, wie es dem einzigen von ihr erhaltenen Brief an Schurik, die russische Kurzform von Alexander, zu entnehmen ist: „Ich bin, Gott sei Dank, am Leben und gesund, arbeite wie früher und bin ständig bemüht, mein Kindlein, dir etwas zu bereiten, etwas wohlschmeckendes, dich zu verwöhnen, wenn du nach Hause kommst. Behüte dich, hüte dich davor, unabgekochtes Wasser zu trinken und dich zu erkälten, denn jetzt beginnt ja schon das feuchte Wetter, vor allem, bekomme keine nasse Füße." (Moll, S. 34)

Als die Lebensverhältnisse mit dem Ersten Weltkrieg und der Revolution in Russland immer schwieriger wurden, entschieden die Schmorells, die die deutsche Staatsangehörigkeit nie aufgegeben hatten, nach Deutschland zurückzukehren. Hugo Schmorell hatte um die Jahrhundertwende in München Medizin studiert und wollte nun dorthin reemigrieren. Im Mai 1921 bestiegen Hugo,

---

[33] „Im Fall von Alexander Schmorell und Christoph Probst ist es kaum möglich, sich der Lebensgeschichte des einen zu nähern, ohne den anderen ausführlich zu würdigen. Zu viel haben sie in ihrem zu kurzen Leben gemeinsam unternommen und gedacht ... Zwei Lebenswege, zwei weltanschauliche Entwicklun gen mit vielen Berührungspunkten, die zum gemeinsamen Kampf gegen den Nationalsozialismus führten." (Moll, S. 25)

[34] Das Verhältnis Alex' zu seinem Vater und seinen Geschwistern war innig, ebenso zu seinen Verwandten. In einem seiner Briefe erwähnt der Student warmherzig einen Nachmittag mit Irene Monheim, der Tochter von Olga Ella Monheim, „einer jüngeren Schwester von Elisabeth Schmorell, die in der Familie die ‚Schokoladentante' genannt wurde, da sie in zweiter Ehe Franz Monheim ... einen Schokoladenfabrikanten aus Aachen geheiratet hatte. Irene Monheim heiratete nach dem Zweiten Weltkrieg Peter Ludwig ..., mit dem sie in Köln die große Kunstsammlung Ludwig aufbaute und 1976 das ‚Museum Ludwig. Kunst des 20. und 21. Jahrhunderts' gründete." (Moll, S. 437)

Elisabeth, der dreijährige Schurik und die Njanja den letzten Sanitätszug für deutsche Rückwanderer nach Deutschland. Schmorell ließ sich in seiner Universitätsstadt nieder und konnte in der Villenkolonie Menterschwaige in München-Harlaching nach manchen Mühen eine gut laufende Praxis etablieren. Njanja hielt in der neuen Heimat auf Wunsch der Familie die russische Lebensweise und die russischen Gebräuche, gerade in ihrer Orenburger Variante, weiter lebendig. Sie waren für Schurik die Ersatzheimat.

Christel hatte in München das Glück, den Neuphilologen Dr. Franz Tyroller als Direktor zu erleben. Tyroller leitete die Schule seit 1932 und machte „den geforderten politischen Anpassungskurs nach 1933 so wenig wie möglich mit". In der Folge wurde er „zum Schuljahr 1937/38 wegen seiner ‚kompromißlosen christlichen Haltung' zum Oberstudienrat degradiert und an eine andere Münchner Schule versetzt." (CPG, S. 63f.) Während Christel auch in München weiterhin eifrig lernte, gehörte sein 18-jähriger Mitschüler Schmorell eher zu den lässigen Gymnasiasten. Er strengte sich zum Bedauern seiner Lehrer geradeso an, um über die Runden zu kommen. Mehr Energie wandte er nicht auf. Christels Berufswahl kristallisierte sich derweil langsam heraus. Er hatte „viel Freude an Naturwissenschaften" und wollte „Arzt werden", eignete sich jedoch der Besonderen Schulzensur zufolge „für jeden Beruf". (Moll, S. 81) Weiter hieß es, dass die Eltern „leider geschieden" und der Vater „leidend" sei, „was den Jungen seelisch etwas belastet". (Ebda.) Die sich seit 1934 immer stärker bemerkbar machende Depression Hermann Probsts brach Anfang 1936 offen aus. Er musste stationär, in der Privatklinik Kennenburg bei Esslingen am Neckar, behandelt werden. In den Osterferien „schilderte Elise Probst in einem Brief an Ada Nolde die beunruhigende Situation: ‚Nun sind für die Osterferien Angeli u. Christl hier. Wir helfen uns gegenseitig mit Liebe u. Zuversicht – aber es ist schwer.'" (Moll, S. 572)

Ungeachtet dessen verbrachten die beiden recht unterschiedlichen Freunde viel freie Zeit miteinander. Elise Probst umsorgte sie an den Wochenenden in Zell. Für Schurik, bemerkt dessen Halbbruder Erich, hatte die Freundschaft mit Christel etwas Befreiendes: „Als habe er erst jetzt Selbstbewusstsein, Selbstvertrauen und echte Lebensfreude gewonnen." (Moll, S. 82) Der Halbrusse fühlte sich sein Leben lang in Deutschland nicht zu Hause. Er vermisste seine leibliche Mutter, von der er gerne träumte und die er in seinen Träumen idealisierte, da er sie ja nur aus den Erzählungen seines Vaters kannte. Genauso hielt er es mit Russland. In Christel fand Schurik nun einen Seelenverwandten, eine Halbwaise mit gleichen Interessen: Liebe zur europäischen und fernöstlichen Musik, Literatur und Kunst. Hugo Schmorell, „ein geradezu universal interessierter Mensch", hatte der Auskunft seiner Schwiegertochter Hertha nach diese Liebe in Alexander grundgelegt. (Moll, S. 36) Schuriks Kinderfreund Karl Pötzl benennt eine weitere Gemeinsamkeit: das Interesse an der Natur, speziell der Botanik und der Astronomie, die ebenfalls „von [Schuriks] Vater früh geweckt und gefördert" worden war. (Moll, S. 38) Das gab der unzerreißbaren Freundschaft mit Christel den fruchtbaren Nährboden.

Die Beziehung der beiden ließ Platz für Alex' Freundschaft mit Christels Schwester Angelika. Hier erwies sich eine gemeinsame Leidenschaft für Pferde und das Reiten als tragender Untergrund. Angelika lernte den Umgang mit Pferden von Schurik, den sie kurz vor seinem 18. Geburtstag kennenlernte. Zu diesem Fest schenkte sie ihm als Zeichen der Verbundenheit einen Bergkristall, den Schurik fortan hütete. Angelika teilte zahlreiche Abenteuer mit den beiden Freunden. Pferde freilich blieben das Proprium zwischen ihr und Schurik. Das Pferd verband sie weit über die Münchener Zeit hinaus, als Angelika schon bei ihrem Mann in Marienau bei Hamburg lebte.

Schondorf, Schuljahr 1936/37

Ihren Mann, Bernhard Knoop, hatte Angelika im Juni 1936 gleichfalls über ihren Bruder kennengelernt. Der 28-jährige Lehrer arbeitete seit 1932 im Landerziehungsheim Schondorf am Ammersee, an dem Christoph seit dem 29. April 1936 sein letztes Schuljahr absolvierte. Diesmal als interner Schüler. Seine beiden Geschwister blieben bei der Mutter in München.

Angelika hatte ihre Schullaufbahn bereits im Vorjahr in Marquartstein mit der mittleren Reife abgeschlossen. Sie begann eine Ausbildung an der Günther-Schule in München-Schwabing. Vermutlich wollte sie Gymnastiklehrerin werden. Die Privatschule für Gymnastik, Rhythmik und künstlerischen Tanz war 1924 von der Gymnastiklehrerin und Graphikerin Dorothee Günther zusammen mit dem Komponisten Carl Orff gegründet worden. Der vierzigjährige Musikpädagoge erkannte rasch die literarische Begabung und Gestaltungskraft der achtzehnjährigen Schülerin. Angelika half ihm im November 1936 bei den Texten für eines seiner Grimm'schen Märchenstücke. Freilich scheinen Orff auch weitere Qualitäten seiner Schülerin aufgefallen zu sein. Die Beiden begannen eine Affäre, die Angelika Anfang Juli 1937 mit dem vorzeitigen Verlassen der Günther-Schule abrupt beendete. (Moll, S. 89 und 289/291)

Zunächst jedoch traf Angelika und Christel am 29. Mai 1936 ein herber Schicksalsschlag. Hermann Probst, der wegen eines „Psychotischen Erregungszustands mit schizophrenem Einschlag" seit April in einer Privatklinik in Kennenburg behandelt wurde, hatte sich aus dem Fenster gestürzt und war am darauffolgenden Tag an den Folgen gestorben. Die Tage zuvor, so die Krankenakte, hatte er sich „meistens ekstatisch verzückt der Sonne zugewandt, um die Lichtkräfte in sich aufzunehmen", gequält von Ängsten der Gottverlassenheit. (Gebhardt, Position 1343) Noch einen Tag vor dem Sturz hatte Christel an den „lieben, guten Paps" einen Brief geschrieben. Darin wünschte er dem Vater „recht schöne Pfingsttage", berichtete vom Ruderclub und erzählte, dass er angefangen habe, Tennis zu spielen. An Pfingsten wollte er einen dreitägigen Ausflug machen und schloss die Zeilen mit dem Wunsch: „Wie geht es Dir, Paps? Ich würde mich sehr freuen, wenn Du mir bald mal wieder schreiben würdest, aber nur, wenn Du Lust hast. Ich wünsch Dir recht schöne Pfingsttage. Oft denke ich an die herrlichen Touren, die wir immer zusammen gemacht haben und freue mich schon auf die nächsten." (Schondorf, 28. V. 36)

„Der Schmerz über den Tod unseres geliebten und verehrten Vaters", erklärte Angelika, „verflocht uns noch inniger miteinander, und es war der Bruder, der die tiefsten und verklärtesten Worte des Trostes fand." (CPG, S. 128) An seine Stiefmutter schrieb der Heranwachsende: „Ich muß oft an Dich denken, Liebe, wie Du Dir wohl nun das Leben gestalten wirst, wenn Du allein in Zell lebst. Du wirst Dich sicher gut dareinfinden, in den Ferien schaffen ja wir Dir dann Kurzweil usw. Es ist schon merkwürdig, welche Wege das Leben einschlägt, manchmal wird man gar nicht klug daraus. Nun auf Wiedersehen, auf frohes, schönes Wiedersehen. Halt Dich recht tapfer gegen alle Anstürme." Und er zitierte auf der Rückseite einen Satz Goethes, der auch im Hause Scholl geläufig war und später an Hans Scholls Gefängniswand stehen sollte: „Allen Gewalten zum Trutz sich erhalten / Nimmer sich beugen, kräftig sich zeigen, / Rufet die Arme der Götter herbei!" (Schondorf, 6. VI. 36)

Eine Woche später teilte Christel Elise seine große Entdeckung mit: „Mein Herzensliseken! ... Ach Du Liebe, Du kannst Dir ja gar nicht denken, wie sehr und wie oft und mit wieviel Liebe ich an Dich denke. Hoffentlich tust Du auch, was Du mir schreibst. Dich gut halten und die Stille in Zell genießen. Wenn es Dir schlecht geht, so denke nur immer an das Herrlichste, was uns armen Menschen vom Himmel gegeben ist, die Liebe. Oft habe ich mich in schweren Stunden

nach etwas Absolutem, nach einem Fels, der aus all den Nebeln der Täuschungen herausragt gesehnt, an dem ich mich festhalten kann, weil alles um mich wandelbar und glitschig war. Erst neulich habe ich den Fels gefunden, es ist die Liebe. Nachher habe ich mich gewundert, daß man so etwas suchen muß, wo es so naheliegt. Alle anderen Begriffe sind an die Welt, an unser kleines Gehirn gebunden. Liebe herrscht überall auf jeder Welt und zwischen den Welten. Sie herrscht zwischen ‚Toten', die mehr Leben in sich haben als die Menschen der Welt, und den Lebenden, die vielleicht Tote sind." (Schondorf, 13. VI. 36)
Mit all seinen Gedanken versuchte er der Witwe zu helfen: „Hier ist es schön wie immer. Auch der Regen konnte dem schönen Leben seinen Glanz nicht nehmen. Glanz? Wenn man ins einzelne schaut, in die Abschnitte des Tageslaufes, findet man eher alles andere als das. Und trotzdem liegt irgend etwas, wie ein Glanz über dem Leben der Menschen, sie spüren ihn nur nicht, nur manchmal in der Erinnerung. Oft scheint er verloren, aber das scheint dann nur so. Ohne ihn wäre das Leben ja ganz unmöglich. Oft sehe ich ihn nicht, dann kommt mir alles ganz sinnlos vor und so abscheulich niedrig: ‚Da sitzen nun all die Tiere, die sich Menschen nennen an den Tischen und schauen, daß sie so viel von dem Fleisch toter, geschlachteter Tiere in sich hineinquetschen, wie es nur möglich ist. Jeder muß essen, jeder verdauen, auch ich muß diese niedrigen Lebensfunktionen ausführen, bin sogar an sie gebunden. Dann möchte ich am liebsten den Bissen ausspucken und bis ans Ende der Welt laufen.' – Gott sei Dank erkenne ich aber doch meistens den Sinn des Lebens, erkenne, wie natürlich und schön das ganze Leben ist, dann kann ich glücklich sein und ordentlich mitmachen. – Diese merkwürdige Betrachtung macht mir jetzt einen sehr komischen Eindruck, Dir wohl auch, aber es kam mir eben so in den Sinn." (Ebda.) Christel endete mit der gleichen Unkompliziertheit, die ihn so manchen seiner Briefe in Kindertagen ganz einfach ausklingen ließ: „Nun schließe ich 1. wegen Schreibkrampf 2. wegen Platzmangel u. 3. weil ich nimmer mag[.]" ([Ruhpolding-Zell, kurz nach dem 7. April 1931]) oder: „Nun auf Wiedersehn Du Liebe, ich wüßte zwar noch viel aber bin zu faul, es sind ja jetzt Ferien." ([Zell,] den 4. 8. 30)

Für Elise fühlte sich der Heranwachsende fortan an „Vaterstatt" verantwortlich. Die Ömi, wie Elise wohl auch wegen ihres schon älteren Aussehens genannt wurde, wurde nun ganz Christels familiärer Mittelpunkt und der seines brieflichen Gedankenaustauschs. (Moll, S. 85) „Es ist rührend, wie er sich ihr nach dem Tod des Vaters in den Briefen ohne Scheu anvertraute, sich andererseits um ihr Wohlergehen sorgte und sich als ihr Beschützer fühlte", stellt Christiane Moll

(CPG, S. 72) fest. „Nachdem sie den Schutz durch seinen Vater verloren hatte, musste sie, die sich eigentlich eher als Deutsche sah, nunmehr als Jüdin durch die sich immer stärker ausbreitende antisemitische Stimmung in Deutschland umso bedrohter fühlen." Kurz vor Weihnachten schrieb ihr Christel: „Mach Dir nie Sorgen um die niedrigen Menschendinge, wie Geld und alles Andere. Dem Vertrauenden können sie nichts anhaben! Und wenn der Tod kommt, was ist es? Eine Schwelle zur Größten Freude, die es für uns geben kann: Das Wiedersehen, das gegenseitige Durchdringen, das Einswerden." (Schondorf, den 12. a XII [1936])

In dieser Situation, in der er sich über Tod, Liebe und Leben und dessen Sinn intensiv Gedanken machte, fiel es Christel nicht leicht, im Kreis seiner Mitschüler – seit Jahren eine feste Gruppe – akzeptiert zu werden. Unnachgiebig hieß es im „Urteil der Kameraden", das dem Zeugnis des ersten Trimesters im Juli beigelegt wurde: „Hat den Anschluß an die Kameraden noch nicht gefunden." „Dieses Urteil", so Moll, „das die Haltung in der Gemeinschaft charakterisierte, wurde hauptsächlich durch die Zimmer- und Klassenkameraden gefällt und vom Schülerpräses, mit dem sich Christoph sogar angefreundet hatte, und dem Leiter durchgesprochen." (CPG, S. 69) Heranwachsende zeichnen sich offenkundig nicht immer durch Verständnisfülle aus.
Aber auch Christel blieben gewisse Reaktionen seiner Klassenkameraden fremd. Im Juni schüttete er Elise sein Herz aus: „Ich denk mir manchmal, ob ich denn hier alles so mache, wie ich es soll, da natürlich mancher Neidhammel mich anzuschwärzen sucht." Und gleich schiebt er ausgleichend nach: „Das sind aber nur ganz wenige." Und im Juli: „Die letzten Wochen waren und sind anstrengend! Ich habe immer ordentlich gearbeitet. Als Lohn dafür wird man dann als Streber unbeliebt und verschrien. Das deprimiert mich manchmal sehr." Jedoch reifte er in seinen Empfindungen: „Es ist mir aber im Großen und Ganzen doch gleich, ich bin nicht mehr so empfindlich wie früher. Nur manchmal tut es mir doch sehr weh, Arbeiten ist doch schließlich gut." An dieser zwiespältigen Distanz zu seinen Mitschülern sollte sich bis zum Schuljahresende im Wesentlichen nichts ändern: „Im Heimleben freilich", hielt Internatsdirektor Dr. Ernst Reisinger im Frühjahr 1937 im Charakterzeugnis Christoph Probsts fest „trat er infolge seiner geringen Stoßkraft und seines späten Eintritts weniger hervor". (Ebda.)
Es half Christel offenbar wenig, dass er die Dummheiten der anderen 16-Jährigen mitmachte, wie auf einer Tour nach Schliersee: „Wir haben in einer Jugendherberge übernachtet", berichtete er dem Halbbruder. „Die Herbergsmutter war

ein entsetzliches Scheusal. Einmal sind wir nachts zu spät nach Hause gekommen, da wollten wir in den Schlafraum, der im ersten Stock war, einsteigen, da die Tür schon verschlossen war. Das hat die alte Ziege dann gemerkt und es gab einen Mordsradau. Auf der Rückfahrt nach München war der Zug so voll, daß wir in die 2. Klasse gehen durften. Da haben wir alle Schilder und Haken und auch die Aschbecher abgeschraubt, daß wir nachher ganz schwer zu tragen hatten. Es war ein aufregendes Stück Arbeit, denn andauernd ging der Schaffner durch den Wagen... Nun werden wir die Schilder in unserem Lokus anbringen. Auch Eisenbahnnetzkarten von Deutschland haben wir abmontiert. Die werden an der Lokustür angebracht, immer direkt gegenüber, da hat man dann wenigstens was zum Studieren." (Schondorf, den 5. VII. 36)

Nicht verwunderlich also, dass Christel abwinkte, als Elise ihn ermunterte, in den Ferien einen Freund mitzubringen. Er wollte nur Schurik in der Nähe haben – nicht zuletzt als Schutz der jüdischen Ömi. Bei Alex „kann man keine Störung oder Enttäuschung erleben, er hebt höchstens die Harmonie." (Schondorf, den 24. VI. 36) „Harmonie" wurde nun ein „Zentralbegriff seines Denkens und Handelns", wie Erich Schmorell meinte. „Er suchte die Harmonie, aber er bemühte sich auch, sie selber zu schaffen und in schwierigen familiären, aber auch außerfamiliären Situationen ausgleichend zu wirken, das Positive zu sehen, zu ‚harmonisieren'." (CPG, S. 71f.)

So sehen wir Christel mit Alex – zeitweise womöglich mit Angelika[35] – in den Sommerferien in einem Zelt am Lödensee bei Zell das Leben genießen: „Dort ist es herrlich! Wir haben ein großes Floß mit darauf befestigtem Sprungbrett gebaut und fischen und baden und kochen den ganzen Tag. Es ist wirklich ein herrliches Leben." (Ruhpolding, den 25. VIII. 36)

Anders als die Wertschätzung seiner Mitschüler fand Christel die seiner Lehrer rasch. „Vielleicht weil sein Vater, der erwachsene, intellektuelle Diskussionspartner, kurz nach Christophs Eintritt ins Internat gestorben war, suchte dieser dort in seinen Lehrern einen entsprechenden Ausgleich," meint Peter Schubert in der Gedenkschrift des Christoph-Probst-Gymnasiums in Gilching. „So wurde er von den Erwachsenen im Landheim mehr als gleichwertiger Gesprächspartner denn als Schüler geschätzt, wie Bernhard Knoop, der spätere Ehemann seiner Schwester Angelika und selbst Lehrer in Schondorf, berichtet." (CPG, S. 42) Das bestätigen die Beobachtungen Reisingers, die er eigens für das Beiblatt zu Christophs Abiturzeugnis formulierte: „In dem Jahre seines Hierseins hat er tiefer als viele im Heim Wurzel gefaßt und damit sein eigenes sowie unser Le-

---

[35] Angelikas Erinnerung nach nutzten Alex und Christel jede sich bietende Möglichkeit, einander zu treffen. Alex verbrachte alle seine Ferien in Zell. Sie selbst sei ebenfalls Teil dieses Freundschaftsbundes gewesen. (Archiv des Instituts für Zeitgeschichte, München ZS/A 26, Band 4, S. 93f.)

ben in vieler Beziehung erfreulich bereichert. Die Erwachsenen schätzten vom ersten Tage an sein vornehmes Wesen, während manche Kameraden erst später die Vorzüge seiner geistig ausgeprägten, gelegentlich zwar lehrhaften, doch stets bescheidenen Art erkannten und anerkannten. So war er mit einigen Erwachsenen und Kameraden in fruchtbarer und schöner Freundschaft verbunden. Darüber hinaus nahm er sich mancher jüngeren Kameraden an und förderte sie durch seinen guten Einfluß... Mit echter geistiger Lebendigkeit nahm er im Gespräch wie im Unterricht an allen Fragen der Wissenschaft und des Lebens verständigen Anteil und überraschte uns oft durch sein selbständiges und reifes Urteil." (CPG, S. 132)

Eine gewisse Widersprüchlichkeit in den einzelnen Aussagen das Schuljahr über lässt sich weder übersehen noch abschließend deuten. Nur die Kontinuität ist feststellbar. So hatte Reisinger bereits sechs Wochen nach Christels Schuleintritt seiner Mutter geschrieben: „Er ist ein besonders feiner und anziehender Junge, schon ein Stück Persönlichkeit und über sein Alter hinaus klug und einsichtig. Es ist rührend, wie sich Christoph nach allen Seiten hin bemüht. Allen Anregungen des Heimlebens gegenüber zeigt er sich aufgeschlossen. In allen seinen Äusserungen spürt man Gefühlswärme, er ist sensibel, aber nicht empfindlich. Das Leben muss ihn noch etwas härter machen... Bei den Erwachsenen gibt es nur eine Stimme des Lobes, denn auch die geistigen Interessen sind bei Christoph ausgeprägt, besonders naturwissenschaftliche und philosophische Fragen ziehen ihn an." (CPG, S. 66f.)

Freilich scheint die Beziehung zu seinem Kameradschaftsleiter Bernhard Knoop eine besondere gewesen zu sein. Knoop unterrichtete Christoph nicht als Lehrer, war aber dessen „Gruppenvater", wie Angelika Probst die Funktion bezeichnet. Der Schwester zufolge sei Christel ihrem späteren Mann sofort „durch sein schönes und kluges Aussehen" aufgefallen. Knoop selber führte ihre Beziehung eher auf den fehlenden Vater zurück. „Durch seinen Vater wurde er schon früh zu fundiertem geistigem Gespräch angehalten, was seiner natürlichen Wissbegierde immer neue Nahrung gab." Da der Vater nun aber nicht mehr da gewesen sei, „fehlte dem Sohne ein Gesprächspartner in der Art des Vaters, den er wohl nun in mir gefunden zu haben glaubte." Christel unterhielt sich mit Knoop auf Spaziergängen im Walde und am Seeufer, bei Ruderfahrten auf dem Ammersee und abendlich „im kleinen Stübchen des Gruppenvaters". Jedoch „nic nur plauderhaft-behaglich, sondern jeweils sehr bald bestimmten Themen zugewandt, die sich schnell ergaben, wobei es keinesweges so war, dass ich der Lehrende und er der Lernende war", charakterisierte Knoop die Gespräche.

„Wir waren gleichsam Kollegen in der Welt geistiger Zusammenhänge. Mit unverminderter Dankbarkeit muß ich selbst heute noch daran denken, dass er es war, der mir, dem kenntnisarmen, aber interessierten Laien auf seinem damaligen Lieblingsgebiet, die Grundbegriffe der Astronomie erklärte. ... Ich meinerseits suchte ihm große deutsche Dichtung, so etwa Goethes Faust ... nahezubringen." Knoop empfand Christoph „von Anfang an als einen jüngeren Freund mit erstaunlich reifem Urteil und vielseitigem Wissen." (CPG, S. 128ff.) Christel war, so betonte der Erzieher, „ein echter, sehr liebenswerter und liebenswürdiger Mensch" und hatte „wie wir allesamt" auch seine „mehr oder weniger kleinen oder großen Schwächen, Fehler, Mängel und Unzulänglichkeiten in dieser oder jener Hinsicht". (CPG, S. 132)

Das Schondorfer Landerziehungsheim war ein sogenanntes „Realgymnasium mit Latein". Rund 150 Jungen und 14 externe und halbexterne Mädchen gingen dort zur Schule. Wie das in Marquartstein war auch das Schondorfer Heim politisch eher deutschnational einzuordnen. Doch hatte Ernst Reisinger gleich 1933 einen Anpassungskurs an das neue Regime eingeschlagen, „der einer Selbstgleichschaltung ähnelte". (Moll, S. 83) In Schondorf gab es bereits 1934 eine landheiminterne HJ.

Reisinger stand freilich unter einem besonderen Druck. Er leitete das Internat seit 1919 und hatte es zehn Jahre später in eine Stiftung umgewandelt, doch hatte er bei der Reichspräsidentenwahl 1932 dermaßen eindeutig gegen den „Gefühlspolitiker und hemmungslosen Agitator" Adolf Hitler Stellung bezogen, dass einige Nationalsozialisten ihn nach dem Januar 1933 als Internatsleiter absetzen wollten. Reisinger konnte sich nur halten, weil drei gewichtige Stimmen – zwei davon Fürsprecher in der NSDAP – für ihn eintraten. (CPG, S. 65) Allem zum Trotz versuchte der Schuldirektor jeden vorhandenen Freiraum zu wahren. 1935 schrieb er an Dr. Alfred Andreesen und Dr. Heinrich Blendinger, die Leiter der Hermann-Lietz-Schulen bzw. der Schule Schloss Salem: „Meiner Meinung nach ist es eine Lebensfrage der Heime, dass sie viel von ihrer Tradition bewahren und sich nicht in einen Wettlauf mit den sehr viel stärkeren Nationalpolitischen Erziehungsanstalten einlassen. Wenn auch das letzte Ziel ... das gleiche ist, so müssen wir doch einen anderen Weg gehen. Wir müssen festhalten an der Einschaltung des weiblichen Einflusses im Gemeinschaftsleben, an den christlichen, romanischen und antiken Elementen, die die deutsche Kultur in sich aufgenommen hat, und nicht direkt auf den Idealtypus eines Gruppenführers hinstreben, sondern den kultur- und traditionsbewußten jungen Deutschen liebevoll entwickeln." (CPG, S. 66)

Diesen Reisinger, der „entgegen den nationalsozialistischen Erziehungsvorstellungen an einem christlichen und humanistischen Menschenbild sowie einer individuellen Förderung jedes einzelnen Schülers festhielt", erlebte Christel in Schondorf. (Moll, S. 83) Der von Friedrich Naumann geprägte Schuldirektor verstand zwar das typisch antibürgerliche Leben und den Lebensstil Hermann Probsts nicht – „Reisingers sind doch halt etwas zu bürgerlich dazu," schrieb Christel –, doch hielten der Lehrer und der Schüler über die Schulzeit hinaus den Kontakt miteinander aufrecht. (CPG, S. 71)

War Christels HJ-Mitgliedschaft auf dem Münchener Gymnasium eingeschlafen, musste er sie in Schondorf wieder aufleben lassen. Das änderte freilich nichts an seiner Einstellung gegenüber der NSDAP-Nachwuchsorganisation. Das Abenteuer gefiel dem Jungen, die (zeitliche) Vereinnahmung durch HJ und Schule beklagte der Heranwachsende bis zum Abschluss seiner Schullaufbahn. Im Lauf des Jahres entwickelte er eine zunehmende Distanz zu beidem. Ihm half dabei die Beschäftigung mit Literatur und Philosophie, die er erst in Schondorf richtig entdeckte, wie seine Schwester berichtet. „Er hatte bisher wenig Kenntnisse auf diesen Gebieten, hatte überhaupt sehr spät mit Lesen begonnen ... Jetzt aber holte er mit Macht das Versäumte nach, und sein klarer Blick für das Wichtigste, sein feines Gefühl und seine mühelose Auffassungsgabe ließen ihn das Gelesene schnell durchdringen, so daß es ihm zum geistigen Besitz wurde." (CPG, S. 128) Ein weiterer Rückzugs- und Ausweichort wurde für Christel die Astronomie. In die Anfangsgründe hatte ihn noch sein Vater eingeführt, jetzt perfektionierte er dieses Wissen. Mit der Disziplin durfte sich der Schüler – mit Erlaubnis der Schulleitung – sogar des Nachts beschäftigen.
Der Ömi berichtete er: „Gestern war ein großes Geländespiel der H. J. Ich hatte meinen Platz als Morser auf einem Hochstand, der hoch oben, über den Wipfeln der Bäume schwebte. Ich mußte nur am Anfang einiges morsen. Ich fror zwar erbärmlich, denn ich saß drei geschlagene Stunden dort oben, trotzdem war es herrlich. Anfangs umgab mich dichter Nebel. Und nun konnte ich zusehen, wie sich die Nebeldecke allmählich hob und wie ein Stern nach dem anderen herunterblinkte. Nach einer halben Stunde wölbte sich dann ein herrlicher Himmel über mir. Es war so klar, daß ich mit bloßem Auge Sternnebel und Sternhaufen, die man sonst nur mit dem Opernglas sieht, auffand. Es waren herrliche Stunden für mich! Später gingen dann die Zwillinge und der Orion auf." (Schondorf, den 8. VIIIIII. 36) Christel erarbeitete sich seine Kenntnisse selbstständig. Er war am Schuljahresende derart versiert, dass ihm Reisinger in seinem Abiturzeugnis anerkennend bescheinigte: „Seine besondere Neigung

gehörte den Naturwissenschaften, vor allem der Astronomie; hier verstand er sich auf eigene Faust systematisch fortzubilden." Eine Zeitlang spielte Christel sogar mit dem Gedanken, das Fach Astronomie an der Universität zu studieren. (CPG, S. 73)

Mit Sternkunde und Lesen nutzte der kommende Abiturient auch die Zeit während des Reichsparteitags 1936 in Nürnberg: „Die Fahrt hierher klappte sehr gut und das kurze Zusammensein mit Mutti war sehr nett," hielt er die Ömi auf dem Laufenden. „Am nürnberger Bahnhof wurde ich dann von Eva und Vati [Eugen Sasse] abgeholt. Ich habe hier ein sehr nettes Zimmer, in dem ich schön allein sein kann". Der Wunsch nach Alleinsein ist in diesem Schuljahr häufig Thema. „Mit Vati kann ich mich sehr gut unterhalten. Seine Bibliothek ist erstaunlich angewachsen und es ist für mich eine wahre Lust darin herumzusuchen! Die Wissenschaftlichen Bücher üben allerdings eine viel größere Anziehungskraft aus als die anderen." Und die gute Kleidung für den Parteitag? „Meinen guten Anzug konnte ich zwar bis jetzt noch nicht tragen, denn am Reichsparteitag ist nichts los in der Beziehung, man kann sich kaum durch die Straßen bewegen." Deshalb lautete Christels Fazit hinsichtlich seines Nürnberger Aufenthaltes: „Der Schwerpunkt der Erlebnisse liegt also mehr im stillen Lesen und in nettem Zusammensein." Und als „Sahnehäubchen"!: „Gestern abend kam dann ein herrliches Erlebnis. Wir gingen auf die nürnberger Sternwarte. Da waren herrliche Fernrohre, mit denen man den Himmel absuchen konnte. Ich sah Jupi, Saturn, einige Sternhaufen, einen Doppelsternhaufen, Sternnebel und Doppel- und Tripelsterne. Beim Saturn sahen wir außer den Ringen noch 4 Monde. Ein Stern war besonders interessant. Es war Mizar im großen Bären. Es ist der Stern im Knick der Deichsel. Schon ein gutes Auge sieht über ihm einen kleinen anderen Stern. Schon die alten Römer benutzten diesen kleinen Stern, genannt Alcor, oder das Reiterlein, um ihre Augen zu prüfen. Diese zwei sind nun ein weiterer Doppelstern, sie kreisen also um ein gemeinsames Zentrum. Sieht man sie nun im Fernrohr an, so sieht man, daß der untere Stern wieder ein (enger) Doppelstern ist. Das ganze ist also ein Tripelstern." (Laufamholz, den 12. IX. 36)

Nicht nur über den schulischen Alltag in Schondorf wissen wir dank der erhaltenen Briefe Christels recht gut Bescheid, sondern ebenfalls über die ihn beeindruckenden außerschulischen Erlebnisse: „Am Sonntag war ein Sonnwendfeuer, an dem gleichzeitig die Siegernadeln vom Sportfest verteilt wurden. ... Als wir dann um 10 Uhr nach Hause marschierten", brannte „in der Umgebung ein Bauernhaus. Der H.J.-Führer bestimmte nun zehn zuverlässige Leute, die sich am Löschen beteiligen sollten. Ich war auch dabei. So holten wir nun rasch unsere Räder und sausten in einem irren Tempo nach Greifenberg, wo der Brand war. Da waren wir sehr willkommen und wurden gleich an der Pumpe angestellt. Es war ein sehr gemütlicher und lustiger Brand. Das Haus war allerdings nicht mehr zu retten. Wir pumpten bis 1/4 nach 12 Uhr unermüdlich. Oft stimmten wir Lieder und lateinische Gedichte aus dem Horaz an, um uns so die Arbeit zu erleichtern. Die Bauern staunten über das Kauderwelsch unserer lateinischen Gedichte. Es war herrlich wie sich dann die Polizei mit der Feuerwehr in die Haare kam. Der Polizist sagte immer: Na, i hob' d'Autorität, während der oberste Feurwehrler auch die ‚Autorität' zu haben glaubte. So kümmerten sie sich wenig um den Brand, das abbrennende Haus war ganz Nebensache geworden, viel wichtiger war wer d'Autorität hat. ... Um 1/2 2 Uhr waren wir dann glücklich zu Hause. Am nächsten morgen mußten wir dann wieder um 6 Uhr aufstehen zur Morgengymnastik. So war es kein Wunder, daß in der Lateinstunde 5 Mann eingeschlafen sind, zu denen ich auch zählte. Ich weiß nicht ob es Herr von Reutern gemerkt hat, ich habe jedenfalls mindestens 20 Minuten geschlafen." (Schondorf, den 24. VI. 36)

Obschon Sport das ideologische A und O der Schulausbildung in Nazi-Deutschland darstellte, spielte es in Schondorf keine vorrangige Rolle wie an anderen Oberschulen. Christel war „körperlich gewandt", fuhr Ski, ruderte, spielte Tennis und Hockey. Bei den Sportfesten erhielt er jeweils die Siegernadeln. Im Hochsprung war er „so ziemlich der beste des Heims", wie er nach Hause meldete. Und beim sommerlichen Sportfest schwamm er in der Schwimmstafette mit. Doch der Beurteilung seines Schuldirektors nach war Christel „kein Sportstypus". Dafür hatte Reisinger an seinen sonstigen schulischen Leistungen nichts zu beklagen. Bereits im Juni hatte er Christels Mutter mitgeteilt: „Für die Schule ist er recht gut begabt und er arbeitet nicht nur wegen des Erfolges, sondern mit innerer Teilnahme. Auf seine rege Aufmerksamkeit und auf sein Verständnis kann man sich verlassen. Die Leistungen stehen im Deutschen, Lateinischen und im Englischen zwischen 1 und 2, im Französischen sind sie gut, in Mathematik, Physik und Chemie wird er wohl auch recht gute Ergebnisse erzielen. Im Zeichnen ist er begabt, bes. ostasiatische Kunst interessiert ihn; auch am Religionsunterricht nimmt er verständig und lebhaft teil." (CPG, S. 68)

Ende November 1936 wurde die Oberschulzeit auf acht Jahre verkürzt und die Schulen aufgefordert, den Stoff des neunten Jahres kursorisch zu streifen. Nun riss selbst Christel der Geduldsfaden. Die zeitliche Inanspruchnahme durch die vielen Aktivitäten wurde ihm zuviel: „Es ist wirklich eine Plage, das Landheimleben, kaum eine freie Minute, – meine Astronomiebücher liegen ganz unberührt da ... Das Schlimmste ist ja nur das, daß nach den zwei Landheimjahren, die nicht allzu zuckrig sind, die verfluchten 2 1/2 Jahre Militär kommen! Das übersteigt wirklich jedes vernünftige Maß, ich weiß nicht, wie das werden soll." (Schondorf, den 16. XI. 36) Damit spielte er auf die erst im August von Hitler auf zwei Jahre erhöhte Wehrdienstpflicht an, der ein halbes Jahr Arbeitsdienst voranging. Christel beneidete seinen Freund Alex in München, der „stundenlang" in der Staatsbibliothek arbeiten konnte. (Ebda.)

Dem sonst so disziplinierten und fleißigen Schüler war momentan alles zuviel. Nicht einmal die durchaus tragende Rolle in dem Theaterstück „Der 18. Oktober" erwähnte er in seinen Briefen. Erst im Nachhinein. Das Stück wurde in der Festhalle des Landschulheims aufgeführt: „Heute am Montag kann ich endlich wieder ein wenig aufatmen, nachdem die H.J.-Tagung glücklich vorüber ist. Wir mußten unser Theaterstück 3 Mal spielen. Einmal vor dem Heim, ein 2. Mal vor dem Dorf und ein 3. und letztes Mal vor den HJ-Führern (es waren auch ganz hohe Bonzen dabei, z. B. der Obergebietsführer.) Ich soll alle 3 Male gleich gut gespielt haben. Hat sich also die Arbeit gelohnt! Den ganzen Samstag und Sonntag lang hatten wir natürlich keinen Augenblick Zeit. Außerdem mußte ich auch noch im Chor mitwirken und dazu kam noch manches andere. Leider ist nun mit Ausruhen noch nicht viel los, denn nun kommt eine Wolke von Schulaufgaben!!!" (Schondorf, den 23. XI. 36)

Da das „Notabiturium" für Ostern angesetzt war, hatten die Schüler spätestens nach Neujahr ein gewaltiges Arbeitspensum zu bewältigen. Christel reagierte ungewohnt bockig: „Ich habe bis jetzt noch nichts gearbeitet, schon aus Trotz, gegen alles was man tun sollte. Meine Freude, bald den Schulkram loszusein ist schon sehr groß, die Trauer über die kommende Ferienlosigkeit ist jedoch noch größer!" (Schondorf, den 12. I. 37) Er konnte sich seine Einstellung leisten, da er bereits Ende Januar die für das Astronomiestudium erforderliche Eins in Mathematik sicher hatte. Darüber hinaus schenkte ihm das Astronomiebuch, das er zu Weihnachten geschenkt bekommen hatte, eine ausgleichende Freude. Ansonsten stieg er, wenn seine „Sehnsucht nach Zell, nach Freiheit oder wie er es nannte ‚Bergfreiheit' ... beim Anblick der von Schnee bedeckten Alpen ins Unermessliche wuchs" (Moll, S. 88), auf einen Baum und versenkte sich „lange in den herrlichen Anblick der Berge. – Man wird im Leben doch immer zu dem gezwungen, was man nicht will. Aber ich werde einmal meine Wünsche zu realisieren wissen, – ganz bestimmt." (Schondorf, den 31. I. 37)

Am Pauken kam Christel schließlich nicht mehr vorbei: „Du kannst Dir nicht denken, was von uns alles gefordert wird und ich bin so müde, daß ich nicht einmal vormittags auffassen kann, geschweige denn nachmittags richtig arbeiten!" Im Februar berichtete er: „... nun ist es glücklich so weit gekommen, daß wir Sonntags Klassenarbeiten schreiben! Es ist wirklich grotesk! Und unsere dummen Lehrer nehmen immer alles viel zu ernst und machen uns darum das Leben sauer. An der Staatsschule ist z. Z. ein viel legerer Betrieb!" (CPG, S. 75) Da ihn die nahende zweieinhalbjährige Dienstzeit doch spürbar bedrückte – seit Ende Februar galt er bereits „als beurlaubter Soldat ... unter militärischer Oberhoheit. Ist das nicht komisch?" (Schondorf, den 24. II. 37) – harrte er den Osterferien und der Zeller Freiheit halb schwärmerisch, halb betrübt entgegen: „... bald ist Ostern und ein wenig Freiheit. Ich denke ja so gerne daran. Ich sehne mich ja so nach Freiheit und sehe alle Tore, durch die man ausbrechen kann, geschlossen." (Schondorf, den 11. II. 37)

Erst mit „der letzten mündlichen Prüfung in Latein, die er vor dem Staatskommissar ablegen mußte", und „nachdem er schon alle anderen Fächer absolviert hatte", versöhnte er sich wieder mit der Schule (CPG, S. 76): „Ich werde Dich für Deine Güte dafür auch mit einem guten Abs-zeugnis belohnen. Ich habe nun doch noch wahnsinnig viel zu tun. Aber es macht sich alles recht gut und ich bin trotz einem Minimum an Schlaf wunderbar aufgelegt. Es ist schon ein kleines Training (sprich Tráining) für die Ferien, wo überhaupt die Nacht gestrichen wird. Ich stehe mit den Lehrern gut und habe ein unverschämtes Glück in allem in der letzten Zeit." (Schondorf, den 4. III. 37.)

Christel bekam zwar in der mündlichen Lateinprüfung „nur die Note ‚gut' und nicht ‚sehr gut', wie es seinem Jahresfortgang entsprochen hätte", doch insgesamt fiel sein Reifezeugnis „hervorragend aus: In den sprachlichen Fächern Deutsch, Französisch, Englisch, Latein sowie in Erdkunde, Zeichnen und Turnen erhielt er die Note ‚gut'; in den naturwissenschaftlichen Fächern Mathematik, Physik, Chemie, Biologie und außerdem im Fach Geschichte die Note ‚sehr gut'." (Moll, S. 90)

Die Quintessenz seines Aufenthaltes in Schondorf bringt Moll (CPG, S. 78) folgendermaßen auf den Punkt: Christels „schon von Beginn an kritische Haltung gegenüber dem Landheimleben mit all seinem Aktionismus führte schließlich zu einem inneren Rückzug vom Landheimleben überhaupt, von Gleichaltrigen und HJ-Aktivitäten, auch in der Freizeit, und zu einer inneren Distanzierung vom Nationalsozialismus mit der verzweifelten Forderung nach Freiheit und selbstbestimmten Leben. Er fand Zuflucht in seiner Gegenwelt, neben der Astronomie in der Lebenswelt des Vaters, seiner Stiefmutter und seines Freundes Alexander Schmorell."

Arbing bei Osterhofen und Oberschleissheim, April 1937 bis April 1939

Alex ging es nicht viel anders. Er war zwar im letzten Jahr vor dem Abitur ruhiger und reifer geworden, was möglicherweise auf den Einfluss der Geschwister Probst zurückgeht (Moll, S. 91). Doch gerade einmal vier Wochen nach Beginn seines rund siebenmonatigen Reichsarbeitsdienstes im Lager Pfeiffermühle im Wertachtal im Oberallgäu reagierte der Zwanzigjährige angewidert und erbost auf die alltägliche Indoktrination. Angelika schrieb er am 1. Mai: „Hier gilt nämlich folgendes Recht: leben nach seinem eigenen Willen – ist leicht, aber sich bezwingen – das ist die Kunst (der sie hier huldigen). Vielleicht ist das auch richtig. Ich aber denke es mir so: wozu sich zu irgend etwas zwingen, warum soll man nicht nach seiner eigenen Art leben? Wahrscheinlich, wenigstens denke ich es mir so, haben sie eine schreckliche Angst nach ihrer eigenen Art zu leben, haben Angst selbst Lebensregeln aufzustellen und das Lebensziel, haben Angst sich darin zu täuschen, weil sie feige sind. Sie sind froh und glücklich, wenn sie nach fremden Regeln leben dürfen, auf fremde Befehle gehorchen dürfen, um selber nicht denken zu brauchen, der Masse nachzugehen, folgend ihrem Herdentrieb, um nicht zu irren." (Pfeiffermühle am 1. Mai 1937) Ihm fehlte der geistige Freiraum und ihn stieß die Primitivität der Arbeitsdienstführer ab, denen er sich überlegen glaubte. So tröstete er sich mit seinen Chimären vom ursprünglichen Russland. Dorthin wollte er gerne geflohen sein.

Christiane Moll (S. 96) fasst Alex' Denken in bestimmten „Topoi" zusammen, „die sein kurzes Leben bestimmen sollten: Der Wunsch nach geistiger individueller Freiheit und Selbstbestimmung, nach einem Dasein in Selbstverantwortung, die Abscheu und elitäre Abgrenzung gegenüber den Vertretern der nationalsozialistischen Volksgemeinschaft und zivilisationskritische Gedanken, die ihn Trost in der Schönheit der Natur suchen ließen. Seine radikale Kritik an den Verhältnissen in Deutschland, die ihn in seinem persönlichen Freiheitsdrang einengten, führten ihn zu einer Verklärung der für ihn fast unbekannten russischen ‚Heimat'. In den späteren Jahren sollte er ‚bis zur Schwermut von einer beständigen Sehnsucht nach Russland verzehrt' werden, wie es Angelika Probst nach dem Krieg formulierte."

Angelika konfrontierte ihn diesbezüglich mit der gefassten Haltung ihres Bruders. Christel war Anfang April zum Arbeitsdienst in das Arbeitslager II in Osterhofen-Arbing, etwa 35 Kilometer nordwestlich von Passau in Niederbayern, abkommandiert worden, wo ihm anscheinend die physische Daueranstrengung am meisten zu schaffen machte: „Mir geht es gut", schrieb er seinem Stiefbruder, „seinem lieben Dips", „manchmal vermisse ich ein bißchen Bequemlichkeit, denn man kann nie sitzen oder sich ausruhen und muß den ganzen Tag rennen, daß einem der Schweiß nur so runterrinnt. Aber das ist ja alles nur Gewöhnungssache und manchem fällt es viel schwerer als mir." (Arbing II den 5. V. 37) Christoph jammerte nicht.

Alex entdeckte nun erstmals die Natur, die seine Geschwisterfreunde bereits auf den zahlreichen Bergwanderungen mit ihrem Vater schätzen und lieben gelernt hatten: „Früher, als ich ein freies und wenigstens äusserlich, schönes und sorgloses Leben führte, sah ich gar nicht so richtig auf die Natur; jetzt dagegen hat für mich jedes noch so kleine Stück in der Natur eine unendlich schöne Bedeutung erhalten, jetzt … habe ich … hier all' ihre Schönheit entdeckt. Deshalb gehe ich bei jedem Ausgang hinaus, wo es am unberührtesten ist" (Pfeiffermühle am 27. Mai 1937) Zunehmend träumte er von Angelika: „Auch hier im Lager vergesse ich dich nie, sehr oft denke ich an dich … Wann kommen mal die Zeiten, wo wir beide nebeneinander über unendliche weite Steppen, über Blütenmeere, galoppieren dürfen, Du zurückgelehnt und mit wehendem Haar?" (Pfeiffermühle, am 22. Mai 1937) „Seine vielfache Beschwörung der Erinnerungen, sei es an die mit ihr gemeinsam erlebten Reitstunden, sei es an die mit ihr und ihrem Bruder Christoph zu dritt verbrachten Zeltlager bei Ruhpolding, spiegeln seine enge Freundschaft mit ihr und Christoph – aber auch seine Hoffnung, dass sich daraus in Zukunft noch mehr entwickeln könnte." (Moll, S. 96) Seine Briefe an Angelika, meint Moll, seien eine einzige Werbung um sie. Diese wurde freilich nicht in der ersehnten Weise erwidert.

Angelika entschloss sich Ende 1937, Bernhard Knoop zu heiraten, den früheren Kameradschaftsführer ihres Bruders, den sie im Jahr zuvor in Schondorf kennengelernt hatte. Seit April leitete er das Landschulheim Marienau bei Hamburg, deren jüdische Gründer, Max und Gertrud Bondy, von der NS-Staatsführung abgesetzt worden waren. Gedrängt hatte Knoop dazu Ernst Reisinger, der Leiter des Landerziehungsheims Schondorf, um Marienau vor der Umwandlung in eine staatliche Heimschule zu bewahren. Knoop erhielt die behördliche Konzession zur Weiterführung der Schule als Landerziehungsheim erst Monate später, im Januar 1938, 1941 drohte die Verstaatlichung erneut. (Moll, S. 97) Angelika zog im September 1937 nach Marienau, um Knoop bei seinen Bemühungen um den Fortbestand des Heimes zu unterstützen. Sie heirateten am 22. Februar 1938.

Für Alexander bedeutete Angelikas Entschluss eine herbe Enttäuschung. Im November 1937 begann auch noch der ungeliebte zweijährige Wehrmachtsdienst in München, zu dem er sich, wie Christel, freiwillig gemeldet hatte. Beide wollten ihn schnell hinter sich bringen. Freilich ging der technikinteressierte Christoph zur Flak in die Luftwaffenkaserne in München-Freimann/Oberschleissheim, der Pferdenarr Alexander wurde zum Artillerie-Regiment 7 abkommandiert, einer bespannten Artillerieeinheit, deren Kaserne sich in der Infanteriestraße in München-Schwabing befand. (Moll, S. 98) Keine vier Wochen später wollte Alex den Dienst bereits quittieren. Er vermeinte seine Russlandliebe nicht mit dem Heeresdienst vereinbaren zu können. Diese Identitätskrise hatte „innerliche Hemmungen" zur Folge, die ihn wiederum an den Rand eines körperlichen Zusammenbruchs führten. Alex' Vater konnte den Jungen am Ende umstimmen, seinen Dienst fortzusetzen. So nahm Alex 1938 sowohl am Einmarsch der deutschen Truppen in Österreich als auch in das Sudetenland teil. Beide Male wurde er ausgezeichnet. (Ebda. S. 99)

Möglicherweise entschlossen sich die beiden Freunde im Oktober 1938 auch deswegen zum Medizinstudium, weil dadurch der „geistlose" Militärdienst vorzeitig zu Ende ging. Die letzten fünf Monate wurden die zukünftigen Medizinstudenten nämlich bereits als „Sanitätsgefreite" in einer Sanitätsschule ausgebildet. Die wirklichen Gründe für Alex' Entscheidung, Medizin zu studieren, bleiben letztlich offen. Hingegen dürfte Christels Entscheidung ehrlich gewesen sein. Seine Schwester bezeugt, dass es sein „furchtbarster Schmerz" gewesen sei, „oft so unbezwingliches Mitleid mit den Menschen" zu haben. (CPG, S. 128) Christel wurde nach Schleißheim versetzt. Alex' Ausbildungseinheit ist nicht mehr rekonstruierbar.

München und Schongau, April 1939 bis April 1941

Im März 1939 endete der Militärdienst offiziell, im April begannen die Vorlesungen an der Universität. Christel hatte sich an der Ludwig-Maximilians-Universität in München eingeschrieben, Alex wählte Hamburg zum Studienort. Den Abstecher in den Norden machte er, um näher an Marienau zu sein. So hatte er an den Wochenenden nur 80 Kilometer zu überwinden, um Angelika besuchen zu können. Im Juni und Juli mussten die Mitglieder der „Deutschen Studentenschaft" einen vierwöchigen Erntehilfsdienst absolvieren. Alex verschlug es nach Pommern. Die Arbeit fiel ihm nicht schwer, wohl aber die Tischmanieren der pommernschen Bauern: „Die Leute hier essen gar nicht schön, alles nur mit Löffel oder bloßen Händen, und alle Speisereste werden einfach auf den Tisch geworfen. Aber das stört mich nicht weiter, mein Appetit ist gut und vergeht mir deswegen auch nicht." (Hamburg, Sommersemester 1939) Sonntags erkundete der Halbrusse die Umgebung mit dem Fahrrad. Dabei begegnete er an einem menschenleeren See der Mitstudentin Traute Lafrenz. Sechzig Jahre später erinnerte sich diese noch an den Eindruck, den Alex damals auf sie machte: „Er war ein großer, junger Mann mit großem Mund, voller Schwärmerei und wenn er lachte, da ging die Sonne auf." (Moll, S. 101) Lafrenz sollte später eine wichtige Rolle in der Geschichte der „Weißen Rose" spielen. Auch Christel wirkte auf Frauen. Alex' Halbbruder Erich erzählt: „Meine Frau und ich sind 1939 einmal mit dem Rad gefahren und da hat uns ein junger Mann überholt mit offenem Kragen und weißem Hemd und hat mir zugewinkt. Ich habe zurückgewinkt. Und da fragte meine Frau: ‚Wer ist denn das?' Ich antwortete: ‚Das ist der Freund meines Bruders'. Und sie sagt: ‚So ein schöner Jüngling.'" (CPG, S. 144)

Wo Christel Probst seinen Ernteeinsatz hatte, ist nicht mehr festzustellen. Er traf sich zu dieser Zeit bereits regelmäßig mit Herta Dohrn, der Schwester eines früheren Schulkameraden. Die Tochter von Wolf und Johanna Dohrn arbeitete auf Schloss Elmau[36]. Ihr Vater war noch vor ihrer Geburt bei einem Skiunfall 1914 tödlich verunglückt. Sie hatte zwei Brüder, Joachim und Klaus[37]. Hertas Mutter heiratete ein Jahr nach dem Tod ihres Mannes dessen jüngeren Bruder Harald[38]. Beide bekamen zwei eigene Kinder, Anna-Christine und

---

[36] Schloss Elmau war als Ort der Stille zur Erholung für Konzerte und Tanzabende zu Beginn des Ersten Weltkriegs errichtet worden. Das Haus verfügte über 150 Zimmer, mehrere Säle, Tennisplätze und Bocciabahnen. Elmaus Besitzer war Johannes Müller. Der sah zwar in Hitler „ein Werkzeug in Gottes Hand", galt aber als Judenfreund und wurde deswegen observiert. Müller verbot zuletzt den Hitlergruß auf dem Schloss.

[37] Joachim Dohrn floh vor den Nationalsozialisten nach England und wurde in London von einer deutschen Bombe getötet. Klaus wanderte mit einem Verwandten, dem katholischen Religionsphilosophen Dietrich von Hildebrand, nach Österreich aus und arbeitete dort als NS-kritischer Journalist. Am Tage der Annexion der „Ostmark" entkam er in letzter Sekunde über die tschechische Grenze, sein Auto war bereits von deutschen Soldaten angehalten worden. Der Fahrer, Eugen Kogon, wurde festgenommen und für sechs Jahre in das Konzentrationslager Buchenwald interniert. Kogon wurde später durch sein Buch „Der SS-Staat" berühmt. Ausführlicher bei: Moll, S. 650f.

[38] Harald Dohrn wurde am 17. April 1885 in Neapel geboren, wo sein Vater, der Zoologe Anton Dohrn, die Zoologische Station Neapel als erstes modernes Forschungsinstitut leitete. Von 1914 bis 1935 leitete Harald als geschäftsführender Gesellschafter die Bildungsanstalt Hellerau G.m.b.H. Das heute „Festspielhaus Hellerau" genannte Hauptgebäude errichtete der Architekt Heinrich Tessenow 1911 im Stile der Reformarchitektur in der Gartenstadt Hellerau. Es gehört zu den Hauptwerken der Architektur des 20. Jahrhunderts. Chefplaner der Gartenstadt war der Architekt und Designer Richard Riemerschmidt, ein bedeutender Jugendstil-Künstler. Nachdem Dohrn seine Anteile an der Hellerau GmbH verkauft hatte, wurde er Heilgymnastiker in München. Wenig später konvertierte er zum Katholizismus, was auch für Christels Lebensweg bedeutsam war.

Christoph. Die Ehe wurde später kirchlich annulliert[39]. Harald heiratete in den frühen 1930er Jahren Herta Quecke. Seiner Stieftochter blieb Dohrn nahe.
Christel lernte Herta im Sommer 1939 (möglicherweise auch schon ein Jahr früher) zufällig kennen. Beide besuchten einen Klavierabend mit dem Schweizer Pianisten und Dirigenten Edwin Fischer im Odeon, dem vom bayerischen König Ludwig I. in Auftrag gegebenen und von Leo von Klenze errichteten Konzert- und Ballsaal. Hertas jüngerer Stiefbruder Christoph stellte sie in der Pause einander vor. Christel „ging auf mich zu", erinnerte sich Herta, „als wenn er mich schon lange irgendwie kennen lernen wollte, mit schier ausgebreiteten Armen, richtig froh, fröhlich, heiter und wie er eben so war. Na, und dann trafen wir uns danach in der Hungaria, das war damals ein Wein- oder Esslokal, da saß er damals mit Frau Kleeblatt, der Mutter, und da kamen wir dazu und wurden zu einem Gläschen Wein eingeladen. Das war die erste Begegnung."
Danach trafen sich die beiden ab und zu „mit der Familie, meinen Brüdern und Cousinen, die damals in München an der Günther-Schule waren." Die beiden Cousinen wohnten im Haus der Familie Sasse. „So trafen wir uns weiterhin, es war lustig, der Alex war plötzlich auch dabei, wir waren lustig und fröhlich. Und dann kam der Krieg – und das war nicht schön!" (CPG, S. 143)

Der Krieg „kam" am 1. September 1939. Durch den Überfall Hitlerdeutschlands auf Polen. Christel wurde sogleich im Oktober „als Sanitätsunteroffizier zur Luftgausanitätsabteilung eingezogen und zum nebendienstlichen Studium abkommandiert". Alex, der zum Wintersemester 1939/40 an die Universität nach München gewechselt war, wurde zunächst nicht einberufen, musste freilich jederzeit damit rechnen. (Moll, S. 101) Das Studium wurde jetzt statt in Semestern in Trimestern organisiert. Dadurch erhöhte sich die Arbeitsbelastung. Freilich bedeutete das nicht, dass Christel nicht mehr in den Bergen wandern und Ski fahren konnte, mitunter in Begleitung von Alex. Beide fanden außerdem ab Januar 1940 die Zeit, in der Fecht-Akademie in Schwabing in der Amalienstraße bei Fechtmeister C. Knapen die Kunst des feinen Stichs zu erlernen.
In einem Brief vom Februar 1940 äußerte sich Christel Bernhard Knoop gegenüber ein erstes Mal über die Kriegslage. „'Geburtstag, Hochzeit und Todestag', das sind wohl die grössten Ereignisse eines Menschenlebens – und wenn nun die beiden erfreulicheren an einem Tag zusammenfallen, so hat man wohl Grund zum Feiern und sich zu freuen, dass sich die Ringe des Lebens weiten und sich immer mehr erfüllt. Da nun aber Glück und Wohlergehen ihre Launen haben und sich wenig um das Verdienst des einzelnen kümmern[,] möchte ich

---

[39] Nach katholischem Verständnis kann eine „gültige und vollzogene Ehe ... durch keine menschliche Gewalt und aus keinem Grunde, außer durch den Tod, aufgelöst werden." (CIC, can. 1141) Es kann aber festgestellt werden, dass eine Ehe gar nicht zustande gekommen ist, wenn dem so ist.

Dir innerlich und äusserlich alles Gute wünschen, – Eurer Ehe, dass sie so schön und liebevoll bleibe und Eurem Heim, dass es blühe und gedeihe! Wenn ich Euch ausserdem wünsche, dass diese schwarze Gewitterwolke, die am Himmel steht und alles Leben bedroht sich auflösen möge, so tue ich dies auch im eigenen Interesse. Aber wünschen wir uns nicht tag-täglich gegenseitig dasselbe? Vielleicht verändert sich das Bild der Welt stark und wenn uns das Schicksal wohlgesinnt ist, kommt dann eine lichtere Zeit in der sich ein neuer Aufbau auch lohnt! Wie sehr wünsche ich Eurem Werk einen weiteren Aufschwung!" (München, am 20. II. 40) Knoop feierte seinen 30. Geburtstag am 22. Februar, zugleich mit seinem zweiten Hochzeitstag. Drei Jahre später sollte der 22.2. Christels Todestag werden.

Von Anfang April bis Ende August 1940 wurden Christels und Alex' Studium unterbrochen. Christel wurde nach Südbayern versetzt und versah seinen Dienst als Sanitätsunteroffizier auf dem Krankenrevier der Flakartillerieschule in Altenstadt in der Nähe von Schongau. Alex kam als Sanitätsunteroffizier zur Sanitätsabteilung München bei der Einheit 17423 C, nachdem er zuvor im Schwarzwald stationiert gewesen war. Christel hielt die Ömi auf dem Laufenden: Alex „schrieb diesmal aus dem Schwarzwald. Nachdem seine erste Nachricht recht lebensmüde klang, ist die jetzige voller Fröhlichkeit, ja beinahe Verliebtheit. 1 Stunde Dienst am Tag, viel Urlaub, Ritte durch den Wald, Privatquartier, gute Verpflegung und gute Schnäpse. Er hat mir einen prächtigen Kirsch geschickt, der gute, einzigartige Freund! Würde ihn so gerne wiedersehen!" (Schongau am 5. 5. 40). Im Anschluss wurde Alex nach Lothringen versetzt, wo er in einer großen Kirche zeitweise fünf Stunden täglich die Orgel spielte. Nach der Kapitulation Frankreichs sammelten Alex und sein bulgarischer Freund Nikolay D. Nikolaeff Hamazaspian Tabak. „In Richtung Freising gab es französische Gefangene," so berichtete der Freund. „Und wir haben ihnen Zigaretten gegeben. Alex hat immer Brot und Zigaretten und, was er kriegen konnte, gesammelt, und wir brachten es auf unseren Fahrrädern dorthin in das Lager." (Chaussy/Ueberschär, S. 124)

Derweil änderte sich Christels Leben von Grund auf. Am 7. Juni 1940 wurde sein Sohn Klaus Michael geboren. In den letzten Wochen der Schwangerschaft konnte der Soldat oftmals nicht bei Herta sein. Er musste mehrfach ihren Wunsch abschlagen, zu ihr zu kommen, da Abwesenheiten vom Standort über einen Radius von 30 Kilometern hinaus nicht genehmigt wurden. „Die arme denkt immer noch ich kann so ohne weiteres zu ihr kommen, dabei kann ich

mit dem besten Willen keinen Urlaub über 30 km. bekommen. Dieses ewige Absagen macht mich ganz krank. Was soll man da machen???" (Schongau, den 14. 5. 40) Er hätte gerne anders gehandelt. „Diesen Sonntag kann ich wieder nicht zu Herta, das ist ein schlimmer Zustand mit der 30 km. Sperre. Ich komme mir ganz schäbig vor, wenn ich immer abschreiben muss, kann aber nichts daran ändern." (Schongau, am 18. 5. 40)
Außerdem musste Christel, wie Moll (S. 106) feststellt, noch in die Vaterschaft „hineinwachsen". Der Zwanzigjährige fremdelte zunächst mit der Situation. „Nächste Woche kann ich endlich das Kindlein sehen. Nun bin ich Vater, ohne es so recht zu wollen, meine Freude ist aber dennoch gross. Einen ganz richtigen Weg bin ich nicht gegangen, ich lebe immer zu intensiv, um vernünftig leben zu können, da schlagen mir manchmal die Wellen über dem Kopf zusammen." Dann fährt er fort: „Ich versäume keine Gelegenheit mich in den verführerischen Wirbel zu stürzen, dadurch wird vieles verwirrt, was einfach und klar sein könnte, was nützt es anderen Menschen grosse Freude zu machen, wenn man ihnen dann weh tut? Ich liebe den Wirbel meines Lebens und kann mir selbst nicht zum Feind werden, da ich letzthin auf die Kraft meines Wesens vertraue, da mir nach wie vor ein fest umrissenes Ziel vorschwebt. Noch werde ich wie ein Blatt in einem Strudel gewirbelt. Ich möchte durch die Unklarheit des Lebens gehen, nicht weil sie mir gefällt, sondern weil ich später wirkliche Klarheit gewinnen will. Der Weg ist nicht ungefährlich, aber ich hoffe, dass ich mich in mir selbst nicht täusche." Auf sein Herz konnte er sich freilich verlassen: „Es ist wichtig, dass ich nun in Ruhpolding Herta und das Kind sehe, aus der Entfernung ist alles so blutleer, ich kann mir keine richtige Vorstellung von der Art unserer jetzigen Zusammengehörigkeit machen. Ausserdem freue ich mich auf alles was ich in Zell liebhabe." (Schongau am 20. 6. 40)

Im September kehrte Christel nach München zurück. Er musste sich nun auf das Physikum im Januar vorbereiten. Den Militärdienst hatte die Heeresleitung auf einen Tag in der Woche begrenzt, auch durften die Studenten vorübergehend privat wohnen. Dafür mussten sie – weil sie kein Vorphysikum abgelegt hatten – zusätzlich die naturwissenschaftlichen Fächer pauken. Christoph war zuversichtlich, „dass es klappt wenn es auch unangenehm ist auf ein wirklich gut fundiertes Wissen verzichten zu müssen".
Am 6. November war er mündig geworden. Seinem Onkel Eugen, dem Halbbruder seines Vaters, dankte er für seine Vormundschaftsmühen in einem Brief. Die notwendigen Formalien sprach er darin bloß kurz an, erkundigte sich hingegen sehr viel ausführlicher nach dem Befinden des Oheims, der nach einer

Verwundung reichlich langsam gesundete. Um ihm zu versichern, dass er es mit seinem Studium ernst nahm, bemerkte Christel, dass „diese Vollpfropfung des Gehirns mit Wissensstoff ja nicht das Richtige sein kann. All die schönen ausführlichen Werke, die ich teils von Bekannten bekam, mir teils im Laufe der Zeit angeschafft habe, müssen nun knappen, wenig befriedigenden Auszügen weichen. Ich hoffe aber als Kliniker manches, was jetzt zu kurz kommt, nachholen zu können." (München am 12. XI. 1940) Ebenso nahm Alex, der einen Monat später in die bayerische Hauptstadt zurückkehrte, die Prüfungsvorbereitungen ungewohnt ernst. „Alexander bestand Ende Januar 1941 die ärztliche Vorprüfung mit der Gesamtnote ‚gut'. Sein Freund Christoph soll nach den Erinnerungen seiner Schwester Angelika als Jahrgangsbester das Physikum bestanden haben." (Moll, S. 108)

Gleich nach den Prüfungen verschickte die Luftwaffe Christel erneut nach Schongau, diesmal zur Garnison am Fliegerhorst. Zum ersten Mal fühlte sich der junge Vater richtig gefangen, zumal Urlaubssperre für Ostern angesetzt war und er sich nach seiner Freundin sehnte. „Wann kann ich endlich meinen Käfig verlassen? Manchmal habe ich die ekelhaften gelben Holzwände so satt, aber was nützt das, wenn ich der rüttelnden Unruhe, die sich meiner bemächtigt nicht Raum geben kann. Höchstens kann ich mich dann aufs Rad schwingen und fahren, immer auf die Berge zu, sodass sie ganz gross und greifbar nahe werden, froh, wenigstens in der Schein-Freiheit, die vergällt ist durch das bestimmte Gefühl des Umkehren-Müssens. Ich freue mich schon sehr auf die Zeit, in der ich einmal nicht mehr umkehren muss und hoffe, dass sie uns einmal beschieden sein wird." (Schongau am Lech, den 31. III. 41) Für ihn waren Herta und Micha zum festen Hoffnungsanker geworden. „Gerade mir gibt ja die kleine Familie das Gefühl eines starken Geborgen-Seins in all dieser Rauhigkeit. Es ist als ob ich mit ein paar Wurzeln mehr im Boden verankert wäre." (Schongau am 8. IV. 41)

Mutter und Kind waren derweil bei Elise in Zell untergekommen. Zeitweise half Herta ihrem Stiefvater beim Aufbau seiner neuen Praxis in Bad Wiessee am Tegernsee. Lise pflegte dann „den Kleinen allein und hat viel Freude dabei", berichtete Christoph seinem Halbbruder Dieter. (Schongau am 1. 4. 41) In diesem Brief sprach er erstmals von der Absicht heiraten zu wollen: „Wir wollten ja eigentlich Ostern schon heiraten, aber heutzutage heiratet man ja nicht wann man will, sondern wenn die Papiere beisammen sind. Nun, es kommt ja auf ein paar Monate nicht so an." Da wusste Christel offenbar noch nicht, dass Herta bereits zum zweiten Mal schwanger war.

Von dem Verhältnis seiner Schwester mit Alex wusste Christel ebenfalls noch nicht. Alex hatte im März, als Semesterferien waren, Angelika in Marienau besucht. Ihre Pferdeleidenschaft war neu erwacht und Alex half ihr, ihr neues Pferd „Lütten" einzureiten und eine Reitbahn anzulegen. Dabei „entwickelte sich zwischen Alexander Schmorell und Angelika Knoop eine heftige Liebe" (Moll, S. 110) … die gegenüber Christel geheim blieb. „Vorgestern kam Christl nach München," unterrichtete Alex Angelika. „Wir sassen abends noch bei rotem Bordeaux zusammen. Ich sagte ihm noch nichts davon, dass wir uns lieben, vielleicht hat er in Schongau etwas gemerkt? Ich glaub es aber nicht." ([München] 24. 4. 41.) Dagegen hatte sie ihrem Mann die Beziehung bereits eingestanden. Nur scheint ihre Zuneigung nicht von gleicher Intensität gewesen zu sein. Jedenfalls bezeugen von Mitte April 1941 bis Ende Juni 1942 Alex' zahlreiche Briefe an Angelika seine „leidenschaftliche, kompromisslose Liebe zu ihr". (Alex schrieb in den ersten beiden Monaten wenigstens einen, wenn nicht zwei Briefe am Tag.) Angelika kam zunächst Ende Juli nach München, um dort Russisch und Französisch, Stenographie und Schreibmaschine zu lernen. Für einige Monate lebte sie in einer Studentenbude in Schwabing. Alex hatte die für sie gesucht und gefunden.

München, Sommersemester 1941

Alex gehörte seit April der „Studenten-Kompanie (Med.) Heeres-San. Staffel München" an und musste in die Bergmannschule, eine alte Volksschule in der Bergmannstraße in der Nähe der Theresienhöhe einrücken. Er litt unter der Kasernierung: „Denke Dir mal, Du seiest uniformiert", schrieb er in seinem ersten erhaltenen Brief an Angelika, „müsstest in einer alten Schule wohnen, mit 15 anderen auf einem Zimmer, es seien keine Waschgelegenheiten da, Du dürftest über Deine Zeit überhaupt nicht mehr frei verfügen, Du habest kein Recht auf freie, Dir gehörende Zeit mehr, Du habest oft Dienst, auch an manchen Abenden und zum Schluss – Du seiest unter 300 Ziffern irgend eine, ganz unbedeutende, eben nur eine Nummer, sonst nichts." ([München,] 24. 4. 41) Folglich entschloss er sich am zweiten Tag, künftig im elterlichen Zuhause zu nächtigen.

Seine Ablehnung von Nationalsozialismus und Militärleben paarte sich weiterhin mit einer Idealisierung des „vorindustrielle(n) Russland, dessen Natur und Menschen von den Errungenschaften der westlichen Zivilisation noch unberührt waren. Seele und Herz dieser Menschen waren in seiner Vorstellung

religiös und unverdorben und würden auch immer so bleiben. … Ob in der Literatur, in der Malerei, in der Bildhauerei oder in der Musik, immer ging es ihm vor allem um die Bedeutung der Emotionen", die er ganz bewusst positiv der ratio und der Moderne gegenüberstellte. (Moll, S. 113f.)
Alex befand sich nun wie Christel im fünften, dem ersten vorklinischen Semester. Doch seine Interessenlage hatte sich geändert. Er ließ jetzt seinen Neigungen freien Lauf und ignorierte den universitären Vorlesungsbetrieb. Auch der Kommiss verlangte ihm nicht viel Zeit ab. Der Militärdienst beschränkte sich auf den täglichen viertelstündigen Appell um 14.00 Uhr. Kurze Zeit später wurde selbst dieser auf nurmehr zwei Tage in der Woche reduziert (mittwochs und freitags, dafür mit anderthalb Stunden Sport am Mittwoch). Außerdem deckten die Kommilitonen das Fehlen eines Kameraden durch einen „Hier"-Ruf. Alex spielte jetzt mit dem Gedanken eines Kunststudiums. Er belegte in einer Zeichenschule einen Kurs im Aktzeichnen. Zwei Wochen später wechselte er in die Kunstschule „Die Form" in der Münchener Leopoldstraße. Gleichzeitig machte er seine ersten bildhauerischen Gehversuche, wofür ihm Auguste Rodin als Vorbild diente. Diese „äußerst aktive, kreative Phase steckte auch seinen Freund Christoph Probst an, der seit Anfang Mai 1941 wieder in München studieren konnte. Ab und an nahm Probst, der sich über seine neu gewonnene Freiheit freute, ebenfalls am Zeichenunterricht im Atelier Heinrich Königs teil. Außerdem hatte er begonnen, Sprachstunden bei Schmorells Russischlehrer Wladim Nalbandoff zu nehmen, nachdem ihn der Roman ‚Die toten Seelen' des russischen Schriftstellers Nikolai W. Gogol … stark beeindruckt hatte." (Moll, S. 116)
Also scheint sich auch Christel in diesem Semester treiben gelassen zu haben. „Dieses gedrängte Leben nur im Jetzt ohne Zukunftsträume, Pläne und Hoffnungen hat auch sein Schönes", schrieb er seiner Schwester. „Zeichnen, Russisch, Musik, etwas Medizin, all das blüht so aus dem Augenblick heraus, nichts will ich damit bezwecken, nur der Freude willen tue ich es, denn mein Glauben an die Zukunft ist so kläglich, dass ich nicht für spätere Erfüllungen baue." Trost und Halt fand er beim Anblick seines Kindes. „Mischa, der süsse geliebte Käfer! Wenn ich früher schlechter Laune war gab es keinen Gegenstand der Freude mehr für mich – heute bleibt mir immer einer: der kleine Mensch. Ich kann nicht beschreiben was mich an dem Kind so freut, es ist aber ein unnennbares Gefühl der Hinneigung das man empfindet und dies ist freudig." (München am 31. V. 41)

Im Sommersemester 1941 verbrachten Christel und Alex[40] wieder recht viel Zeit miteinander. Sie streunten durch Buchläden, Kunsthandlungen und Antiquariate, führten vom Wein beschwingte Gespräche und unternahmen gemeinsame Bergtouren. Sie fischten und grillten in Zell mit Herta und dem Kind bei Elise. Sie machten Unfug. Auf zwei Fotos, die sie mit Selbstauslöser im Dunkeln machten, sieht man sie, mit Schlafanzugshose bekleidet, in einer Plastikbadewanne sitzen. Auf dem ersten Foto liest jeder von ihnen brav in einem Buch, auf dem nächsten scheint Alex Christel Wasser aus einer Kanne überzugießen... Sie genossen das Leben. Alex berichtet: „Und abends – o könnte ich ein Loblied auf die Kochkunst singen! Erstens das Eis: Urgrossmütterliche Geheimprivatrezepte wurden herausgeholt, und, nachdem sich Ömi einige male schwer in dem Begriff ‚Schoppen' geirrt hatte, gelang es den vereinigten Kräften von vier Kochkünstlern, aus Milch, 7 Eiern, Zucker und Vanille ein flüssiges, gelbes, süss und nach Vanille schmeckendes Gemisch herzustellen. Aber jetzt begann erst das schwierigste: dieses Gemisch musste auf dem Feuer zu einer dickflüssigen Creme umgewandelt werden. Dabei durfte es ja nicht kochen, wegen den Eiern! Alle vier Künstler standen um den Topf und trugen das Ihre bei: Ömi wollte unbedingt zum Eindicken Maismehl, nur ein Löffelchen, hineintun, wogegen ich stark protestierte, da ich es gefühlsmässig erkannte, dass es für das spätere gefrieren nur nachteilig werden könnte. Christl sprach über die Zahl der Moleküle und welche Rolle diese Zahl beim Gefrieren spielte und bewies die Richtigkeit meiner Gefühle aufs treffendste. Herta sprach davon, wie man das gefrorene am besten aus dem Gefäss brächte. Christl sass auf dem Ofen und rührte, ich hockte vor dem Topf und beobachtete an einem Einmachthermometer das Ansteigen der Temperatur. Ömi und Herta standen zur rechten und zur linken des heissen gefrorenen." (München, 5. Mai 1941)

Zurück in München besuchten die beiden Freunde klassische Konzerte und erzählten immer wieder Angelika von ihrem Treiben. Christel, so Alex, „war

---

[40] Alex scheint das Leben in diesen Wochen einfach genossen zu haben: „Es waren zwei ruhige, aber trotzdem schöne Tage, die ich bei meinen Eltern verbracht. Sie schwimmen dort in Milch, Butter, Eiern, Fleisch, in Sachen, die man nur mehr in der Erinnerung kennt. Und ich schwamm mit. Die Tage verstrichen angefüllt mit sinnvoller Beschäftigung: Nach dem Essen begab ich mich gewöhnlich mit meiner Schwester und meiner Cousine ins Heu, um dort die Ruhe zu pflegen, solange, bis der Körper wieder das seine verlangte, um nicht von Kräften zu kommen. Diese beiden Beschäftigungen, geschickt einander ablösend, können einem natürlich veranlagten Menschen viel Spass bereiten." (München, 7. Juli 41.) Andererseits schätzte er durchaus das Arbeiten: „Ja, Du sollst arbeiten, arbeiten, arbeiten", schrieb er Angelika, „und dann werde auch ich arbeiten können, so arbeiten, wie es nötig ist, um das ferne Ziel, das man ja erfühlt, erreichen zu können. Was würden Menschen erschaffen können, wenn sie ihrer inneren Stimme, ihrem Herzen folgen würden, dann aber auch arbeiten würden? ... Ich sagte Dir ja schon so oft, dass die Mehrzahl aller Menschen die Freude an der Arbeit nicht kennen, und dann müssen sie ermüden. Doch wo Freude ist, dort kennt man keine Müdigkeit." ([München,] 25.4.41.)

auch beim Zeichnen. Dann – es war schon 8 Uhr holten wir beim Lombardi einen Chianti, legten uns ins Gras in jenen Garten, und assen zu Abend. Brot, etwas Butter und Käse, und Wein – ist Brot und Wein nicht das schönste Essen? Abends, als ich heimkam, arbeitete ich noch bis Mitternacht." (München, 24. Mai 41) Am nächsten Tag, als sie einmal mehr Bordeaux wie flüssiges Feuer getrunken hatten („Was lässt sich denn mit ihm vergleichen, ich wüsste nichts!"), sprachen sie „von vielem, von Politik, von Bekannten, vom Beruf, von unserer Zukunft, von Frauen, von Liebe und von Dir." ([München,] 25. 4. 41.)

Eine Woche später erzählte Christel: „Mit Alex bin ich weiterhin oft beisammen, wir haben uns manches zu sagen und freuen uns auch so am Beisammensein, bei Zeichnen, Musik oder Wein. Seine künstlerischen Anregungen freuen mich sehr, ich habe nun auch wieder viel Sinn für das was über die Wissenschaft hinausführt und leider oft so viel mehr Anziehungskraft ausübt als diese." (München am 31. V. 41) Der Weinkonsum der beiden Freunde kommt in ihren Briefen immer wieder zur Sprache. Angelika erklärte später, sie seien zwar „große Trinker" gewesen, hätten freilich auch viel vertragen – „und ich habe sie nie unbeherrscht und berauscht gesehen.[41]"

Zurück zu Alex: „Und dann regnete es: Du kennst doch den feinen, leichten Regen nach einem heissen und schwülen Tag! Wonach riecht es da? Du weisst bestimmt was ich meine. Dieser Geruch nach frischem reinen warmen Regen! Und als ich abends zu Christel kam, da lachte uns die Sonne schon wieder. Wir nahmen zwei Aleatico unterm Arm, und Brot und fuhren in den grossen Garten, in Schwabing, in dem noch Geister hausen. Dort lagen wir unter einem blühenden Kirschbaum, über uns wölbte sich ein Regenbogen, der uns auf die rot erleuchteten Wolken locken wollte – doch wir blieben lieber auf der Erde, unterm blühenden Baum, und schauten zu, wie Regenbogen, Wolken verschwanden und Sterne kamen. Ich lieb die Erde zu sehr, ich möchte gar nicht auf die Wolken, auf denen früher Götter gejagt und gezecht haben, und auf denen es jetzt leer und traurig ist. Pan ist tot .... Und wir sprachen über unsere Kinderträume, über die Unendlichkeit, die sich über uns wölbte, über Musik, Malerei, Plastik ... Dann regnete es. Wir sassen und freuten uns, dass der Regen uns durchnässte. Es war ein schönes Abendessen, Brot und Wein, unter freiem Himmel ..." (München, 16. Mai 41.)

Am 22. Juni 1941 machten Christel, Herta und Alex eine Bergtour oberhalb des Achensees. Als sie abends zum Übernachten in eine Berghütte einkehrten, erfuhren sie vom Überfall Deutschlands auf die Sowjetunion. Alexander sei „zer-

---

[41] Archiv des Instituts für Zeitgeschichte, München ZS/A 26, Band 4, S. 95.

schmettert, erschüttert" gewesen, erinnerte sich Herta Probst. (Moll, S. 122) Er empfand das kriegerische Treiben als Angriff auf „sein" Russland.

Als Alex Angelikas Wohnung nach mehreren Anläufen noch rechtzeitig vor ihrer Ankunft im August gefunden hatte, schrieb er ihr am 18. Juli begeistert: „Auch ich werde ja mein Quartier in Schwabing aufschlagen – ich sehe es schon im Geiste: eine Räuberhöhle wird's wohl werden. Zusammen mit Christel werde ich dort hausen. Wir schmieden miteinander oft Pläne, wie es alles werden soll." Erst jetzt erfuhr der Bruder von der Liebesbeziehung der beiden. Er selbst bereitete gerade seine Hochzeit vor. Angelika und Alex waren an diesem 19. August 1941 die Trauzeugen.

Ungeachtet seiner zahlreichen Unternehmungen mit Christel lernte Alex in diesem Semester in der Kaserne der ehemaligen Bergmannschule einen Kameraden kennen, der seit dem 23. April der zweiten Studentenkompanie zugeteilt war. „Hans Scholl heisst er", erzählte Alex am 3. Juli Angelika in einem Brief. „Dann kamen Nachmittage, Abende, Nächte, viele, viele, an denen so manche Flasche geleert wurde. Oft war ich alleine, oft mit jenem Kameraden (Hans Scholl heisst er), meistens aber mit Christl." Christels Schwester erlebte Hans und Alex' Freundschaft aus der Nähe und beurteilte sie kritisch: „Ich habe gesehen, wie angewiesen Hans in gewisser Beziehung auf Alex war, den er am liebsten Tag und Nacht nicht mehr losgelassen hätte, und wie tief andererseits die Freundschaft zwischen Alex und Christel ging, die ja schon seit Jahren bestand und die beide spürbar befruchtete." (Moll, S. 128) Sie selbst hatte – wie später Anneliese Graf – Vorbehalte gegen Hans. Seine Ausstrahlung war ihr unheimlich und sie hielt ihn für einen „Fanatiker".
Der in Ingersheim geborene Hans Scholl kam aus einer kinderreichen Familie. Seine Geschwister hießen Inge, Elisabeth, Sophie und Werner, ein Halbbruder, Ernst Gruele, wuchs mit ihnen auf. Nach Stationen in Fochtenberg und Ludwigsburg, wo Hans' liberal eingestellter, areligiöser Vater Bürgermeister war (bis er sein Amt verlor), lebten die Scholls ab 1932 in Ulm. Die Mutter, eine gläubige Protestantin, war die Seele und der Zusammenhalt der Familie. Sie sorgte für die christliche Erziehung der Kinder. Dennoch sympathisierte Hans früh mit dem Nationalsozialismus – gegen den ausdrücklichen Willen seines Vaters. Das Gefallen galt wohl eher (wie bei Christel) den anfangs in der HJ noch vorhandenen bündischen Elementen. Nach dem Reichsparteitag 1935, zu dem Hans entsandt worden war, wandte sich der junge Mann von der NS-Ideologie ab und kam

zurück zu den politischen Gedanken seines Vaters. Im Dezember 1937 wurde er wegen Beibehaltung bündischer Betätigung und homosexueller Handlungen – womöglich unreife Übersprungshandlungen – für zwei Wochen von der SS inhaftiert. Der Rechtsfall wurde nach dem „Anschluss" Österreichs im Rahmen der allgemeinen Amnestie nicht weiter verfolgt, doch wandte sich Hans nun mit seinen Geschwistern endgültig vom Regime ab. 1939 nahm der junge Mann das Medizinstudium in München auf. Ungefähr zu dieser Zeit tauchte in dem offenen Haus der Scholls regelmäßig Otl Aicher[42] auf, ein Freund Werners, des jüngeren Bruders von Hans. Otl war vier Jahre jünger als Hans. Der gläubige Katholik und später weltberühmte Grafikdesigner versuchte die Schollsche Familie für den „Glauben" zu gewinnen. Hans fand durch Aicher zur „Renouveau Catholique"[43], die einen starken Einfluss auf ihn ausüben sollte. Die französischen Intellektuellen beriefen sich auch auf den russischen Schriftsteller Dostojewski, was wiederum eine Brücke zu Alexander Schmorell schlug.

Hans lernte Schurik und dessen Freunde gerade zu einer Zeit kennen, als er – trotz des zeitaufwendigen Medizinstudiums und des regen Kontakts zu seiner Familie – intensiv auf der Suche nach „einem geschlossenen Weltbild" war. Um seine „große Unruhe" zu stillen, las er ausschweifend philosophische und religiöse Literatur. Seiner Stuttgarter Freundin Rose Nägele, „in die er gerade noch leidenschaftlich verliebt gewesen war", erklärte er: „Ich lebe in grossen Spannungen. Ich suche dieses und jenes, finde da und dort endlich das Richtige, quäle mich weiter und schließlich freue ich mich über das Neue, Notwendige, das ich mir erobert, wie das Wasser eines Baches, doch an manchen Orten still sein muss, still und träumend und schwarz und schweigsam. […] Doch weiss ich, dass man diese Spannungen ertragen muss, nicht treu, sondern heroisch, nur so wird man eine Stufe emporsteigen." (Moll, S. 127)

---

[42] Otl Aicher (1922-1991), der sich jeder Mitwirkung mit den Machthabern im Dritten Reich verweigerte, studierte ab 1946 Bildhauerei an der Akademie der Bildenden Künste in München. Mit seiner Frau Inge Aicher-Scholl war er Mitgründer der Ulmer Volkshochschule und 1953 Gründer der Hochschule für Gestaltung Ulm. Für die Olympischen Spiele in München 1972 entwickelte er für die einzelnen Sportarten das bis heute weltweit verbreitete System der Piktogramme. Gegen Ende seines Schaffens entwickelte er die Schriftart Rotis Sans Serif. Aicher gehörte in Ulm zu den „katholischen kritischen Jugendlichen, die sich um Pfarrer Weiß, einen entschiedenen Gegner der Nazis gesammelt hatten. ... Vor allem die Freundschaft mit Otl Aicher, dem schon früh durch Pfarrer Weiß der Weg in den Widerstand gewiesen worden war, machte den Schritt in die grundsätzliche Dissidenz möglich." (Bald/Knab, S. 38)

[43] „'Renouveau Catholique' hatte sich als Antwort auf die geistesgeschichtliche Krise Ende des 19. Jahrhunderts entwickelt. Dessen Anhänger – französische katholische Schriftsteller wie George Bernanos, Leon Bloy, Paul Claudel oder Francis Jammes – strebten eine Erneuerung des Katholizismus an. Das christliche Menschenbild sollte wieder im Zentrum der modernen, von Gott abgefallenen Gesellschaft, stehen." (Moll, S. 124) Aicher bezog noch den Philosophen Jacques Maritain mit ein: „Von Jacques Maritain übernahmen wir den Begriff der pluralistischen Demokratie. Atheisten werden neben Christen leben, Sozialisten neben Liberalen, und keine utopische Ideologie, sei es die der Rasse oder die der Klasse, kann Herrschaft über andere legitimieren." (Chaussy/Ueberschär, S. 115)

Hans' Beziehung zu Rose Nägele hatte bereits im Juni eine andere Qualität bekommen. Er hatte die Ulmerin durch Traute Lafrenz ersetzt, mit der er ein heftiges Liebesverhältnis begonnen hatte. „Er brach offenbar mancher jungen Frau das Herz", meint Miriam Gebhardt (Position 893), „und wechselte die Beziehungen häufiger, als seinen Schwestern lieb war, die immer wieder hinter ihm aufräumen und seine Verflossenen trösten mussten." Der gemeinsamen Ulmer Freundin Erika Reiff, die Hans zuliebe nach München gekommen war, um dort von ihm sitzengelassen zu werden, erklärte Sophie: „Hans ist ein Chamäleon". Sophie bedauerte Erikas Entscheidung, München wieder zu verlassen: „Es ist schwer (aber bei seiner Art notwendig) seinen Stimmungen zu folgen, ohne selbst davon erfaßt zu werden. Du aber wärest mir ein ruhender Pol gewesen u. Beständigkeit anderen Menschen gegenüber, die kein geringes Maß von Selbstlosigkeit voraussetzt, findet man so selten. Ich weiß, daß sie gerade Hans fehlt. Er taumelt rastlos von einem zum andern u. sucht bei ihnen, was er vielleicht bei sich suchen sollte." (Moll, S. 128) Freilich versuchte Hans, so fügt Gebhardt an (Position 900), mit allen seinen Freundinnen „befreundet zu bleiben", was auf einen Menschen hindeute, der „von allen" Mitmenschen geliebt werden wolle.

Positiv scheint der Einfluss von Alex auf Hans gewesen zu sein. Nicht zuletzt seine Begeisterung für „die kleinen Dinge des Lebens" dürften auf seinen neuen Freund „übergesprungen" sein. (Moll, S. 132) „Auch alles grosse setzt sich aus Kleinigkeiten zusammen", schrieb Alex einmal, „deshalb dürfte man diese nicht weniger sorgfältig behandeln. Ich hab lieber ‚dürfte' geschrieben, denn Du weisst, wie wenig ich selber diesen Idealzustand verkörpere. Man muss übrigens – glaube ich – das Gefühl besitzen unterscheiden zu können, wo man Kleinigkeiten beachten muss – wo sie vernachlässigen. Ohne dieses Gefühl wird man wohl nie etwas grosses schaffen können – jede Arbeit besteht ja aus Kleinigkeiten, erst das Ergebnis muss gross sein – oder man wird Pedant, was ja noch viel viel schlimmer ist. – Doch in was für einen Irrgarten haben mich diese ‚Kleinigkeiten' geführt!"[44] (München, 28. Mai 41). Alex' Liebe zum Detail – sein Künstlerauge – zeigt sich in der Betrachtung eines Rosenstrauchs: „Du, heut sah ich so viele Rosen. Schau Dir mal ein Blütenblatt einer Rose an: es sind einfache Formen, einfache Farben. Mit diesen Blättern versteht es die Rose, sich zur Königin aller Blumen zu machen. Nie wird eine andere Blume ihr an edler Schönheit gleichkommen! So einfach sollten die Kleider der Frauen auch sein, dann wären sie auch so schön. Die Frauen sollten von den Rosen lernen. Es gibt wenig Königinnen auf dieser Welt. Aber wer sie besitzt, dessen Glück ist unendlich…" (München, 27. 4. 41.)

---

[44] Siehe auch Alex Ausführungen zu „Banalität". (Moll, S. 470.)

Schon in den ersten Junitagen stellte Schurik, den der Medizinstudent aus Ulm anfangs als „den Russen" wahrnahm, seiner Freundin Traute Lafrenz vor. Lilo Ramdohr, eine weitere Freundin von Alex, die mit ihm zeichnete und später eine Rolle in der „Weißen Rose" spielte, lernte Hans im Frühherbst zusammen mit Christel Probst kennen, als die beiden Alex vom Zeichenunterricht abholten. Sie kannten sich also spätestens ab diesem Zeitpunkt, obschon Christel Hans erst im kommenden Jahr als Freund bezeichnete. Im Oktober 1941 lernten einige von Hans' Angehörigen Alex in Ulm kennen. Die beiden neuen Freunde unternahmen von dort aus eine gemeinsame Donaufahrt. Der fahrtenerprobte Hans bezeichnete die Tour als „die allerschönste Fahrt, die man sich denken kann". Und das, obwohl es „viel Regen, Schnee und Hagel" gegeben hatte. (Moll, S. 132)
Folgenreiche Freundschaften nahmen Fahrt auf.

Straßburg, Oktober 1941 bis März 1942

Am 20. Oktober 1941 traf Christel Probst zu seinem sechsten Semester in Straßburg ein – mit der für ihn wenig erfreulichen Aussicht, bis zum Staatsexamen in der elsässischen Hauptstadt bleiben zu müssen. Er empfand die Versetzung an die neu gegründete „Reichsuniversität" als überflüssig und sah sich an einen „Verbannungsort" abkommandiert. In Straßburg fühlte er sich allein und von der Familie und den Freunden abgeschnitten. Ihm fehlte der offene Austausch mit ihnen. Die Winterplanung mit Alex und Angelika hatte sich in Luft ausgelöst. „Es ist so traurig, dass all die Möglichkeiten die sich aus dem Zusammensein zu dritt in München ergäben u. die mir schier unerschöpflich erscheinen, durch meine Versetzung nach Str.[aßburg] so rasch vernichtet wurden," bedauerte er (Strassburg am 17. I. 42.) Von seiner Familie sah er bis Weihnachten nur sein „Hertalein" – eine „selten schöne harmonische" Woche lang. Sie endete damit, dass er „eine Nacht länger als mir erlaubt bei Herta geschlafen hatte" und „als Strafe 14 Tage lang jeden 2. Tag Dienst machen" musste. Auch von seiner Mutter erhielt Christel Besuch. Katharina hatte Ende November den Münchener Arzt Heinrich Kleeblatt geheiratet. Nun führte die „Hochzeitsreise" das Brautpaar zu Christel nach Strassburg.

Noch kurz zuvor hatte Christel seinen Halbbruder trösten müssen, als der in das Internat Schloss Salem gekommen war: „Oft schon habe ich Deiner gedacht, habe mir vorzustellen versucht wie Du Dich in die neuen Lebensumstände einzufinden versuchst, wie Du Tage und Stunden verbringst. Dann musste ich daran denken, wie es mir in ähnlichen Situationen der Umstellung u. des Neubeginns ergangen ist. Ich kenne das Gefühl starker Vereinsamung so gut, das Gefühl schmerzlichen Fremd-Seins in der neuen Umgebung. Genauso das nur im Heimweh und der Sehnsucht Leben, alles Lichte u. Schöne in der Vergangenheit suchend. Es ist eine schwere Zeit, aber man freut sich später, dass man sie stark und gut durchlebt hat. Schön ist aber dann die Zeit, in der man das Neue immer mehr durchdringt, sich gewissermassen zu eigen macht. Es gibt auch überall Menschen[,] denen gegenüber man sich bald nicht mehr als Fremder fühlt, die einem Ihre Hand reichen um einem das Neue zu zeigen und die Schwierigkeiten des Einlebens verringern wollen." (Tegernsee am [zwischen September und 20. Oktober 1941]) Nun musste Christel sich selber trösten. Urlaub, um seine Frau zu besuchen, bekam er nicht. „Und als ich sagte dass meine Frau ein 2. Kind erwartet, wurde ich gefragt ob ich wahnsinnig sei." Christels Schlussfolgerung lautete knapp: „Alles riecht nach Militär." (Strassburg am 6. 11. 41.)

Da die Vorlesungen erst im Dezember anliefen, wurden die Studenten in der Zwischenzeit wie frische Rekruten gedrillt. Die neue „Reichsuniversität" war umgehend nach der Besetzung Frankreichs im April gegründet worden, wurde aber erst am 23. November 1941 feierlich mit einem Festakt in Anwesenheit des Reichserziehungsministers Bernhard Rust und der Rektoren aller deutscher Universitäten eröffnet. Christel fehlte ein ruhiger Ort zum Arbeiten. Ihn störten die beengten Verhältnisse allüberall. Wegen der noch im Bau befindlichen Hörsäle fehlte Platz: „Die Hörsäle sind viel zu klein, bez. hat man gleich so viele Soldaten nach Str.[aßburg] kommandiert, dass kein Platz da ist, aber man wird sagen können: ‚schon im ersten Semester nach Eröffnung der Str.[aßburger] Univ[ersität], haben soundsoviele Mediziner dort ihr Studium aufnehmen können'; . die Statistik wird hohe Zahlen aufweisen, – das ist ja die Hauptsache." (Strassburg am 7. XII. 41) Anfang Dezember wurde deutlich, dass der Feldzug gegen Russland kein Blitzkrieg sein würde. „Welchen blutigen Weg geht der Krieg?", fragte sich der einfühlsame Student. „Er ist so unabsehbar — und nun der Winter, wie können sich darüber so viele keine Gedanken machen?" (Strassburg am 6. 11. 41) Zudem war mit dem japanischen Angriff auf Pearl Harbour das europäische Kriegsgeschehen zu einem Weltkrieg geworden.
Für profunde Nachdenklichkeit und konzentriertes Arbeiten bot die Kompanie keinen Platz. Wie nur selten kämpfte Christel mit der Schwierigkeit, in der gegebenen Situation das Positivum auszumachen. Er ließ sich von den Kameraden und den Gegebenheiten mitreißen. – „Gestern abend war ich im Fidelio,"

erzählte er seiner Schwester. „Die Musik war herrlich, aber zu der Oper selbst habe ich leider keine so starke Beziehung mehr, allerdings waren die Bühnenbilder geradezu abstossend, die Kostüme völlig phantasielos u. die weibl. Stimmen ganz ohne Format. Doch war ich froh einmal wieder Beethoven zu hören. Schon um 9 war die Oper zu Ende, sie hatte so früh begonnen u. nun kam eine merkwürdige Fortsetzung dieses klassischen Abends. Im roten Haus (maison rouge) ass ich zunächst fürstlich (Schnecken + Gänseleberpastete) u. schlürfte in kurzer Zeit eine Flasche guten Weins. Leider musste ich tanzmusik über mich ergehen lassen. Dadurch war meine klassische Erinnerung an die schöne Musik so verwischt, dass ich als 3. Station im düstersten Cafe Strassburgs landete, im sog. Nachtgespenst (es gibt dort eine Platte mit einem hustenden Gespenst, wobei dauernd das Licht an und ausgeknipst wird, was sehr beliebt ist) Dort schwankten mir einige Kumpanen entgegen u. in barbarischer Weise begoss ich den edlen Wein mit grossen Mengen (Sturzbächen) von Dünnbier. Dann wanderten wir in die Radiobar, wo wir wieder Wein tranken u. die Zeit mit gegenseitigen ‚geistreichen' Complimenten u. lärmenden Gesprächen zubrachten. Um 3 hatte der Spuk sein Ende. Es gibt Leute, die das jeden Abend machen, mich langweilt es schon ziemlich, wenngleich ich manchmal heftig mitmache, oft aus dem einzigen traurigen Grund, das[s] es mir in meiner Bude einfach zu öde ist." Und er gestand: „Es ist auch ganz schön sich manchmal in den Wellen der Trunkenheit aufgehen zu lassen. Betrüblich ist auch, dass der Menschenschlag hier nur sehr wenig gut aussehende Vertreter hat. Ich vermisse es sehr hier und da Gesichter anzutreffen, die mich irgendwie ansprechen." Was auch sein Gutes hatte: „Auch ist es nicht übermässig schwierig seinem Weiblein die Treue zu halten." (Strassburg am, 7. XII. 41.) Christel harrte den Weihnachtsferien und seiner Familie entgegen. „Mit grösster Freude denke ich immer wieder an mein Mischalein", fährt er seine Erzählung an Angelika fort. „Jede Nachricht über das kleine Pflänzlein freut mich ausserordentlich." Unterdessen ging in München Alex seinen künstlerischen Neigungen weiter nach, und Hans machte auf Vermittlung Otl Aichers eine für alle Beteiligten folgenschwere Bekanntschaft. Die des 75-jährigen Publizisten Carl Muth.[45] „Es trafen sich", wie es Jakob Knab ausdrückt, „Scholls ungestüme Vitalität und Muths gereifte Besonnenheit, die mitunter ‚fanatische' und ‚dämonische' Lebensgier des jungen Scholl und die reiche Lebenserfahrung des alten Gelehrten Muth." (Bald/Knab, S. 48) Muth war Gründer und Herausgeber der im

---

[45] Carl Muth (1867–1944) war ein deutscher Publizist. Von Oktober 1903 bis 1941 leitete Muth die von ihm gegründete Monatsschrift Hochland, die katholischen Akademikern Grundlagen für den Dialog mit der sogenannten Moderne geben wollte. Der streitbare Intellektuelle wollte die katholischen Gläubigen aus der selbstverursachten kirchlich-bürgerlichen Enge befreien.

Frühjahr zuvor verbotenen Monatszeitschrift „Hochland" („für alle Gebiete des Wissens, der Literatur und Kunst"), die eine Brücke zwischen Katholizismus und Moderne geschlagen hatte.[46] Muths Freund, Franz Joseph Schöningh, verdeutlichte nach dem Krieg, dass der Gelehrte „sein ganzes Leben hindurch das Anliegen der jeweils jungen Generation nicht nur zu verstehen, sondern liebend mitzuerleben vermochte. Dies wurde gerade im Streben des Siebzigers fühlbar, oft Jünglingen zu begegnen, ihre Anschauungen und Hoffnungen zu ergründen und in ernsten Gesprächen und Briefen zu klären und zu ermutigen. Auch als das ‚Hochland' schon unterdrückt worden war, hatte Muth noch seine jungen ‚Mitarbeiter' wie zu jener Zeit, da er als Herausgeber jede junge ihm begegnende Begabung mit fördernder Sorge umgab, mehr noch um ihret- als um des ‚Hochland' willen. (Petry, S. 37)

Hans machte Eindruck auf Muth. Der Mentor betraute ihn mit der Aufgabe, seine Bibliothek ordnen und katalogisieren zu helfen. „Ich bin glücklich", schrieb Hans an Otl Aicher, „alltäglich in seiner Nähe zu verweilen. Die Arbeit in seiner Bibliothek wird mich einige Monate in Anspruch nehmen. In diesem Winter kehre ich mich von der Medizin vorübergehend ab und lege mein Hauptinteresse zunächst auf philologische und nicht zuletzt auf philosophische Gebiete" (Moll, S. 139) Außerdem begann Hans auf Anregung von Alex russisch zu lernen. Die dadurch geschaffene Distanzierung zur Studentenkompanie – Hans setzte das nicht absehbare Ende des Kriegs zu – vertiefte das Band zu Alex. Ihr Verhältnis wurde enger, ihr beidseitiges Vertrauen wuchs. Alex sprach Angelika gegenüber von „Skizzengesprächen", die er mit seinem Freund führe: „Hans war dann noch bei mir, wir rauchten einige Pfeifen bei der Kerze, sprachen sehr wenig. Nur kurze ‚Gespräche über Verantwortungsgefühl' – Ich liebe solche ‚Skizzengespräche' am meisten. Wenn man durch Worte doch nicht restlos alles sagen kann …, dann sollte man sich lieber mit solchen skizzenhaft hingeworfenen Gesprächen begnügen. Wenn dann der andere das, was Du sagen willst, verstehen soll, dann wird er es auch verstehen. Es müssen eben in gewissem Masse verwandt fühlende Menschen sein." Und er schloss diesen Gedanken: „Das ist ja überhaupt das schönste ‚Der innere Mensch hat keine Zunge.'" (München, 20. [Dezember] 41) Lilo Ramdohr beobachtete derartige Skizzengespräche auch bei Alex und Christel: „Immer, wenn er [Christel] in München war, besuchte er Alex. Was ich so nett fand

---

[46] „Wie andere oppositionelle Publizisten entwickelten auch Carl Muth und die Autoren der Aufsätze in ‚Hochland' außerordentlich sublime Methoden indirekter Kritik am nationalsozialistischen Regime, etwa durch historische Beiträge, die zeitgeschichtliche Analogien erlaubten, durch Darstellungen der Prinzipien klassischer Politik, durch beziehungsreiche Zitate und Buchbesprechungen, versteckte Satiren und apokalyptische und eschatologische Warnungen." (Christian Petry, Studenten aufs Schafott. Die Weiße Rose und ihr Scheitern, München 1968 [Kurztitel: Petry], hier: S. 37).

an den beiden Freunden, war, dass sie immer Pfeife rauchten, das war Opposition gegen die Uniformierung. Sie hatten überall immer die Pfeife im Mund, ob sie rauchten oder nicht. Sonst waren sie völlig unauffällig und wortkarg, wenn wir ausgingen. Sie haben sich eigentlich immer mit Mimik verständigt und waren oft auch sehr heiter." (CPG, S. 144) Dabei skizzierte Ramdohr gleich den Unterschied zwischen den beiden alten Freunden: „Strahlte Christl Ruhe und Gelassenheit aus, so befand sich Alex immer in einer abwartenden, suchenden Haltung." (Scholl, Position 1768)

Seit dem Sommer sprach Hans Scholl von einer Verantwortung gegenüber dem christlichen Abendland.[47] Ihn trieben die aktuellen Ereignisse um, die Frontberichte, das Wehrmachtverhalten in den besetzten Gebieten – „die Massenerschießungen der Juden durch Einsatzgruppen des Chefs der Sicherheitspolizei und des SD, außerdem der Massenmord an den sowjetischen Kriegsgefangenen und der Zivilbevölkerung". (Moll, S. 148) Davon erfuhren die Scholls zum Teil aus erster Hand. Auch von den Maßnahmen gegen die jüdische Bevölkerung, deren Abtransport im größeren Stil nun offen begann. Und freilich von den Krankenmorden, die Clemens August von Galen, der Bischof von Münster, durch seine Predigten publik machte und die als Flugschriften im Briefkasten der Familie Scholl landeten.

Hans Scholl machte in der zweiten Jahreshälfte 1941 eine innere Entwicklung durch, die Christels Sohn als bedeutungsvoll für die religiöse Entwicklung aller Kernmitglieder der „Weißen Rose" wertet. „In der geistigen Auseinandersetzung mit seinem katholischen Ulmer Freund Otl Aicher, dann aber insbesondere durch seine vertrauensvolle Beziehung zu Carl Muth [fand Scholl schließlich] Ende des Jahres 1941 zu einer tieferen religiösen Haltung im christlichen Sinne". (Moll, S. 143) Zwei Tage vor Weihnachten schrieb Hans an Muth[48]: „Ich bin erfüllt von der Freude, zum ersten Mal in meinem Leben Weihnachten eigentlich und in klarer Überzeugung christlich zu feiern. ... Ich hörte den Namen des Herrn und vernahm ihn. In diese Zeit fällt meine erste Begegnung mit Ihnen. Dann ist es von Tag zu Tag heller geworden. Dann ist es wie Schuppen von meinen Augen gefallen. Ich bete. Ich spüre einen sicheren Hintergrund und ich

---

[47] Welche Bedeutung die Anordnung des bayerischen Kultus- und Bildungsministers Adolf Wagner auf die Entwicklung von Hans Scholl und seiner Freunde hatte, muss offen bleiben. Wagner hatte im April 1941 verfügt, dass Kruzifixe und Heiligenbilder aus den Klassenräumen zu entfernen und das Nazigebet durch Nazilieder zu ersetzen sei. Die daraufhin sich erhebende Empörung in der Bevölkerung – nicht nur unter Katholiken – war dermaßen kraftvoll, dass Wagner gezwungen war, die Anordnung zurückzunehmen. „Eine der seltenen Fälle erfolgreicher öffentlicher Opposition gegen einen Regierungsbefehl in Nazi-Deutschland," wie Shrimpton (S. 78) vermerkt.

[48] Knab hält dies für „eine Schlüsselszene" in der Lebensgeschichte von Hans Scholl, „einen blitzartigen, aufschlussreichen Augenblick, der Einblick gibt in sein suchendes, unruhiges Herz".

sehe ein sicheres Ziel. Mir ist in diesem Jahr Christus neu geboren."[49] Ähnliches schrieb er einzelnen Freunden.

Hans suchte nun den Kranz gleichgesinnter Freunde zu erweitern. Er wollte den verbrecherischen Taten des NS-Regimes etwas entgegensetzen, da er in ihnen eine Hypothek für die Wiedereingliederung Deutschlands in die Staatengemeinschaft der Nachkriegszeit sah. Dieselbe Forderung formulierte Thomas Mann in seinen BBC-Radio-Ansprachen, die Hans und seine Freunde heimlich abhörten. „Es wird für die Zukunft ein ungeheurer Unterschied sein, ob ihr Deutsche selbst den Mann des Schreckens, diesen Hitler, beseitigt oder ob es von außen geschehen muß. Nur wenn ihr euch selbst befreit, habt ihr ein Anrecht, teilzuhaben an der kommenden freien und gerechten Völkerordnung." (Moll, S. 153) Freilich sah sich niemand aus der Gruppe für legitimiert und in der Lage, einen gewaltsamen Umsturz herbeizuführen. Doch scheinen die Freunde mit dem neuen Jahr begonnen zu haben, Zitate bedeutender Schriftsteller und Denker zu sammeln, um zum Nachdenken aufzurütteln.

Christel war die Monate in Straßburg über nicht nur wegen der von ihm so empfundenen Überflüssigkeit der Versetzung, seiner erneuten Kasernierung, der größeren Belastung von Elise Probst aufgrund des Zusammenlebens mit seiner Frau und seinem Kind und wegen der Schwangerschaft seiner fernweilenden Frau in Unruhe. Die Tonlage war in Straßburg eine andere. Die dortige Hochschule war auserkoren, die geistige Hochburg des Nationalsozialismus zu werden. Das färbte das Ambiente. Der Gebrauch der französischen Sprache war in der Stadt strikt verboten und es wurde auf die Einhaltung des Verbots geachtet. „Als eine Art geistiger Resistenz" deutet Moll (S. 137), Christels „Freude an der französischen Sprache und Literatur und Kunst", die in seinen Briefen zum Ausdruck kommt. Freilich las er weiterhin russische Autoren. Seiner Schwester erzählte er begeistert von der Lektüre „Am Ende der Welt" des russischen Schriftstellers Nikolai Leskow. Darin stellt der Autor die innere Haltung des konsequent handelnden Menschen der bloß namentlichen Zugehörigkeit derer gegenüber, die den mit dem Namen verbundenen Ansprüchen nicht entsprechen. Ob sich an der medizinischen Fakultät der Universität bereits die menschenverachtende rassistische Haltung mancher Professoren bemerken oder erspüren ließ, lässt sich nur schwer einschätzen. Es ist eher unwahrscheinlich. In Straßburg wurde von 1942 bis 1944 „intensiv daran gearbeitet, eine nationalsozialistische Gesellschaft rein nach ‚rassischen' und eugenischen Kategorien auszurichten." (Moll, S. 136) Hätte Christel davon etwas mitbekommen, hätte er sich sicher dazu geäußert. Er war nach der Auskunft seiner Schwester maßlos erschüttert, als er Ende 1939/Anfang 1940 erfuhr, dass aufgrund eines Füh-

---

[49] Jakob Knab, Mentor des Widerstands, Die Tagespost, 24. November 2017.

rerbefehls kurz nach Kriegsbeginn gänzlich ohne jedwede Kaschierung geistig und physisch behinderte Menschen ermordet wurden. Die Aktion wurde so unmissverständlich von einem Großteil der Bevölkerung abgelehnt, dass sie rasch in die Heimlichkeit verbannt wurde. Doch musste Christel selbst seiner Schwester die Augen dafür öffnen, dass die Aktionen inhuman waren. Niemand sei berechtigt, „Urteile zu fällen, die allein Gott vorbehalten sind. Niemand, so sagte er, kann wissen, was in der Seele eines Geisteskranken vorgeht. Niemand kann wissen, welches geheime innere Reifen aus Leid und Jammer erwachsen kann. Jedes Leben ist kostbar. Wir sind alle Gottes Kinder."[50]

Mit der obligatorischen Einführung des Judensterns ab dem 19. September 1941[51] auf deutschem Boden – ein gelber Stern war an der Kleidung zu tragen und ein weißer Stern an der Haustüre anzubringen – war die nötige Sichtbarkeit für die kurz darauf in aller Öffentlichkeit durchgeführten Judendeportationen[52] geschaffen. Christels jüdische Stiefmutter, der „Mörtel der Familie", wie Angeli „so reizend sagte", befand sich seither in größter Gefahr. Glücklicherweise stand ihr die couragierte Familie Kaltenbacher zur Seite. „Die Ömi," erzählte Luise Schweinöster, geborene Kaltenbacher, „war ja eigentlich Jüdin. Ich habe in Erinnerung, dass uns unsere Eltern strengstens eingeschärft haben, wir dürfen es niemals zugeben, dass sie eine Jüdin ist: ‚Wenn jemand etwas sagt, wisst ihr nichts.'" (CPG, S. 145) Diesen selbstbewussten und mutigen Menschen gelang es mit anderen „Freunden und Bekannten in Ruhpolding, dass Elise Probst fast zwei Jahre ohne diese nationalsozialistische Stigmatisierung leben konnte." (Moll, S. 134, siehe auch: S. 709f., Gebhardt, Position 1448)

Die Gefahren waren real und konkret. „Eines Tages," erzählt der Enkel, „erhielt Ömi einen Strafbefehl des Landratsamtes Traunstein über 14,60 RM. Der Beamte hatte freundlicherweise darunter geschrieben, dass sie die Strafe widerspruchslos bezahlen und auf den Rechtsmittelbehelf verzichten sollte. Ein wohlgemeinter Rat. Seit dieser Zeit verließ sie die Wohnung nicht mehr. Frau Kalten-

---

[50] Ralph Studer, Sein Leben war „ein einziger Weg zu Gott", in: Die Tagespost, 20. Februar 2017.

[51] In seinen Tag- und Nachtbüchern kommentierte Theodor Haecker die Anordnung: „[928] 13/9. 41 Heute wurde bekanntgegeben, daß ab 19. September jeder Jude auf der linken Seite seiner äußeren Kleidung einen gelben Stern, den Stern Davids, des großen Königs, aus dessen Geschlecht der Gottmensch, Jesus Christus, die Zweite Person der Trinität, dem Fleische nach geboren ist, zu tragen habe. Es kann die Zeit kommen, daß die Deutschen im Auslande auf der linken Seite der Brust ein Hakenkreuz, also das Zeichen des Antichrist, tragen müssen. Durch ihre Verfolgung der Juden nähern sich nämlich die Deutschen immer mehr den Juden und deren Schicksalen. Sie kreuzigen nämlich heute Christus zum zweiten Male, als VOLK! Ist es nicht wahrscheinlich, daß sie ähnliche Folgen durchzuleben haben werden?"

[52] Eine solche lokale Sammelstelle für die Judendeportation hat jüngst eine Schulklasse in Jülich im Rahmen des Schulprogramms „denkmal aktiv" der Deutschen Stiftung Denkmalschutz aufgearbeitet und publiziert. Siehe: Timo Ohrndorf und Iris Gedig, Villa Buth – Zwischenstation zum Holocaust (Veröffentlichung des Jülicher Geschichtsvereins 1923 e.V., Band 22), Jülich 2019.

bacher kaufte für sie ein. Als sie die Lebensmittelkarten auf dem Gemeindebüro abholen wollte, erhielt sie Lebensmittelkarten, auf die ein J gedruckt war. Da sagte sie: ‚I mog gscheite Marken, weil mit dene kaf i ei' – und sie erhielt sie. Ein anderes Mal kam der Ortsgruppenleiter und sagte: ‚Da wohnt doch die Jüdin, warum is denn der Stern net an der Wohnungstür?' Darauf stemmte sich die Kaltenbacherin die Fäuste in die Seite und sagte: ‚Do wohna mir und do kimmt des Papperl net hi!' – und dabei blieb es, bis zum Kriegsende. Der Ortgruppenleiter hatte noch angefügt: ‚Wennst es losham willst, brauchst es mir nur sagn.'" Keinen Steinwurf weit entfernt, befand sich ein Erholungsheim der SS, dem Kaltenbacherschen Gasthof gegenüber. (PEK-Skript, S. 22f.)

Christel sah die Seinen in Zell zu Weihnachten wieder. Und dann kam am 30. Dezember 1941 schließlich sein zweiter Sohn zur Welt. „Du kannst Dir vorstellen, was für ein Erlebnis die Geburt eines kleinen Kindes ist! Ich war sehr froh, dass ich dabei sein konnte u. das Kleine nicht – wie es an sich geplant war – in einer münchener Klinik auf die Welt kam. Nun ist es ein echter Ruhpoldinger, in den Bergen und im dicksten Winter geboren." Und mit freudigem Stolz fährt er fort: „Es hat mir ungeheuere Freude gemacht in der ersten Woche die Pflege dieses goldigen Hascherls zu übernehmen. Überhaupt lernt man seine Kinder am besten kennen, wenn man sie einmal selbst pflegt, mit allem Drum u. Dran. Früher konnte ich mich ja noch nicht so sehr für diese kleinen Wesen begeistern, aber das ist nun anders geworden, jetzt sehe und beobachte ich schon manches an dem Neugeborenen u. freue mich an jeder seiner zarten Lebensregungen (die mir z. Zt. leider nur aus Hertas Briefen zugänglich sind.)" Er musste gleich wieder zurück nach Straßburg: „Der Abschied von der vergrösserten Familie ist mir diesmal nicht so leicht gewesen. So schön Strassburg ist, so ist es in diesem Falle eben doch ein Verbannungsort. Da bin ich ganz auf die Fülle meiner Photos angewiesen u. auf Hertas liebe u. zahlreiche Briefe." (Strassburg, am 3.11.42.) Alex sah er nur ganz kurz gegen Ferienende, da Angelika und Bernhard Weihnachten in Zell feierten. Der Freund hatte den Familienfrieden nicht stören wollen und war absichtlich nicht vorbeigekommen.

Christels Studieneifer erlahmte nach den Weihnachtsferien: „Das Studium wird so mit halber Kraft betrieben, ist so eine Art notwendiges Übel. Allzuoft lasse ich mich nicht sehen. Meine Umgebung ist so faul, und so träge, das steckt leicht an," gab er in einem Brief am 11. Februar 42 zu. Schon im Herbst hatte er festgestellt: „Wenn man hier allzu viel an sein geistiges Fortkommen denken würde, so könnte man sich keiner Stunde freuen. Da heisst es mal wieder schwer abdrosseln! Damit der Tag nicht ganz verloren gehe, schnüffle ich so ein bisschen in der französischen Sprache herum, ganz autodidaktisch. … Auf der Stube liegen noch einige Prachtexemplare, ziemlich anders als ich veranlagt, aber gerade Kerle. Selbst an den Radio, den sie mitbrachten[,] habe ich mich gewöhnt, – das geht eben alles viel einfacher, wenn man aus Apathie all diesen Dingen gegenüber gar keine innere Opposition aufkommen lässt. All dies ist ohne Zweifel ein Verarmungsprozess – mit anderen Worten: man lernt das Leben zu leben! Dies ist nur ein scheinbarer Widerspruch, in der heutigen Zeit ist es so. … Da geht man so durch hübsche alte Strassen u. umgeht es sich Rechenschaft über sein Leben abzulegen. Wozu auch??? Man lebt ja nicht selbst, man wird gelebt. Dies wird einem in Zeiten der Bindung klarer als in denen des freien Willens." (Zu Strassburg auf der langen Schanz. ... am 27. [Oktober] 41) Freilich vernachlässigte er sein Studium nicht vollkommen. „Im äusseren Leben, schrieb Christel seinem Halbbruder, „ist der Mensch so exponiert, er muss sich Vielem fügen, aber das ist seine Freiheit: er kann sich zu einer gegebenen Situation geistig einstellen wie es ihm gemäss ist; der Geist ist immer frei u. selbstständig." (Strassburg am 11. XII 41)

Zu Beginn des neuen Jahres 1942 ging die Liaison d'amour zwischen Angelika und Alex ihrem Ende entgegen. Angelika verarbeitete dies in acht Sonetten, die sie Christel Anfang Februar schickte. Die ersten Zeilen lauten: „Die Freuden der Liebe sind flüchtige Strahlen / Die Schmerzen der Liebe sind Lettern aus Erz." (Moll, S. 158) Anfang Dezember hatte Angelika eine „unangenehme Aussprache" mit Alex' Stiefmutter führen müssen wegen „der Liebesbeziehung ihres Sohnes zu der verheirateten Angelika". Vor allem aber, weil sie seine berufliche Zukunft negativ beeinflusse. (Moll, S. 141) „Die Sorgen von Schmorells sind verständlich", versuchte Christel zu vermitteln, „aber sie setzen am falschen Punkt an, denn sie hätten beobachten können, dass Alex mit Dir weniger leicht runterkommt als ohne Dich u. dass ihn ein Erfüllt-Sein in dieser Hinsicht vielleicht vor manchem Ärgeren bewahrt. ... Die zahlreichen Kräfte u. Potenzen in Alexens Wesen sind noch ungeordnet u. heben sich zum Teil vielleicht gegenseitig auf, oder schwächen sich ab. Da er universal veranlagt ist u. 1000 Lebenswege ihm gangbar u. lockend erscheinen[,] hüpft er noch von einer Möglichkeit zur anderen, will sich noch nicht festlegen u. kann es auch noch gar nicht, da ihm der Magnet fehlt seine verschieden gerichteten Kräfte in eine Richtung zu streifen." Und er schlussfolgert: „Deshalb glaube ich, dass bei Alexens Lebensentwicklung das Glück von entscheidender Bedeutung ist. Ein anderer kann ihn nicht beeinflussen, er selbst kann sein Leben vielleicht selbst nicht ganz nach seinem Willen u. Vorstellung leben, das Glück aber kann sein Leben aufbauen oder zerstören. Sein Leben mag deshalb exponierter erscheinen[,] vielleicht ruht er aber mehr in Gottes Hand als all die willensstarken zielsicheren Menschen." Und er endet: „Was Du und ich in seinem Leben für eine Rolle spielen, darüber brauchen wir uns keine Rechenschaft abzugeben, wir könnten es auch kaum ermessen. Warum Freundschaft oder Liebe analysieren, es sind ja doch die schönsten Blüten des Lebens." (Strassburg am 7. XII 41) Im Februar kündigte Angelika ihren Besuch in Straßburg an – mit Bernhard Knoop, ihrem Mann. Die Visite wurde zwar am Ende auf den April verschoben, doch die Affäre mit Alex war für Angelika endgültig vorbei. Im Sommer kehrte Angelika nach Marienau zurück.

„Diese Zeit hat für unser Innerstes doch ihr Gutes," resümmierte Hans Scholl am 12. Februar 1942. „Man kommt immer auf festere Bahnen. Vom Wesentlichen wird uns unter gar keinen Umständen etwas genommen, und das ist ein Trost. Durch alle Nacht hindurch leuchtet ein dauerndes Licht. Und es war vielleicht, wie Claudel sagt, die Nacht und das Grauen notwendig, dass dieses Licht erschiene. Mir jedenfalls war es notwendig." (Moll, S. 161)

Hans gewann Kontur durch Carl Muth und dessen Freundes- und Bekanntenkreis.[53] Ihre rational begründete Regimekritik überzeugte ihn. Nach und nach lernte er sie kennen. Durch den Soziologieprofessor Alfred von Martin[54] etwa fand er zu Hans Josef Furtmeier, einen ehemaligen Justizbeamten, der ihm bei Recherchen und der Klärung der Gedanken half. Furtmeier wiederum brachte Hans in Kontakt mit dem Architekten Manfred Eickemeyer, der sichere Informationen über die nationalsozialistische Vernichtungspolitik in Polen besaß und dem Studenten sein Atelier für kulturelle Unternehmungen zur Verfügung stellte. Allen voran aber beeindruckte den jungen Denker der Schriftsteller Theodor Haecker [55], der neben Muth zum zweiten Mentor der „Weißen Rose"

---

[53] Ebenso bestärkte ihn auf dem eingeschlagenen Weg die eintägige Festnahme seines Vaters am 16. Februar, der Hitler als Gottesgeißel bezeichnet hatte und im August wegen Heimtückevergehens verurteilt wurde.

[54] Alfred von Martin (1882-1979) „hatte auch im Hochland veröffentlicht. Hans Scholl war beeindruckt von Alfred von Martins christlich begründetem Humanismus, der auch in dessen ideengeschichtlichen Studien ‚Die Religion in Jacob Burckhardts Leben und Denken. Eine Studie zum Thema Humanismus und Christentum' (1942) sowie ‚Nietzsche und Burckhardt' (1942) seinen Niederschlag fand." (Bald/Knab, S. 52)

[55] „Haecker gehörte zu den angesehenen Intellektuellen seiner Zeit." Der neomarxistische Philosoph Max Horkheimer (1895-1973) äußerte, Haeckers Wort verdiene Achtung. 1936 urteilte er über Haeckers damals neues Buch: „Die Verkündigung des unendlichen Wertes der Person, die Treue zum angeborenen Recht des Individuums, der Kampf gegen die Ideologien von Rasse, Nation und Führertum, diese Momente seines Denkens bilden Eigenschaften einer vor der anbrechenden Dunkelheit auf dem Rückzug befindlichen Gesinnung und Zivilisation und verbinden Haecker mit denen, die um eine bessere Zukunft der Menschheit kämpfen." (Bald/Knab, S. 51) Auch Thomas Mann vermerkte in seinem Tagebuch: „Haecker ist ein katholischer Denker und wundervoller Schriftsteller mit dem Gehabe des Zeloten. Auch wenn er

avancierte. Haeckers „gewaltige Erscheinung" steigerte den positiven Eindruck, den seine Schriften bereits auf Hans gemacht hatten[56]. Dazu gehörten unter anderem die Predigten John Henry Newmans, die Haecker „für das Hochland ins Deutsche übertragen [hatte]. Deren idealtypischer Grundtenor war der Widerspruch zwischen der Freiheit des Gewissens und den Übergriffen einer weltlichen Herrschaft." (Bald/Knab, S. 49) Auch wenn Alex an Hans' Begegnungen mit den Intellektuellen nur selten teilnahm, so interessierte ihn die Gewissensfrage jedenfalls brennend.

Beide Studenten konnten durch Muths Kontakte die Bibliothek des Klosters St. Bonifaz in München nutzen, um dort Abhandlungen von Thomas von Aquin und anderen christlichen Autoren zur Legitimität des Tyrannenmordes einzusehen. Hans war sich unsicher, ob man „in das Rad der Geschichte" eingreifen dürfe oder ob nicht doch der andere Weg der weniger „überhebliche" und folglich der richtige sei. (Chaussy/Ueberschär, S. 116f.) Dem Klosterbibliothekar Pater Romuald Bauerreiß blieben die beiden Studenten in ihrem Bemühen um klare Einsicht in lebhafter Erinnerung: „Die Geschichte hat sicher viele Freiheitskämpfer gesehen, die mit Überzeugung, Leidenschaft und Opferbereitschaft ihrer Sendung gedient haben, aber wohl wenige hat es gegeben, die sich mit solch geradezu wissenschaftlicher Sorgfalt und höchstem sittlichen Ernst darauf vorbereitet haben wie Hans Scholl". Nebenbei halfen die jungen Männer den Mönchen im Frühjahr 1942 ganz praktisch und handfest. Da es im Vorjahressommer zu willkürlichen Beschlagnahmen in zahlreichen Klöstern in Deutschland durch die Geheime Staatspolizei gekommen war, die häufig mit der Beschlagnahmung und dem Verlust des gesamten Klosterbesitzes geendet hatten, „hätten die beiden Freunde geholfen," so Bauerreiß, „wertvolle Bücher der Bibliothek des Klosters St. Bonifaz zu retten, indem sie diese in Rücksäcken in Schmorells Elternhaus in der Menterschwaige geschafft hätten." (Moll, S. 164f.) Andere Bücher kamen gleich ins Kloster Andechs. (Bald/Knab, S. 19)

---

mich verschiedentlich hart (und unmissverständlich) angegriffen hat, fühle ich eine tiefe Sympathie für seine christliche Humanität (in Wer ist der Mensch?) und mich bewegt seine tapfere Verteidigung seiner Geisteshaltung". (Shrimpton, S. 5) Ricarda Huch schließlich bezeichnet Theodor Haecker als einen „katholischen Schriftsteller(s) von scharfem, humorvollem, glänzendem Geist, dessen Werke sich durch Phantasie und Farbigkeit auszeichnen". (Ricarda Huch, Gedenkbuch, S. 92 f., zitiert nach: Bald/Knab, S. 135)

[56] Aber auch auf Haecker machten die jungen Leute einen nachhaltigen Eindruck: „Am 19. Dezember 1942, schreibt Haecker an Inge Scholl, bevor ihn am Abend Hans Scholl besucht, er danke für ‚die vielen guten Dinge' und für ‚Ihre lieben Briefe, die mir immer eine große Freude bereiten, als Ausdruck einer Jugend, die den Glauben, eben weil sie unter so großem äußeren Drucke lebt, sozusagen unbeschworen von inneren Zweifeln – den eigentlichen Hindernissen – haben kann und weiterträgt. Meine Jugend drang nicht bis zur letzten Frage von Petrus vor. ‚Wohin sollen wir denn gehen?' Eine gewisse bürgerliche Sicherheit bot uns zu viele Ausflüchte. Heute ist das doch anders; wenigstens für d e n k e n d e junge Menschen'."

Die Wertschätzung für Bücher allgemein mag den jungen Leuten die Knochenarbeit erleichtert haben.[57] Sie war schon häufiger das tragende Motiv ihrer Handlungen gewesen. „In allen Briefen und Tagebüchern der jungen Leute spielen Bücher eine überragende Rolle. Was gelesen wurde, war nicht nur eine Erwähnung wert, es wurde darüber reflektiert und diskutiert. Sophie Scholl im Arbeitsdienst, Hans Scholl während der Besatzung in Frankreich, Christoph Probst in der Innsbrucker Verbannung – wo auch immer sich die jungen Leute aufhielten, warteten sie so ungeduldig auf Bücher, die ihnen die Post brachte, wie Süchtige auf ihr Rauschmittel. ‚In hand- und maschinenschriftlichen Kopien, als Durchschläge mit Nadel und Faden fast kindlich geheftet, hektographiert oder als Privatdrucke, die auf eigene Kosten und eigenes Risiko hergestellt waren, sie wurden von Hand zu Hand weitergegeben, heimlich gelesen, sorgfältig verwahrt, vor Spitzeln und Denunzianten versteckt, unter der Bedrohung von Lagerhaft und Tod erworben, verteilt – und deshalb mit einer Intensität gelesen, wie keines der in Leinen gebundenen, mit offizieller Duldung gedruckten Bücher der Zeit', beschreibt der Germanist Wolfgang Frühwald das exzessive Leseverhalten der Studierenden." (Gebhardt, Position 2444)

---

[57] Jeder, der sich mit der „Weißen Rose" beschäftigt, erkennt rasch, dass die Kernmannschaft der „Weißen Rose" begeistert las. „Bücher, die für Hitlergegner interessant waren, führten ein geheimes Leben, das Menschen damals zusammenbrachte. Schon ihr bloßes Vorhandensein war von Bedeutung. Sie stellten einen Wert dar, der weit über den Inhalt hinausging. Manche Bücher waren heiße Ware, ihre Beschaffung schwierig und zuweilen gefährlich. Sie waren den Oppositionellen Stütze, Anleitung, Identitätsmarker und Fluchtpunkt." (Gebhardt, S. 2436)
Moderne Literatur, Klassiker der abendländischen Geistesgeschichte, zahlreiche Texte der christlichen Tradition und die sie verständlich machenden Abhandlungen wie etwa Josef Piepers „Über das christliche Menschenbild" gehören dazu. (Shrimpton, S. 210) Desweiteren „neben allen Werken von Theodor Haecker auch die Vertreter des renouveau catholique – wie Georges Bernanos ('Tagebuch eines Landpfarrers', 'Die Sonne Satans'), Paul Claudel ('Der seidene Schuh') und Léon Bloy ('Das Blut des Armen', 'Der Pilger des Absoluten'), ein von Ewald Wasmuth herausgegebenes Werk mit dem Titel 'Pascal: Über die Religion', der englische Satiriker, Konvertit und Apologet Gilbert Keith Chesterton, 'Ketzer. Eine Verteidigung der Orthodoxie gegen ihre Verächter. Ein Plädoyer gegen die Gleichgültigkeit', der Gegner der dialektischen Theologie Erik Peterson ('Der Monotheismus als politisches Problem'), der 'russische Haecker' Nicolai Berdjajew ('Das neue Mittelalter'), der große Daseinsphilosoph Søren Kierkegaard und seine 'Religiösen Reden' sowie der Freiburger Historiker Gerhard Ritter ('Machtstaat und Utopie'). Gelesen wurden Heinrich Heine, Stefan Zweig, Thomas Mann, Werner Bergengruen, Hans Carossa, Ernst Wiechert, Franz Werfel, Rainer Maria Rilke und Stefan George. Es finden sich noch viele weitere heute kaum mehr bekannte Autoren wie Alois Dempf ('Kierkegaards Folgen'), Martin Deutinger ('Über das Verhältnis der Poesie zur Religion'), Hermann Hefele ('Geschichte und Gestalt'), Raissa Maritain ('Der Engel der Schule. Thomas von Aquin der Jugend dargestellt'), Feder Stepun ('Die Liebe des Nikolai Pereslegin') sowie Karl Thieme ('Das alte Wahre: eine Bildungsgeschichte des Abendlandes'). Überblickt man diese Liste, so fällt auf, dass es sich hier um Autoren handelt, die in der abendländischen Tradition stehen bzw. dem christlichen Existenzialismus zugehören. Erwähnenswert ist, wie die genannten Autoren häufig von den 'Bekenntnissen' des Augustinus mitgeprägt sind. Dessen 'subjektiver' Ansatz geht von der sinnenhaften und intuitiven Suche nach Wahrheit aus." (Bald/Knab, S. 55; siehe auch: García, S. 29f., Bald, S. 66f., Shrimpton, S. 64)
Die Studenten der „Weißen Rose" lebten in einer Welt vor Fernsehen, DVD und Internet. Die jungen Menschen suchten nach Antworten auf die sie bewegenden profunden Fragen. Deshalb lasen und diskutierten sie. Carl Muth und Theodor Haecker wurden in den philosophisch-theologischen Debatten zu wahren „Seelenführern". (García, S. 45)

Christel wurde wohl im März nach München zurück versetzt. Wahrscheinlich versah er wie im Jahr zuvor seinen Sanitätsdienst im Luftwaffenlazarett in Oberföhring. Hans leistete seine Pflichtfamulatur in einem Reservelazarett etwa 60 Kilometer von München entfernt, im oberbayerischen Schrobenhausen, ab. Alex wiederum absolvierte ab März seine Famulatur in einem Reservelazarett in Holzhausen, einem kleinen Dorf in der Nähe von Landsberg. Dieses Lazarett war im „Magnusheim" eingerichtet worden, das die Dillinger Franziskanerinnen leiteten. 1911 hatten sie es für lern- und geistig behinderte Mädchen und Frauen erbaut. 1940/41 war es hier „im Rahmen der Aktion zur Vernichtung sogenannten ‚lebensunwerten Lebens', der ‚Aktion T4', zu ‚Verlegungen' von Patientinnen in die Heil- und Pflegeanstalt nach Kaufbeuren und ihrer Zweiganstalt Irsee gekommen", wo „im Zuge des nationalsozialistischen ‚Euthanasieprogramms' Hunderte von Behinderten ermordet" wurden. (Moll, S. 168f.) Es ist nicht bekannt, ob und was Alexander Schmorell davon erfahren hat.

München, April 1942 bis 22. Juli 1942

Schon im Februar 1942 hatte Hans Lese- und Diskussionsabende organisiert, um weitere Gleichgesinnte zu finden. Bis zur Abfahrt seiner Studentenkompanie an die Ostfront am 23. Juli fanden im Sommersemester wenigstens acht weitere Treffen statt, am 3., 17. und 23. Juni, Anfang Juli und am 9., 10., 16. und 22. Juli. „Der Kreis," erklärt Christian Petry, „der sich im Verlauf des halben Jahres vom Winter 1941/1942 bis zum Sommer 1942 um Scholl und Schmorell bildete, zu dem einige Mädchen stießen, neben Traute Lafrenz Scholls neue Freundin Gisela Schertling und eine Doktorandin von Professor Huber, Katharina Schüddekopf, war nicht streng abgeschlossen gegen die Gruppen, aus denen er sich rekrutierte. Jeder konnte von Fall zu Fall alte Freunde oder Bekannte zu den gemeinsamen Lese- und Diskussionsabenden mitbringen. Sophie Scholl gehörte, als sie ... im Mai nach München kam, ebenso selbstverständlich dazu wie Grafs Schwester Anneliese, als sie im Herbst 1942 zu ihrem Bruder zog. Zu den gemeinsamen Leseabenden luden die Studenten oft ‚ältere, erfahrene Menschen' ein." (Petry, S. 36) Gebhardt ergänzt: „Wir müssen uns diese Abende vor allem als bildungsbürgerliche Geselligkeit vorstellen, noch nicht als konspirative Treffen. Man teilte die Ablehnung des Nationalsozialismus, eine Affinität zum Glauben oder zur Glaubensreform und die Liebe zur Philosophie und traf sich an wechselnden Orten." (Gebhardt, Position 2081) Den Charakter der Abende beschreibt Traute Lafrenz als „durchweg literarisch, ohne feste Zielsetzung. Vielleicht mit einem betonten Geschichtsinteresse. Für zum Schluß wurde meist kurz die politische Lage, die Ausweglosigkeit und die Trostlosigkeit, mit der alles dem Untergang blind entgegentrieb, sowie evtl. Nachrichten über den Rückzug der Wehrmacht besprochen." Dabei sei „das, was uns als Einzelne während dieser Zeit am tiefsten anging, nämlich wie jeder von uns ein aufrichtiges Verhältnis zum Christentum zu bekommen anfing, selten oder nie besprochen" worden. (zitiert nach: Petry, S. 42)

Am 3. Juni 1942 las der baltische Schriftsteller und Übersetzer Sigismund von Radecki aus seinen Werken. Christel war wie Alex und Sophie, die im Mai ihr Biologie- und Philosophiestudium in München aufgenommen hatte und die ersten beiden Wochen der Wohnungssuche bei Carl Muth untergekommen war, von dem Abend stark beeindruckt. Hans kannte den baltischen Schriftsteller bereits. Die Lesung fand in der Wohnung des Ehepaares Gertrud und Viktor Emmanuel Mertens, eines Medizinprofessors, in der Münchener Schönfeldstraße statt. Den Kontakt zu Mertens hatte Otmar Hammerstein hergestellt, wie Christel Medizinstudent in der Luftwaffenkompanie. Frau Mertens veranstaltete derartige „Soiréen" seit Jahren. Hans und Alex hatten Hammerstein, „der aus dem katholischen Zweig der Jugendbewegung kam", durch Hubert Furtwängler kennengelernt. Beide musizierten in einem Streichquartett und sangen im Münchener Bach-Chor. Der Bach-Chorleiter Konrad Lechner – ein Dirigent, Cellist und Komponist, der seit den 1920er Jahren ein Freund der Familie Probst war –, fand sich ebenfalls an diesem Abend ein. (Moll, S. 469) Den Erinnerungen Hammersteins zufolge „war die geistige Atmosphäre im Hause Mertens stark geprägt durch den Hochlandkreis um Carl Muth und Theodor Haecker", also von „dem Münchner kulturellen und ethischen Katholizismus". (Moll, S. 181) Zu dem Vortragsabend kamen rund 20 Personen. Alex grenzte den Kreis um Frau Mertens und Otmar Hammerstein rasch „von ‚unserer' Seite" ab. Zu „Unseren" zählte er die Geschwister Scholl, Christoph Probst, Hubert Furtwängler, Raimund Sammüller, Traute Lafrenz und sich selbst. (Moll, S. 181) Die „anderen" waren für ihn Parteigänger des Nichthandelns, der „inneren Umkehr" – die Literatur, Philosophie und Religion als Rückzugsorte benutzten –, was man heute als „Innere Emigration" bezeichnet und als typische Haltung des deutschen Bildungsbürgertums betrachtet. (Moll, S. 182)
Radecki verließ die Mertenssche Wohnung nach seinem Vortrag „fluchtartig", unterhielt sich dann aber bei Hans oder Sophie Scholl noch bis Mitternacht mit „unserer Hälfte", wie Alex am Tag darauf Angelika schrieb (München, 4.

Juni 42). Die Freunde machten sich Hoffnungen auf ein Mitwirken des katholischen Konvertiten. Umsonst, wie die Zukunft zeigte.[58]
Zehn Tage später – nach einem Violinkonzert am 13. Juni im Bayerischen Hof mit Wolfgang Schneiderhan, einem der großen Virtuosen Österreichs, traf Alex den Verleger Dr. Heinrich Ellermann, Christels Geigenlehrer in Marquartstein, bei Hans. Scholl wollte den Hamburger als Verleger gewinnen. Ebenfalls vergeblich.
Alex konnte sich mit der „akademischen, bildungsbürgerlichen Welt" (Moll) nicht recht anfreunden. Er hielt sich auch bei Hans' Akquisitionsbemühungen zurück, die Christel sehr wohl unterstützte. „Ich komme vor lauter Arbeit zu nichts anderem," schrieb er Angelika mit Blick auf sein bildhauerisches Arbeiten und sein Bemühen um ein besseres Klavierspiel, „sodass ich Dir überhaupt nichts neues berichten kann. Doch glaube und hoffe ich, dass Dir dies lieber ist, als wenn ich Dir weiss Gott welche Abenteuer hätte berichten können!" (München, 30. Juni 42) Von den Flugblattaktionen, die er gerade in diesen Tagen durchführte, berichtete er ihr also – verständlicherweise – nicht. (CPG, S. 129)

Ob Alex in dieser Befindlichkeit überhaupt erfassen konnte, dass Hans Schwester Sophie heftig für ihn schwärmte, scheint unwahrscheinlich. Zu frisch dürfte er die Wunde empfunden haben, die ihm der Verlust seiner Freundin zugefügt hatte. Seine große Liebe Angelika war ja gerade erst zu ihrem Mann zurückgekehrt. Der schwärmerische Halbrusse fand sich damit nur schwer ab. Er bemühte sich noch wochenlang brieflich um sie. Im Gegenzug intensivierte sich nach Christels Rückkehr aus Straßburg erst einmal der Kontakt der alten Freunde miteinander. Über die anstehende Patenschaft für Christels Sohn Vincent, der nun schon ein halbes Jahr alt war, freute sich Alex riesig. Seiner damit verbundenen Verantwortung war er sich durchaus bewusst, wie Christel Angelika ebenso freudig mitteilte.
Sophie war eigentlich mit Fritz Hartnagel verlobt, der in Russland an der Front stationiert war. Doch lässt sich beider Briefverkehr entnehmen, dass sie hin und wieder „Prüfungen ihrer Beziehung" erlebten. Anscheinend war auch Sophies „Freundschaft mit Schmorell eine solche Prüfung für sie..." Sophie verband mit Alex ein „gemeinsames musisches und künstlerisches Interesse, das sie kompromisslos verfolgten und das ihnen als eine Art Gegenwelt zum Nationalsozialismus diente". Beide hatten große „Freude und Talent am Zeichnen bzw. Modellieren", sie mieteten sich sogar im Sommersemester 1942 „gemeinsam ein

---

[58] „Heute ist bekannt, dass Radecki (1891–1970) mit ‚mehr als 50 Texten im NS-Kampfblatt Krakauer Zeitung', dem ‚Blatt des Generalgouvernements', das verbrecherische Besatzungssystem der Nationalsozialisten, das Scholl und Schmorell einen Monat später vehement im zweiten Flugblatt der Weißen Rose öffentlich anprangerten, unterstützte." (Moll, S. 183)

Modell". Alex brachte Sophie „die ersten Kenntnisse der russischen Sprache bei, die sie dann während ihres Fabrikdienstes im September 1942 an den sowjetischen Zwangsarbeiterinnen … ausprobieren konnte. Hartnagel wusste davon. Aus Russland schrieb er bewundernd: ‚Ich staune über Deine russischen Kenntnisse, die wesentlich weiter gehen als daß ich's verstehen könnte. Hast Du Russisch-Unterricht genommen, oder hat Dir das Schurik beigebracht?'" Jedenfalls erwiderte Alex Sophies Zuneigung nicht im gleichen Maß. Sie jedoch freute sich ungebrochen „an seinem strahlenden Lächeln und seinem Kinderherzen". (Moll, S. 173ff.)

Bald schon verband Sophie auch mit Christel Probst und seiner Frau Herta in Zell eine herzliche Freundschaft. (Chaussy/Ueberschär, S. 142) Hans oder Alex hatten Sophie Christel im Mai nach einem Konzert vorgestellt. „In der Folgezeit kam ich und zwar bis Beendigung des Sommersemesters wöchentlich etwa 2 bis 3 mal bei Konzerten oder in seiner bezw. unserer Wohnung mit ihm zusammen und habe mich mit ihm unterhalten," gab sie bei ihren Vernehmungen an.[59] (Chaussy/Ueberschär, S. 250) Ein paar Mal besuchte sie die Probsts auch an den Wochenenden in den Bergen. Bei einem dieser Besuche sah Sophie dieses charakteristische Bild von Christel mit eigenen Augen: „Den zweijährigen Sohn hatte er im Arm gehabt und wie verzaubert in das friedliche Kindergesicht geblickt." (CPG, S. 43)

Sophie besuchte die Leibniz-Vorlesung bei Professor Kurt Huber, die die Theodizee-Frage[60] behandelte. Viele Studenten aus den verschiedensten Fakultäten hörten diese Lehrveranstaltung. Hubers versteckte Spitzen gegen die NS-Ideologie gefiel den kritischen Geistern an der Universität und zog sie an. Dazu gehörte auch Jürgen Wittenstein: „Hubers Vorlesungen wurden seinen Hörern zum Erlebnis. Schwer an den Folgen einer Kinderlähmung tragend, schleppte er sich nur mit Anstrengung zum Katheder, wo sich ihm jedes Wort mühsam zu entringen schien. Aber die Schönheit seiner Darstellung (er sprach immer frei), ihr klarer und logischer Gedankenaufbau fesselte einen nach wenigen Augenblicken. Nicht selten geschah es, daß er selber, beseelt von dem Wunsch zu lehren und die ihn bewegenden Gedanken zu vermitteln, in einen geradezu heiligen Eifer geriet, der ihn so sehr erfüllte, daß er sich über sich selbst erhob

---

[59] Es ist bei den Vernehmungsprotokollen der Gestapo immer zu bedenken, dass sie Gesprächszusammenfassungen der Kriminalbeamten sind, die das gesprochene Verhör verdichtet wiedergeben. Die Beschuldigten versuchten in den Vernehmungen, sich und andere zu schützen; sie änderten folglich die Geschehnisse entsprechend. Diese „Wirklichkeit" gaben sie zu Protokoll.

[60] Angesichts der Güte und Allmacht Gottes benennt „der Begriff Theodizee … das Problem der Rechtfertigung Gottes angesichts einer gegen ihn vorgetragenen Anschuldigung wegen des in der Welt begegnenden Übels. Er stammt, nach Römerbrief 3,5 gebildet, von Leibniz, der mit ihm seine ‚Abhandlungen zur Rechtfertigung (Théodicée) Gottes, über die Güte Gottes, die Freiheit des Menschen und den Ursprung des Übels' überschrieben hatte." (https://www.bibelwissenschaft.de/bibelkunde/themenkapitel-at/theodizee/, abgerufen am 31. August 2019)

und seine Rede frei und ungehindert vor jeder körperlichen Störung dahin floß." (Petry, S. 43)

Was die geistige Tradition dort, wo sie lebendig geblieben war, für die Motivation und den Charakter des Widerstands der Studenten bedeutet habe, fragte sich bereits 1968 Christian Petry in seinem Buch über die „Weiße Rose". Die Antwort fand er bei dem Politikwissenschaftler Karl-Dietrich Bracher: „Wir wissen von erstaunlichen Zeugnissen der Unabhängigkeit im Denken, Forschen und Lehren, wir wissen von zäher Bewahrung und Opfern in allen Bereichen... Die militanten Vorkämpfer einer linientreuen Wissenschaft und Universität blieben stets eine kleine, freilich gefürchtete Minderheit; auch das Gros der Mitläufer beschränkte sich bald auf die notwendigsten Konzessionen... Andere vermochten auch dieser Teilanpassung zu entgehen und sich ganz auf entlegene Gegenstände und Themen zurückzuziehen, indem sie etwa historische Parallelen, Diktaturen, Despotien, Freiheitskämpfer beziehungsvoll behandelten." (Petry, S. 11f.)

Noch vor dem nächsten Gesprächsabend unterhielt sich Hans Scholl intensiver mit dem Medizinstudenten Willi Graf. Unter dem 13. Juni hielt der Saarbrücker aus der Eifel in seinem Tagebuch fest: „Gespräch mit Hans Scholl. Hoffentlich komme ich öfters mit ihm zusammen.« (Moll, S. 179) Willi Graf war am 2. Januar 1918 in Euskirchen-Kuchenheim in einem katholischen Elternhaus zur Welt gekommen, jedoch im Saarland aufgewachsen. Dem Anpassungskurs seiner Eltern an den neuen Zeitgeist folgte Willi in den 1930er Jahren nicht. Freunde, die der HJ beitraten, strich er aus seinem Adressbuch. Graf hielt an dem freien bündischen Lebensideal fest. Er schloss sich dem Bund „Neudeutschland" an, wo er illegal das gemeinsame Leben mit seinen Freunden im nach der grauen Kordel am Revers genannten „Grauen Orden" fortsetzte. 1938 verhaftete ihn deswegen die Gestapo. Seine Resistenz drückte sich nicht zuletzt in der konsequent durchgehaltenen Kleinschreibung aus, mit der er der Bauhaus-Graphik folgte.[61] „Die spätere Verlobte seines Freundes „hein", die ihn aus dieser Zeit kannte, beschreibt ihn: ‚Graf war groß, hatte breite Schultern, sein Kopf war rund, die Nase dabei ein wenig gebogen, die Augen klar mit einem gewissen begeisterten Strahlen darin. Die Angehörigen der Jugendbewegung, besonders der katholischen Richtung, hatten so einen Blick... Sie waren... betont religiös, neigten zu Idealismus

---

[61] Die konsequente Kleinschreibung beim bauhaus regte der Jungmeister der Werkstatt für Druck und Reklame in Dessau, Herbert Bayer, an. Als Begründung verwies er auf das Zeitmanagement. So hieß es auf den Briefköpfen: „wir schreiben alles klein, denn wir sparen damit zeit." In der bauhaus-zeitschrift schrieb Bayer 1926: „weil es im sprachgebrauch unkonsequent ist, anders zu schreiben als man spricht. Wir sprechen keine großen laute, darum schreiben wir sie auch nicht." (https://www.bauhaus-bookshelf.org/bauhaus_kleinschreibung.html) Zum „bauhaus" siehe: Hans-Christian Feldmann, Streifzüge zum Bauhaus, Bonn 2019.

und zu einer Romantik, die schon fast unrealistisch war.'" (Petry, S. 24) 1940 wurde Graf eingezogen und erlebte den Krieg in Belgien, Frankreich, Kroatien und Serbien, in Polen und Russland. Seine Erlebnisse erschütterten ihn zutiefst. Graf „war wahrscheinlich der Einzige des späteren Widerstandskreises, der an der Front auch Mordaktionen miterlebt hat." (Gebhardt, Position 2099) Der gläubige Katholik war auf der Suche – nach einem Ziel, nach einer „Ausrichtung auf wesentliche Dinge". (PEK-Skript, S. 34f.) Er stellte fest: „In Wirklichkeit ist Christentum ein viel schwereres und ungewisseres Leben, das voller Anstrengung ist und immer wieder neue Überwindung kostet, um es zu vollziehen. Der Glaube ist keine solch einfache Sache, wie es uns erschien, in ihm geht nicht alles so glatt auf, wie man es wohl gemeint hat und sich vielleicht auch wünschen möchte, um möglichst wenig Unruhe zu verspüren."[62] (Dokumentation, S. 349) In dieser Verfassung begegnete Graf Hans Scholl. Freilich entwickelte sich ihre Beziehung aufgrund des abwägenden Naturells des Kuchenheimers nur behutsam. Graf nahm an den Treffen der Freunde am 10., 16. und 22. Juli teil, wurde aber erst nach der Rückkehr von der Frontfamulatur in Russland in deren Widerstandstätigkeiten eingeweiht. Graf schätzte Christel, den er angelegentlich eines Konzerts kennenlernte, auf besondere Weise. So seine Schwester Anneliese[63]: „Es ist vielleicht ganz charakteristisch, dass mein Bruder jeweils in seinem Tagebuch vermerkt hat ‚Christel kommt' oder ‚Christel ist da'. Also muss es auch für ihn immer eine besondere Situation gewesen sein". (CPG, S. 144) Dabei kamen die Beiden nach der Aussage Grafs vor der Gestapo nur „etwa 4 mal" miteinander in Berührung. „Es handelte sich durchwegs um kurze Begegnungen, nur einmal, und zwar Mitte Dezember waren wir in der Wohnung Scholl einen ganzen Abend beisammen." (Chaussy/Ueberschär, S. 415)

Am 17. Juni 1942 lud Frau Mertens erneut in die Schönfeldstraße ein. Wiederum hatte Otmar Hammerstein die Abendgesellschaft organisiert. (Moll, S. 185) Der Referent war diesmal Kurt Huber.

---

[62] Ähnlich argumentiert Papst Johannes Paul II. in seinem Schreiben Novo millenio ineunte (Nr. 31), dass es geradezu widersinnig wäre, „sich mit einem mittelmäßigen Leben zufriedenzugeben, das im Zeichen einer minimalistischen Ethik und einer oberflächlichen Religiosität geführt wird, wenn die Taufe durch die Einverleibung in Christus und die Einwohnung des Heiligen Geistes ein wahrer Eintritt in die Heiligkeit Gottes ist." Der Papst fährt fort: „Einen Katechumenen fragen: ‚Möchtest du die Taufe empfangen?', das schließt gleichzeitig die Frage ein: ‚Möchtest du heilig werden?'. Es bedeutet, seinen Lebensweg vom Radikalismus der Bergpredigt leiten zu lassen: ‚Ihr sollt vollkommen sein, wie es auch euer himmlischer Vater ist' (Mt 5,48)."

[63] Anneliese war zwei Jahre jünger als Christel. Ihre „Erinnerung an seine ungewöhnliche Erscheinung" hielt sie so fest: „Ich, als 21-jährige Studentin, empfand ihn als eine unerreichbare Persönlichkeit (er war ja schließlich auch verheiratet). Ich sage es mal etwas pathetisch, der Raum veränderte sich, wenn er hereinkam. Gerade weil er so selten kam. Und ich habe auch noch dieses wunderbare Lachen im Ohr."

Der am 26. Oktober 1893 in Chur geborene Huber war in einem gesicherten, kunstliebenden Elternhaus in Stuttgart aufgewachsen. Nach dem Abitur 1912 studierte er Musikwissenschaft, Philosophie und Psychologie in München. 1917 promovierte er und wurde drei Jahre später habilitiert. An der Münchener Universität besaß er eine schlecht bezahlte Stelle als außerordentlicher Professor mit einem Lehrauftrag für experimentelle und angewandte Psychologie. Huber lehrte zum Zuverdienst auch Ton- und Musikpsychologie sowie Volksliedkunde. Der Wissenschaftler galt als bester Kenner des Volksliedes in Europa. „Er liebte seine Heimat, ihre Berge und Flüsse, ihre Bauern und Handwerker, Künstler und Dichter. Deshalb zog er aber keine engen Grenzen zwischen den Völkern. Seine Lieder- und musikalische Forschung umfasste die ganze alte Welt bis zu den Südseeinseln – und wie oft sprach er mit Begeisterung von den großen Kulturwerten bei anderen Völkern und Rassen." (Mirok Li, zitiert nach: Chaussy/Ueberschär, S. 154) 1929 heiratete Huber seine Frau Clara. Zum Zerwürfnis mit dem NS-Regime, dessen Intentionen er zunächst verkannte und mit dem er kurze Zeit sympathisiert hatte, kam es ab 1938. Vielleicht verstärkt dadurch, dass man ihm wegen seiner katholischen Glaubensanhänglichkeit die kurz zuvor erteilte Leitung des neu eingerichteten Volksliedarchivs in Berlin kurzerhand wieder entzogen hatte.

Huber kam am 17. Juni erstmals privat mit dem Freundeskreis zusammen, den er aus seiner Leibniz-Vorlesung großenteils bereits kannte. Die Gästeliste war dieselbe wie zwei Wochen zuvor. Es fehlte Alex, dem die Atmosphäre bei Mertens nicht gefallen hatte, dafür kamen Hubers Doktorandin Katharina Schüddekopf und Heinrich Ellermann. An der Frage, was man nach dem Krieg machen solle, entzündete sich „zum Entsetzen der Gastgeberin" im Verlauf des Abends eine offene politische Diskussion. War man sich über die „Zerstörung der inneren Werte" einig, wurde der springende Punkt, wie dem zu begegnen sei, kontrovers diskutiert. Hans scherzte: „Wir mieten uns eine Insel in der Ägäis und machen weltanschauliche Kurse." Die ironische Bemerkung provozierte zur „Gegenfrage, was man denn jetzt schon tun könne. In der folgenden Diskussion äußerte Ellermann, durch äußeren Widerstand könne man keinen Erfolg haben, die Vertreter des geistigen Lebens, besonders die Studenten, hätten die Aufgabe, für die ‚innere Anreicherung' zu sorgen. Jaeger berichtet, Huber habe ihm erregt widersprochen, mit ‚ungewöhnlich exaltiert klingender Stimme' gesagt: ‚Man muß etwas tun, und zwar heute noch.' Georgiades riet zur Mäßigung und sagte: ‚Man kann sich gegen so eine Übermacht nicht wehren.' Scholl, der sonst in Diskussionen recht wenig sagte, gab Huber mit den Worten recht, eine Tat sei nötig, man könne sie jetzt nicht mehr zurückhalten." (Petry, S. 42) Das war nach Ansicht Wolfgang Jaegers der Moment, „an dem der Funke zwischen Kurt Huber und Hans Scholl" übersprang. „Diese dezidierte Haltung Kurt Hubers [beflügelte sehr wahrscheinlich] den Aktionsstart der Weißen Rose einige Tage später." (Moll, S. 186) Alex erfuhr von dem belangreichen Wortwechsel am folgenden Tag durch Hans' und Christels Bericht.

Vorübergehend fanden keine weiteren Vortragsabende statt. Stattdessen lasen die Freunde erneut Paul Claudels Drama „Der Seidene Schuh" mit verteilten Rollen „in einem kleinen philosophisch-literarischen Kreis" (Tegernsee, am 4. 7. 42), zweimal noch in der Menterschwaige bei Alex daheim. Dazu gehörten die Geschwister Scholl, Probst, Graf, Ellermann, Traute Lafrenz und Katharina Schüddekopf (Moll, S. 187). Zur Lektüre fand Christel keinen rechten Zugang – wohl nicht als einziger –. „Wir sind noch nicht weit, aber so ganz wohl ist mir dabei nicht. Mir ist diese ins Transzendentale übersetzte Erotik irgendwie peinlich." (Tegernsee, am 4.7.42) Freilich diente die Dramenlesung zu nichts anderem als für die Treffen einen Anlass zu schaffen. So stieß Professor Huber Anfang Juli bewusst erst nach der Lesung hinzu, als die Gespräche bereits in die politische Diskussion abgedriftet waren.

Hans, Christel und Professor Huber waren sich einig, dass ein rasches Kriegsende wünschenswert sei. Als Mittel dazu biete sich notfalls passiver Widerstand an. Christel beteiligte sich, wie Katharina Schüddekopf später in ihrem Verhör zu Protokoll gab, „ebenfalls sehr rege an dieser Aussprache", er habe „aber keine solche Entschlossenheit wie Scholl" gezeigt. Hinsichtlich einer künftigen Staatsform vertrat Christel „den politischen Standpunkt, ,dass eine Staatsform nach dem Muster der österreichischen Monarchie für uns das Beste sei'." Nach den von der Staatspolizei festgehaltenen Aussagen von Traute Lafrenz habe „Probsts Beitrag zur Diskussion über einen gerechten Staat", so ausgesehen: Der Staat sei dafür da, „dem Einzelnen seinen Bedürfnissen entsprechend, ein bequemes Lebensdasein zu sichern." Was sich im dritten Flugblatt der Weißen Rose so anhört: „Jeder einzelne Mensch hat einen Anspruch auf einen brauchbaren und gerechten Staat, der die Freiheit des Einzelnen als auch das Wohl der Gesamtheit sichert." (Moll, S. 773)

Herta beschreibt die Bedrücktheit ihres Mannes zu dieser Zeit einfühlsam: „Christoph kam aus München immer mit diesem ernsteren 'Münchengesicht' zu mir, aber es löste sich, wie er dann eben locker und fröhlicher wurde, als er mit mir und den Kindern spazieren ging. Er war fast wie zweierlei Mensch. Es war, wie wenn etwas von ihm abgefallen wäre von dieser Spannung, die bei den Gesprächen mit den Münchner Freunden entstanden war. Ich durfte ja nicht nach München kommen, wegen der Luftangriffe. Es war für ihn wie eine Erlösung, eine Befreiung, wenn er nach Ruhpolding kam." (CPG, S. 146)

Im Laufe des Semesters wurde die Freundschaft zwischen Christel und Hans immer tiefer. „Durch die starke Verschiedenheit der Charaktere (Alex Hans u. ich) hat unser Zusammensein immer einen gewissen Reiz", schrieb Probst am 15. Juli 1942 aus München an seine Schwester. „Es ist ja eine Zeit, in der jeder Widerhall im anderen suchen u. finden muss, dazu ist es nicht nötig, dass die gegenseitige Übereinstimmung eine vollständige ist". Gerade auf „jene intellektuelle Gleichrangigkeit", macht auch Christophs Sohn Michael aufmerksam. Sie habe „den studentischen Kreis der Weißen Rose bei aller Differenziertheit der Persönlichkeiten ausgezeichnet". (CPG, S. 139) Christel jedenfalls zögerte nicht mehr, Hans seiner Mutter vorzustellen und ein gemeinsames Wochenende mit ihm und Alex in Zell zu planen. Er vertraute Hans samt und sonders, sonst hätte er ihn nicht in die Nähe der von ihm beschirmten jüdischen Stiefmutter mitgenommen.

Auf Hans' Empfehlung las Christel Søren Kierkegaard[64] und Nikolai Alexandrowitsch Berdjajew[65]. In den Tagebüchern Kierkegaards[66] begegnete ihm „viel Verwandtes", „viel Erahntes ist dort ausgesprochen." Vertrautes dürfte ihm auch bei Berdjajew begegnet sein, dessen Gedanken zu Teilen denen seines Vaters ähnelten: „Die Welt der neuen Geschichte mit ihrer rationalistischen Bildung, ihrem Individualismus und Humanismus, ihrem Liberalismus und Demokratismus, mit ihren glänzenden Nationalmonarchien und ihrer imperialistischen Politik, mit ihrem ungeheuerlichen industriell-kapitalistischen Wirtschaftssystem, mit ihrer mächtigen Technik und all den äußeren Eroberungen und Erfolgen, mit ihrer unbeherrschten und maßlosen Gier nach dem Leben, mit ihrer Gottlosigkeit und Seelenlosigkeit, mit ihrem wütenden Klassenkampf und ihrem Sozialismus, der die Krone dieser Etappe der neueren Geschichte ist: – das

---

[64] Søren Kierkegaard (1813–1855) war ein dänischer Theologe, Philosoph und Schriftsteller. Er gilt als Wegbereiter der Existenzphilosophie.

[65] Nikolai Alexandrowitsch Berdjajew (1874–1948) war ein russischer Philosoph.

[66] Probst las die Übersetzung von Theodor Haecker, der zwischen 1919 und 1921 erstmals eine Auswahl der vielbändigen dänischen Tagebücher in die deutsche Sprache übertragen hatte. „Theodor Haecker und Carl Muth, die … in den Briefen Probsts nicht namentlich erwähnt werden, waren ihm jedoch schon durch seinen Schwiegervater vertraut. Harald Dohrn gehörte zum Freundeskreis von Jakob Hegner (1882–1962), dem Verleger Haeckers". Außerdem bestand „zwischen der Münchener Familie Sattler, aus der Probsts Schwiegermutter Johanna Dohrn kam, eine enge Verbindung mit dem katholischen Hochlandkreis".

ist die alte zusammenbrechende Welt, zu der es kein Zurück geben darf!"[67] Christel war überzeugt davon, so sein Stiefbruder, „dass die Werte des Humanismus nicht mehr alleine für eine geistige Orientierung in der modernen Welt ausreichten". (Moll, S. 178f.)
Die Freundschaft zwischen Christel und Hans festigte zweifellos ihr gemeinsames Interesse an philosophischen Fragestellungen. Beide versuchten ihre Gegenwart und was in ihr geschah zu begreifen. Sie „liebten" es, historische Ereignisse zu interpretieren. Darüber hinaus verband sie eine Aufgeschlossenheit für religiöse Themen. Hans unterstützte gewiss Harald Dohrns Bemühen[68] um Christels „religiöse Entwicklung hin zum Christentum, auch Katholizismus". (Moll, S. 177) Vincents Taufe am 7. Juli 1942 war hier für Christel ein Meilenstein. „Da meine Mutter bereits früher zum katholischen Glauben gefunden hatte," bestätigte Michael Probst, „wurden wir getauft, was für meinen Vater ein wichtiger Schritt auch in der eigenen Entwicklung war"[69].
Kurz zuvor hatte Christel in einem Brief an Angelika ausgeführt: „Oft ist mir aber das Herz recht schwer, weil die Zukunft gar so dunkel (die Sorge für die Kinder ist grösser als die für mich). Da hilft dann nur der Glauben, dass nichts von ohngefäh[r] geschieht, anders kann man kaum leben." (München am

---

Probst und Scholl baten Theodor Haecker in ihrem Freundeskreis aus seinen Schriften zu lesen, was „dann zu Lesungen Haeckers am 10. Juli 1942 und im Jahre 1943 am 4. Februar führte." (Moll, S.179) Auch Willi Graf hatte sich schon in den dreißiger Jahren mit Schriften Haeckers beschäftigt. Zu dessen Vortrag am 10. Juli hielt er in seinem Tagebuch fest: „Haecker liest uns ‚Der Christ und die Geschichte'. Noch lange sind wir zusammen: Hans und Alex." Über Haeckers Buch urteilte Max Horkheimer: „Vor allem durch die ihm innewohnende Sehnsucht nach universaler Gerechtigkeit erweckt Haeckers Buch Achtung." (Jakob Knab, Mahner, Mentor und großer Mensch, in: Die Tagespost, 7. April 2015)

[67] „Geistig und geistlich bleibt die Technik, die ‚Maschine', ein schweres Problem, davon lasse ich nicht. Hier ist ein dämonisches Zwischenreich, die Technik kann Geist und Seele des Menschen fressen, und der Deutsche ist durch andere Eigenschaften am meisten befähigt, ‚nach dem Bilde der Maschine' zu leben und zu sterben. Man kann in der Technik das Höchste leisten und als Mensch, wie Gott ihn will und gedacht hat, am niedersten stehen. Das ist das Los des heutigen Deutschland... Man spricht von euch, weil ihr die besten Maschinen habt. In diesem Staunen der Welt ist kein Funke von Liebe. Und nur Liebe gibt Glanz." (Aus: Theodor Haecker, Tag- und Nachtbücher, 719 und 735, zitiert nach: Petry, S. 61)

[68] So spielte später Dohrns überraschender Weihnachtsbesuch am 29. und 30. Dezember 1942 in Lermoos „in einem Verhör Harald Dohrns durch die Gestapo am 2. April 1943 eine Rolle. Sein Schwiegersohn Christoph habe damals von Hans Scholl erzählt, der ihn ‚in religiöser Hinsicht' positiv beeinflusse. Harald Dohrn erklärte weiter vor der Gestapo: ‚Da mir selbst sehr daran gelegen war, dass sich Probst nachträglich noch kirchlich trauen lässt, habe ich für die Person des Scholl ein besonderes Interesse gehabt.'" (Moll, S. 866f.) Harald Dohrn nahm am 11. Januar 1943 das erste Mal an einer der Freundes-Treffen im Atelier des Architekten Eickemeyer teil. „Nach den Aussagen Wilhelm Geyers habe Dohrn an diesem Abend noch ausführlich aus seinem Leben, besonders über seine Zeit in Hellerau vor und nach dem Ersten Weltkrieg und von seiner Konversion zum katholischen Glauben gesprochen." (Ebda.)

[69] Michael Probst, Zuversicht und Klarheit. Der Widerstand der „Weißen Rose", in: Dokumentationsband zum 88. Deutschen Katholikentag München 1984, Paderborn, S. 347-358 (Kurztitel: Dokumentationsband), hier: S. 351

2. VI. 42) Dabei war ihm „die Zeit nicht ganz unfruchtbar". Die Sakramentenspendung – „Nächsten Sonntag ist Vincents Taufe, Mutti und Alex sind Taufpaten" – fand in Ruhpolding statt. Vincent, so beschrieb er sein Miterleben emotional, „hatte wirklich etwas Engelhaftes bei dieser langen Prozedur u. leckte sich sogar das Salz des heiligen Geistes ohne körperliche Verstimmung von den zarten Lippen. Auf dem Altar lag er mit grossem freudig erstauntem Blick u. lächelndem Mund. Irgendwie ist mir dieser Akt recht nah gegangen, man spürt da einen Hauch von der Gemeinschaft der Seeligen", so der glückliche Vater. (München am 11. 6. 42) Alex empfand die Tage auf seine Weise: „Die schönen Tage in Zell sind wieder mal vorüber. Es waren heisse, prächtige, faule Junitage. Von Taufe und Kindern wird Dir Christel wohl besser schreiben. Schlafen, essen, Mokka, Wein, liegen im hohen Sommergras, im Schatten, unter hohen Bäumen ...... Auch auf unserer Zeltwiese waren wir, lagen unter der breiten, rauschenden Buche, auf feuchtem frischen Boden im hohen Gras, während in der Sonne alles glühte, Mücken tanzten, Raubvögel ihre Kreise zogen. Und ein feiner Wind fuhr durch die Buche über mir und liess sie reden." (München, 9. Juni 42.)

Hans und Alex hatten sich bereits im Frühjahr 1942 zum aktiven Widerstand gegen das nationalsozialistische Regime entschlossen. Sophie weihte Hans wohl in den Ostertagen ein. Auch Angelika erfasste bei Alex eine gewisse Bestimmtheit: „Nie werde ich vergessen, wie Alex mir in den Osterferien 1942 strahlenden Auges sagte: ‚Wir werden in Zukunft sehr viel politisch tätig sein' und wie die heisse Angst, die bei diesen Worten in mir aufstieg, vor seiner strahlenden Zuversicht verflog."[70] Auch in Christels Briefen finden sich „im Mai Formulierungen, die zeigen, dass er möglicherweise schon in dieser Zeit in die Widerstandspläne Hans Scholls und Alexander Schmorells eingeweiht war. So reflektierte er in einem Brief an seine Schwester über die mögliche Veränderung seines Lebens, nachdem sie München verlassen hatte: ‚Und doch ist es nun wieder in ein anderes Gleichgewicht zurückgependelt, vielleicht ein verantwortungsschwereres, ich weiss es noch nicht.' Außerdem charakterisierte er die Pfingsttage Ende Mai, die er gemeinsam mit seiner Familie und Alexander Schmorell in Ruhpolding-Zell verbrachte: ‚Pfingsten war überaus schön. Ernster, als sonst die zeller Sonntage, war es wieder ein schönes Geschenk des Lebens.' (Moll, S. 176)
Geplant waren „publizistische Aktionen" mit dem Ziel, „das nationalsozialistische Informationsmonopol zu brechen, eine Form von Gegenöffentlichkeit

---

[70] Archiv des Instituts für Zeitgeschichte, München ZS/A 26, Band 4, S. 105.

herzustellen und damit die Realität der NS-Diktatur anzuprangern". (Moll, S. 172) Sophie bat ihren Verlobten Fritz Hartnagel Anfang Mai um 1.000 Reichsmark und um einen Bezugsschein für einen Vervielfältigungsapparat. Hergestellt und verbreitet wurden dann binnen 16 Tagen – zwischen dem 27. Juni und dem 12. Juli 1942 – die vier „Flugblätter der Weissen Rose" von Alex und Hans allein. Sie hatten die inkriminierenden Blätter bei Schmorells in der Menterschwaige heimlich hergestellt und postfertig gemacht. (Moll, S. 188) „Der konkrete Zeitpunkt der Verbreitung der Flugblätter Ende Juni 1942 erklärt sich möglicherweise aus der einfachen Tatsache, dass beide Akteure Ende Juni erfuhren, in den Sommerferien an der Front famulieren zu müssen." (Moll, S. 195)

Sophie Scholl, die während der Fertigstellung des dritten und vierten Flugblatts mit Alex ein Modell gemietet hatte und in Alexanders Zimmer zeichnete, während er dort modellierte, muss „die Herstellung der Flugblätter unmittelbar mitbekommen haben". (Moll, S. 193) Ansonsten waren nur Traute Lafrenz und Christoph Probst eingeweiht. Christel begleitete die inhaltlichen Diskussionen zu den Flugblättern und half höchstwahrscheinlich bei der Auswahl der Adressaten. (Moll, S. 192) Lieselotte Ramdohr berichtete später, Christel seien die Flugblätter zu gefühlsmäßig gewesen. Sie „müssten jeden erreichen, nicht nur die intelligenten Leute, sondern auch die Menschen auf der Straße." Ramdohr ist sich sicher: „Christel hatte immer Einfluss auf die Flugblätter." (CPG, S. 147) Dabei befand er sich zu dieser Zeit in einem Gärungsprozess. Er klärte bei sich verschiedene Fragen, darunter die, ob Widerstand wirklich der richtige Weg sei. Wohl auch deswegen lehnte er „den Aktionismus von Scholl" ab, wie sich Hans Hirzel, ein Ulmer Schüler aus dem Umkreis der Scholls, später erinnerte. Hirzel lernte Probst beim sogenannten Abschiedsabend am 22. Juli 1942 im Atelier Eickemeyer kennen. (Moll, S. 193)

Dieser Abschiedsabend „war nicht irgendein Abend, sondern die letzte Zusammenkunft, bevor Hans Scholl, Alexander Schmorell und Willi Graf an die Ostfront mussten. ... Keiner konnte wissen, ob man noch einmal in derselben Konstellation zusammentreffen würde. Das löste die Zungen," meint Miriam Gebhardt. „Diesmal wurde schon über die konkreten Widerstandsformen gesprochen." Vor der Gestapo „gab Traute Lafrenz zu, dass Scholl geäußert habe, man werde mit Diskussionen allein nicht weiterkommen. Um etwas zu ändern, müsse man endlich aktiv werden. Seine Schwester Sophie habe bei der Gelegenheit vorgeschlagen, man könnte doch beispielsweise nachts Parolen anbringen." (Gebhardt, Position 2163) Laut Inge Scholls Erinnerung soll gerade Christel

„bei dem Abschiedsabend für seine Freunde vor der Frontfamulatur in Russland in großer Runde gegen die Zweifel anderer ein vehementes Plädoyer für den Widerstand" gehalten haben. Jemand müsse „das Menschliche" hochhalten, damit es sich eines Tages wieder durchsetzen könne. Wörtlich: „Wir müssen dieses Nein riskieren gegen eine Macht, die sich anmaßend gegen das Innerste und Eigenste des Menschen stellt und die Widerstrebenden ausrotten will. Wir müssen es tun, um des Lebens willen – diese Verantwortung kann uns niemand abnehmen."[71] (Gebhardt, S. 4294) Dem widerspricht jedoch die Erinnerung Hirzels: „Persönlich angezogen hat mich ein schweigsamer, junger Mann, der nun für meine Vorstellung auch nicht mehr so jung war ... Der junge Mann war Christoph Probst, und der hat nicht viel gesagt ... Er war eigentlich mehr dabei, als er mitmachte. Ich hatte aber den Eindruck großer Nachdenklichkeit, großer Überlegtheit." (Chaussy/Ueberschär, S. 132)

Die Adressaten der Flugblätter waren entgegen späterer Aussagen bei der Gestapo den Absendern ausnahmslos bekannt. Die Gestapo-Liste „mit den Namen der Empfänger der abgelieferten Flugblätter führt vorwiegend Schriftsteller, Professoren, Schuldirektoren, Buchhändler und Ärzte aus München und Umgebung auf." Aber auch Freunde, Verwandte und Studienkollegen erhielten die Post. Man hoffte auf Sympathie und Multiplikatorwirkung. Die Flugblätter verstanden sich als Appell an die „Elite des Volkes, die für den geistigen Gehalt und die Richtung des ganzen Volkes verantwortlich ist", wie Hans es formulierte. Alex dachte ähnlich: „Der einfache Mann kann nicht alles selbst begreifen, selbst entscheiden, er masst es sich auch gar nicht an, er vertraut seinen Führern, der Intelligenz, die es besser versteht, als er."
Die beiden Medizinstudenten testeten die Wirkung der Flugblätter. Sie diskutierten sie „im Freundes- und Bekanntenkreis, ohne offen ihre Urheberschaft zuzugeben, und hörten, ‚dass sie teils dafür und teils gegen unser Flugblatt waren.' Von den ungefähr 100 Flugblattempfängern lieferten 35 die Flugblätter bei der Gestapo ab. Scholl und Schmorell waren auch darüber informiert, wenn auch nicht über dieses Ausmaß." (Moll, S. 190–194)
„Als stärkstes Motiv" drängte die Studenten gewiss ihre „christlich-religiöse und sittliche Empörung über die Gewaltverbrechen gegenüber den Juden und Polen im Osten sowie über die deutsche Okkupationspolitik in den besetzten Ländern". Sie alle empfanden „diese verbrecherische Gewaltpolitik ... als un-

---

[71] Bald/Knab (S. 37) merken dazu an: „Dieser Christoph Probst zugeschriebene Satz beschreibt den Kern ihrer gemeinsamen Überzeugung, die auf einem allgemein christlichen, noch allgemeiner: zutiefst humanistischen Gedanken beruht und sich nicht konfessionell vereinnahmen lässt. ... Die entscheidenden Anstöße kamen aus denjenigen philosophischen, theologischen und literarischen Traditionen, die samt und sonders institutions- und konfessionsübergreifend entstanden sind und gewirkt haben."

erträglich und als Hypothek für die Zukunft". Schon vor dem Krieg hatten sie „die totalitäre Herrschaft im Innern, die die politische Freiheit und damit die geistige, künstlerische und religiöse Toleranz beseitigte, die Autonomie der Wissenschaften und des Rechts unterdrückte", zunehmend als befremdlich empfunden. Angesichts der „Sinnlosigkeit eines Krieges überhaupt und seiner Opfer" und einer verantwortungslosen Kriegsführung verstärkten sich ihre Widerstandsmotivationen. Sie fühlten sich verpflichtet etwas zu tun. Dazu trugen gewiss die Appelle bei, die im deutschsprachigen BBC-Sender gerade Thomas Mann formulierte, die jedoch auch zunehmend die Äußerungen englischer Politiker widerspiegelten: „Eine passive Haltung gegenüber Hitler genügt nicht, jeder Deutsche muß durch seine Taten zeigen, wo er steht. Die Taten müssen letztlich zum Sturz Hitlers führen (O-Ton Stafford Cripps, Churchill) // Wir fragen, antworten kann nur das deutsche Volk". Und schließlich rechnete „der engere Kreis der Weißen Rose möglicherweise aufgrund der britischen Propaganda mit einer deutschen Niederlage und einem baldigen Kriegsende". (Moll, S. 194–198)

Christel hatte die militärische Situation „schon Mitte Juni 1942 in einem Brief an seine Schwester Angelika in dieser Richtung … gedeutet: ‚Der Ernst der mich nun meist erfüllt, hat manchmal auch etwas Zehrendes. Nun vollendet sich ja langsam das vorausgeahnte u. gehoffte Schicksal'." Er vertraute Angelika ganz dem Schutzgeist ihres Lebens an, „der auch meine kleine Hilfsmöglichkeit in der Entfernung mit übernehmen muss." (Moll, S. 198) Es kann also nicht verwundern, wenn es bereits im allerersten Flugblatt hieß: „Daher muss jeder Einzelne seiner Verantwortung als Mitglied der christlichen und abendländischen Kultur bewusst in dieser letzten Stunde sich wehren so viel er kann, arbeiten wider die Geisel der Menschheit, wider den Faschismus und jedes ihm ähnliche System des absoluten Staates."

Kurz vor der Verschickung der Freunde nach Russland und dem Antritt seines Sanitätsdienstes am Eibsee schrieb Christel einige Zeilen, um seinen Stiefbruder zu stützen, der seit Monatsbeginn den Reichsarbeitsdienst in einem Lager in Griesheim absolvieren musste. Sie basieren auf den eigenen Erfahrungen der Vorjahre: „Es ist doch immerhin gut, dass Dein erster Eindruck nicht allzu düster ist, es ist ja so eine Glückssache, was für ein Lager u. was für Vorgesetzte man bekommt. Unter den Kameraden findest Du vielleicht doch noch einen besonderen heraus, es gibt da oft so Stille, die im Verborgenen blühen, bis man sie entdeckt. Das Bettenbauen u. die ersten Schliche dem Vormann gegenüber erinnerten mich stark an meine ersten diesbezüglichen Erlebnisse. Sicher wirst Du manchmal unter der Sturheit u. Empfindungslosigkeit der Mehrzahl der Kameraden leiden, da kann man sich nur zum Trost sagen, dass es eben eine Zeit ist, wo man geistig ganz auf sich selbst angewiesen ist, also eine Art ‚geistiger Bewährung'. Es ist nämlich ein Trugschluss sich nur vor Augen zu halten, dass der geistig fortentwickeltere Mensch durch seine grössere Zartheit weniger ertragen könne. Ich stehe auf dem Standpunkt, dass gerade der geistige Mensch mehr ertragen kann, da er, – wenn er physisch behindert ist u. leidet – gerade ja das Reich des Geistigen besitzt, in dem er noch voll u. ganz leben kann. Ähnliche Momente liegen ja in einer Haltung die bis zum Märtyrertum führt." Und Christel schloss seinen Brief mit dem Rat: „Lebe nur immer in der festen Zuversicht, dass das Leben auch wieder andere Zeiten für Dich bringt u. nimm das notwendige Übel möglichst von der lustigen Seite, von der man es weitgehend betrachten kann." (München am 16. 7. 42.)

Hans und Alex hatten im vierten Flugblatt der widerständigen Aktion einen Namen gegeben: „Wir weisen ausdrücklich darauf hin, dass die Weiße Rose nicht im Solde einer ausländischen Macht steht. ... Zu Ihrer Beruhigung möchten wir noch hinzufügen, dass die Adressen der Leser der Weißen Rose nirgendwo schriftlich niedergelegt sind. Die Adressen sind willkürlich Adressbüchern entnommen. / Wir schweigen nicht, wir sind euer böses Gewissen; die Weiße Rose lässt euch keine Ruhe!"
„Für Scholl, der sich während der Verhöre auch als überlegt kalkulierender, politischer Pragmatiker darstellte", so erklärt Christiane Moll die Namensgebung, „war daher die Funktion des Namens Weiße Rose in einer wirksamen Propaganda wichtiger als seine Herkunft: ‚Der Name ‚die Weisse Rose' ist willkürlich gewählt. Ich ging von der Voraussetzung aus, daß in einer schlagkräftigen Propaganda gewisse feste Begriffe da sein müssen, die an und für sich nichts besagen, einen guten Klang haben, hinter denen aber ein Programm steht. Es kann sein, daß ich gefühlsmäßig diesen Namen gewählt habe, weil ich damals unmittelbar unter dem Eindruck der spanischen Romanzen von Brentano ‚Die Rosa Blanca' gestanden habe.'" (Moll, S. 194)
Überzeugender scheint die Erklärung Lilo Ramdohrs, die Hans' Version im Übrigen nicht widerspricht. Ramdohrs „bemerkenswerte Erklärung für die Herkunft der Bezeichnung ‚Weiße Rose'" nimmt „Bezug auf den Brief eines mit ihr befreundeten Soldaten", den Alexander Schmorell abgeschrieben hat und Hans Scholl zeigen wollte. Dort heißt es: „Gestern am späten Abend schaute ich auf die weiße Rose. Man sagt, weiße Blumen seien für die Toten – aber Tod, Liebe und Jugend sind eins. (Die Toten, soweit sie wirklich in uns leben, leben ja nur verklärt als Bilder leuchtender Jugend!) Deshalb auch ist gerade die weiße Rose,

in ihrem Duft und ihrer zarten Reinheit, Sinnbild ewiger Jugend. Mir fiel dies alles in einem Augenblick ein. Ich verschenke so gern weiße Blumen (und alle Christen bekreuzigen sich dazu). Ein weißes Rosenblatt mit einem Kuß flattert zu Dir. F." (CPG, S. 148)

München, am Eibsee, Lermoos, Ende Juli 1942 bis Ende Oktober 1942

Am 23. Juli 1942 bestiegen die Hilfsärzte der zweiten Studentenkompanie, Alexander Schmorell, Hans Scholl, Willi Graf und Hubert Furtwängler[72], am Münchener Ostbahnhof den Zug, der sie über Warschau in das nahe Moskaus gelegene Städtchen Gshatsk bringen sollte. Dort sollten sie eine dreimonatige Frontfamulatur absolvieren. Sie erlebten die im Juli begonnene Deportation der Juden aus dem Warschauer Ghetto[73], erfuhren von SS-Bordellen, in denen junge Polinnen zwangsverpflichtet „anschaffen" mussten, sahen mit ihren eigenen Augen die unmenschlich-rücksichtslose Behandlung der Zivilbevölkerung in den besetzten Gebieten und hörten von grausamen Kriegsverbrechen aus erster Hand. All diese Eindrücke bestärkten sie darin, „ihre Widerstandspläne nach ihrer Rückkehr nach München im November 1942 noch intensiver weiter zu verfolgen". (Moll, S. 201)

Dank Alex erhielten die Freunde einen ganz unmittelbaren Einblick in das Leben der russischen Bevölkerung. Sie besuchten die russische Stadt an ihrem Standort, unterhielten sich mit den Menschen, feierten und sangen mit ihren neuen Bekanntschaften. „In den Tagebüchern und Briefen vom August finden sich viele Berichte über Begegnungen mit Russen. Schmorell ... fungierte als ‚Dolmetscher'." (Bald, S. 131f.) Dabei war den Sanitätsfeldwebeln bekannt, „daß sie sich dem Verdacht der Fraternisierung aussetzten. Dennoch verschenkten sie Brot, Zucker, Süßigkeiten und vor allem Zigaretten und Tabak mit dem Risiko, daß es ‚Krach' mit den Vorgesetzten gab, wie es während der Rückfahrt

---

[72] „Hubert Furtwängler, weitläufig mit dem Dirigenten Wilhelm Furtwängler verwandt, studierte ebenfalls Medizin in München und sang mit Willi Graf im Bach-Chor. Er famulierte gemeinsam mit Alexander Schmorell und war bei dem gemeinsamen Einsatz an der Ostfront dabei, wo er von den Flugblattaktion der Weißen Rose erfuhr. Er beteiligte sich nicht aktiv, war aber solidarisch und deckte die Freunde, wenn sie nicht zum Appell in der Studentenkompanie erschienen. Obwohl sein Name in den Verhören genannt wurde, kam er ungeschoren davon. Nach seiner Entlassung aus der Kriegsgefangenschaft arbeitete er als Kinderarzt in München und schrieb Bücher. Er starb 2011." (Gebhardt, Position 4437)

[73] Wilm Hosenfeld, ein deutscher Offizier der das Leben des Pianisten Wladimir Szpilman rettete, schrieb seiner Frau am 4. August: „Was hier in Warschau mit den Juden passiert, kannst du dir nicht vorstellen. Seit es Menschen auf der Erde gibt, ist nichts Vergleichbares geschehen. Man könnte Glauben und Hoffnung verlieren. Wie tief sind wir gefallen! ... Eine Welt ohne Gott, ohne moralisches Verantwortungsgespür." (García, S. 66)

passierte." (Bald, S. 135) Sie lernten mit Alex den beeindruckenden Landstrich schätzen. Hans „berauschte sich" an einem Ritt durch die Landschaft, versenkte sich in die Romanwelt Dostojewskis. (Bald, S. 137) Bei Schurik mischten sich diese (auch für ihn) ersten realen Erfahrungen von den erträumten Landsleuten mit der geliebten Vorstellung seiner innerlich erschaffenen Russland-Welt. Vor der Gestapo bekannte er im Februar 1943, „dass sich seine Liebe zum russischen Volk, die er zuvor nur durch die russische Literatur entwickeln konnte, durch seinen Osteinsatz im Sommer 1942 verstärkt hatte". (Moll, S. 203) Er hielt den Bolschewismus im Lande für nahezu überwunden und wäre am liebsten in Russland geblieben. „Auch so etwas kommt also vor", bemerkte Christel gedankenvoll dazu. (Lermoos am 13. XII. 1942.)

Die gleich zu Beginn seines Aufenthaltes in der Sowjetunion in einem Gottesdienst beobachtete religiöse „Kraft der einfachen russischen Bevölkerung" faszinierte Hans. Dieses Erlebnis bekräftigte seine „Hoffnung, dass der geistige Nihilismus in Europa, der die europäische Kultur nach seiner Ansicht stark gefährdete, überwunden werden könne". Ihn beeindruckte die Verbundenheit der einfachen Leute mit den großen Schriftstellern ihres Volkes, während die geistige Elite Deutschlands seiner Ansicht nach kulturlos dahintreibe: „Der Mensch ist zum Denken geboren, sagt Pascal, zum Denken, mein verehrter Akademiker", vertraute Hans seinem Tagebuch an, „dieses Wort mache ich Dir zum Vorwurf, Du wunderst Dich, Vertreter des Geistes! Ein Ungeist ist es, dem Du dienst in dieser verzweifelten Stunde. Aber Du siehst die Verzweiflung nicht, Du bist reich, aber Du siehst die Armut nicht. Deine Seele verdorrt, weil Du ihren Ruf nicht hören wolltest. Du denkst nach über die letzte Verfeinerung eines Maschinengewehrs, aber die primitivste Frage hast Du schon in Deiner Jugend unterdrückt. Die Frage: warum? und wohin?" Für Christiane Moll spiegelt sich in dieser Notiz zugleich Scholls nachhaltige Enttäuschung über die „Resonanz seiner Widerstandsarbeit mit seinem Freund Alexander". (Moll, S. 204f.) Es ist wohl die genuinste Frage eines jungen Erwachsenen zu allen Zeiten, falls ihn nicht die flüchtigen Eindrücke sinnenhafter Erlebnisse davon abgelenkt haben.

In den Monaten, in denen „seine Freunde ihre Frontfamulatur in der Sowjetunion ableisteten, verbrachte Christoph Probst seit Anfang August seine viermonatige Famulatur in einem Kurlazarett der Luftwaffe am Eibsee bei Garmisch-Partenkirchen." (Moll, S. 205) Man verschone den jungen Familienvater wohl mit dem Fronteinsatz. Christel fühlte sich an seinem Einsatzort wohl. Nur den geistigen Austausch mit seinen Freunden vermisste er. Doch die malerische Landschaft war für den Natur- und Bergliebhaber,

der noch dazu über recht viel Freizeit verfügte, ein Stück Eden auf Erden. „Leermos ist für mich ein paradiesischer Ort u. das ganze Tal ein besonderer Fleck Erde", schrieb er am 3. September 1942 vom Eibsee aus seiner Mutter. In einem Brief an Sophie Scholl ein paar Tage zuvor hatte Christel seinen Aufenthalt als „richtige Erholung" charakterisiert.
Mit seinen Zeilen an Sophie versuchte er die kurz zuvor gewonnene Freundin über die Verhaftung ihres Vaters hinwegzutrösten[74]: „Es ist schlimm – für ihn selbst u. Euch sehr schwer, ich kann nur hoffen, dass Euch die menschliche u. geistige Kraft, über die Ihr alle verfügt, helfen möge!" Zugleich erkundigte er sich bei Sophie über ihren Dienst in der Ulmer Schraubenfabrik Rauch, wo sie den vom NS-Studentenbund geforderten zweimonatigen Kriegsdienst in der Rüstungsindustrie absolvierte. Christel versäumte ebenfalls nicht, sich für Sophies Geschenk zu bedanken: „Dein Jäckchen steht dem Mischa ausgezeichnet! Ich finde es zu lieb, dass Du in den ganzen Bedrängnissen an so etwas denken konntest". Schließlich teilte er ihr nahezu en passant die Ankunft eines dritten Kindes mit: „Die Kinder entwickeln sich grossartig, ich habe so grosse Freude an ihnen. Vincent ist so ein wonniger Kerl, man wird ganz froh, wenn man bei ihm ist. Mischa ist noch mächtiger geworden wild u. doch hat er dabei so zarte sanfte Züge. Herta bekommt im Winter ein drittes Kind, wir freuen uns alle sehr". (Eibsee am 28. 8 42)

Für Christel war die Stationierung am Eibsee „eine glückliche Zeit". Anfang September konnte er für sechs Wochen „im Alpendorf Lermoos am Fernpass in Tirol, ungefähr 25 km entfernt vom Eibsee für seine Frau und seinen Sohn Michael ein einfaches Zimmer" mieten. (Moll, S. 205) Der daheim bleibenden Ömi in Zell, die währenddessen Vincent versorgte, berichtete er gleich nach der Ankunft: „Zu schön war es dann, als wir uns dem grossartigen Ziel unserer Reise näherten! Herta war leider recht müde, aber auch voll Freude. In Leermos stand ein nettes Mädel mit Wagen an der Bahn. Leider war als einziges das Bettchen nicht mitgekommen, wie es immer so ist, das Wichtigste. – Grossartig waren die Berge, um die sich Gewitter zusammenzogen. – Die Familie war gerade beim Abendessen, feine Leutchen, sag ich Dir. So richtig ein guter tiroler Schlag, sie waren gleich sehr nett zu uns. Das Zimmer gefiel auch Herta gleich ausnehmend gut, es ist aber auch gediegen. Mischa, der eine Station vor Leermos eingepennt war, wurde wieder ganz munter. Er war so lieb

---

[74] Robert Scholl hatte Hitler Anfang des Jahres als „Gottesgeißel" bezeichnet und war von seiner Schreibgehilfin denunziert worden. Im August, so Inge Scholl, „Sophie war noch nicht lange daheim, da erhielt der Vater mit der Morgenpost eine Anklageschrift vom Sondergericht. Eine Verhandlung wurde inszeniert, bei der er zu vier Monaten Gefängnis verurteilt wurde. Der Vater im Gefängnis und die Brüder und Freunde alle an der Front in Rußland, unerreichbar fern." (Scholl, Position 476)

die ganze Zeit. Nicht einmal in die Hose hat der Gute gemacht. Abendessen, Waschen, Topfgang u. Bettgang waren noch sehr gemütlich im neuen Heim. Mischa schlief zwischen uns beiden, sowie er lag, war er auch schon eingepennt. Es war inzwischen ein gewaltiges Wetter losgebrochen mit herrlichen Beleuchtungen. Sehr zufrieden, dass alles so gut gegangen war gingen wir auch zubett u. schliefen gleich ein. Als ich am nächsten morgen aufbrechen musste, war Mischa auch schon munter u. nahm lieben Abschied von mir. Ich empfand immer wieder, wie schön es ist Vater zu sein." (Eibsee am 1. 9. 42.)

Lermoos bot Christel den Vorteil, in der Woche „schon nachmittags mit dem Fahrrad oder mit der Bahn zu seiner Familie fahren und dort über Nacht bleiben [zu können]. Er genoss es, das erste Mal für sechs Wochen mit seiner Familie täglich zusammenleben zu können. Bisher konnte er ja seine Familie nur an den Wochenenden oder in kurzen Ferien erleben." Er fühlte sich mit Herta derartig wohl in dem kleinen österreichischen Bergdorf, dass er dort zu Mitte November dauerhaft eine Wohnung mietete. Es war „die" Lösung, denn für ein drittes Kind wäre in Elises Wohnung in Zell kein Platz mehr gewesen. (Moll, S. 205)
„Als Probst nach den sechs Wochen wieder in Ruhpolding auch mit seinem jüngsten Sohn vereinigt war, fasste er sein großes Glück als Familienvater in einem Brief an Hans Scholl mit folgenden Worten zusammen: ‚Ach Hans, wenn man dann so dasitzt, im mollig geheizten Zimmer, ein kleiner schaukelt im Wagen, der andere krabbelt einem auf den Schoss, dann geht einem das Herz auf u. man zweifelt, ob man sich so viel Glück und Gnade verdient hat. Mit den Kindern zusammensein zu können ist ein so grosses Glück, dass oft die Besorgnis in mir erzittert, ob so etwas dauerhaft sein könne. Nur das tiefe Vertrauen, dass diese kleinen reinen Wesen, die wirklich noch ein Stück Himmel in sich tragen beschützt sind u. ihnen nichts Schlimmes zustossen kann[,] zerstreut manche Sorge.'" Christiane Moll meint, je mehr Christel „dieses Familienglück auskosten konnte, desto größer wurde seine Sorge um die Familie." (Moll, S. 206) Denn in dieser überaus glücklichen Zeit war er von der Welt nicht abgeschnitten. „Aufmerksam verfolgte Probst den Kriegsverlauf" (Moll, S. 207). Er las die Nachrichten, hörte im Radio BBC. Zudem hielt ihn der Briefverkehr mit Alex und Hans über das allgemeine Geschehen auf dem Laufenden. In München begegnete ihm der Kriegsschrecken ganz unmittelbar. Bei einem Kurzbesuch in München Ende September konnte er die Folgen des bis dato schwersten britischen Luftangriffes sehen. Zerstört hatten die Bomben ein Wohnhaus in Schwabing. „Es lag im Scheinwerferlicht, ein Haufen Solda-

ten bevölkerte den grauenvollen Trümmerhaufen, ein Bag[g]er polterte u. der Leichenwagen stand um die menschlichen Trümmer aufzunehmen. Seit 3 Tagen u. 3 Nächten schaffte man nun dort u. doch waren der Trümmer noch so viele. Gewaltige Balken starrten aus dem Schutt. Man hatte eben 2 Menschen herausgezogen, eine Frau, die 4000 M im Brustbeutel bei sich trug. Im Keller aber liegen noch 25-30 tote Menschen! Welchen Todes mögen die gestorben sein – eine unsagbar grauenvolle Vorstellung." (Lermoos am 26. 9. 42.) Er litt unter dem aktuellen Tagesgeschehen.

Gleichzeitig bezeugen Christels „Briefe aus der zweiten Jahreshälfte 1942 verstärkt seine Hinwendung zum christlichen Glauben". Christels Gottvertrauen wuchs. Zunehmend „kommt jetzt ein von christlicher Liebe geprägtes Menschenbild, das auf den Schutz und die Hilfe Gottes baut, zum Ausdruck". (Moll, S. 207) Das trifft bereits auf Christels Brief an den achtzehnjährigen Dieter im Juli zu. Im November bedeutete er Dieter, es sei „keine Vermessenheit", „auf den Schutz zu vertrauen, der einem im Leben gegeben wird, im Gegenteil, es ist sogar Gott gefällig, wenn man fest auf seine Hilfe baut. Heute leben Menschen in manchen Städten kaum weniger gefährlich, als ein Soldat an der Front, wo sollten [sie] auch die Hilfe bekommen, als aus ihrem Vertrauen. Wer den Krieg überleben soll der überlebt ihn unabhängig davon, wo er steht, entscheidend ist nur ob ihn das Geschick bewahren will oder nicht. Denn gefährdet sind alle Menschen und man weiss nicht, was für Formen der Krieg noch annimmt. – So freut es mich auch zutiefst, dass Du ein gutes Gefühl für die Zukunft hast. Lass Dir nur das nie nehmen!" (Ruhpolding am 11. XI. 42.) Zwei Wochen später schreibt er aus Lermoos (am 25. XI. 42.): „Durchlebe diese harte prüfungsreiche Zeit mit innerer Kraft und Ausdauer u. immer voll Vertrauen zu Gott! Wollen wir beide aus tiefstem Herzen hoffen, dass bald eine segensreichere Zeit kommt u. wir sie miterleben können, alle die unserem Herzen nahestehen. Ganz innig und hoffnungsvoll bleibe ich immer Dein Bruder."

Dabei beschränkte sich Christels Bemühen um den jüngeren Bruder nicht auf die schriftliche Kontaktaufnahme. „1942 wurde ich zu den Gebirgsjägern in Garmisch eingezogen", erinnerte sich Dieter. „Christel war damals Sanitätsfeldwebel und war tätig im Luftwaffenerholungsheim am Eibsee. Er kam sehr oft abends mit dem Fahrrad zu mir und wir sind auf dem Kasernenhof herumspaziert, wo uns niemand hören konnte, und haben Gespräche geführt. Da kam eben seine Haltung schon sehr deutlich zum Ausdruck." Sie unterhielten sich nicht nur über Dieters Lage. „Wir alle haben gehofft, ja wir wussten, dass der einzige Ausweg, um die Nazibande loszuwerden, nur der verlorene Krieg ist. In einem dieser Gespräche sagte Christel: ‚Ich halt' das nicht mehr aus. Wenn niemand etwas tut, dann tu ich was.' Ich habe einen Schrecken gekriegt und gesagt: ‚Christel, um Gottes willen, mach doch keinen Unsinn! Das ist viel zu gefährlich.' Ich habe das allerdings nicht so ernst genommen. Wir haben uns herzlich verabschiedet und ich kam nach Frankreich." (CPG, S. 145f.)

Christel vermisste seine Freunde. Auf einen Brief, in dem ihm Hans über ihre Erlebnisse ausführlich informierte, antwortete er: „Es ist merkwürdig, dass gerade jetzt der erste Brief von Dir kam, denn gerade in der letzten Woche ist ein so starkes Gefühl der Sehnsucht nach Euch in mir erwacht. Es ist wahr: ich habe alles erlebt u. gesehen als sei es mit Euch zusammen u. habe die Trennung oft so schmerzlich empfunden. Immer mehr habe ich gespürt wie sehr mein Leben dieser echten männlichen Freundschaft bedarf, des geistigen Austauschs, – aber noch viel mehr dessen der Herzen. Nun habe ich heute – Sonntag früh – Deinen Brief gelesen und eine Antwort auf manches Gespräch, das ich in der Vorstellung mit Dir führte, erhalten. Deine lieben Zeilen haben mich tief erfreut und bewegt, denn ich kann mir das, was Ihr in Russland erlebt so gut vorstellen / Ich denke jetzt oft an den Tod und bin froh, dass man sich auch in der Jugend schon mit ihm vertraut machen kann .... – Wir leben ja alle in einer Art Sündflut." (Ruhpolding am 18. 10. 42)

Die Freunde kehrten am 6. November aus Russland nach München zurück. Christel erfuhr davon erst, nachdem ihm die Versetzung an die Universität Innsbruck bereits mitgeteilt worden war. „Von München aus aber werde ich wohl nach Innsbruck versetzt, was mich recht betrübt. Sind doch jetzt Alex u. Hans wieder in München, ausserdem die Konzerte u. nicht zuletzt möchte ich nun nicht schon wieder umziehen. Denn ich habe, wie man so sagt: die Nase voll davon. Auch Tegernsee ist dann schier unerreichbar. Gut ist jedenfalls, dass Lermoos von Innsbruck genauso weit entfernt ist wie von M.[ünchen]" (Lermoos am 25. XI. 42.) Dennoch war er „noch einige Male bis in die Nacht hinein mit Alex u. Hans zusammen", um „nach der langen Trennung wenigstens ein kleines Wiedersehen" zu feiern. (Lermoos am 13. XII. 1942.) Christels Unruhe steigerte sich. Einige Urlaubstage im November nutzte er für einen Besuch bei Angelika in Marienau. „Auf langen Spaziergängen sprach er fast nur von der Not der Zeit, von der Gestaltung der Zukunft und sah dem Ende des Krieges mit verzehrender Ungeduld entgegen", schilderte sie. „Die letzte Nacht vor seiner Abreise verbrachten wir beide ohne zu schlafen in meinem kleinen Zimmer, um keine Minute der kostbaren gemeinsamen Zeit zu verlieren." (CPG, S. 129)

Mitte November zog die vierköpfige Familie Probst in Erwartung eines weiteren Familienmitglieds in die helle Wohnung in Lermoos. Es war ihre erste und einzige eigene gemeinsame Bleibe. „Ich schreibe Dir vom Küchentisch unserer gemütlichen lermooser Wohnküche aus" schrieb Christel seinem Stiefbruder. „Wir sind hier nun halbwegs eingerichtet und fühlen uns unglaublich wohl in unserer bäuerlichen Umgebung. Allein der Blick ist unbezahlbar schön. Auch wenn man nachts auf das Freiluft-Klosett geht und das Mondlicht auf den tief beschneiten Hängen liegt, hüpft einem das Herz. ... Ich konnte Dir beim besten Willen nicht schreiben in den letzten Tagen, denn der Umzug hat mir arg zu schaffen gemacht. Durch das Hin- u. Her zwischen Eibsee-München-Lermoos u. wieder Eibsee habe ich schon viel Zeit verloren und manche Nacht ist kurz ausgefallen. Schleppen musste ich Tag für Tag wie ein Dienstmann. Der Haupt-Tross kam mit einem Eisenbahn-Waggon an, wir mussten ihn auf einen Ochsenschlitten verladen (ein Auto kommt den verschneiten Weg nach Untergarten nicht herauf). Das war eine recht abenteuerliche Sache. Als nach einem Tag Herta mit beiden Kindern aus München nachkam, konnte ich ihr schon eine ganz passable Wohnung vorweisen. Ich hoffe Du wirst sie bald selbst in Augenschein nehmen können u. verzichte deshalb auf eine ausführliche Beschreibung, ja ich hoffe sogar, dass Du Lermoos mit dem Dir am nächsten gelegenen Heim des öfteren von G.[armisch] aus aufsuchen kannst! Du sollst immer nett empfangen werden! Die Wohnküche – der einzige Raum, den wir z. Zt. heizen, da wir mit Heizmaterial sehr sparsam sein müssen ist jedenfalls sehr angenehm. Eine ‚Falltüre' führt in einen geräumigen trockenen Kellerraum. Der anschliessende Raum ist ein helles Eckzimmer mit einem Kachelofen, Bänken an der Wand u. um den Ofen, ein herrliches Kinderzimmer (u. Schlafzimmer von Herta). Vor allem ist es angenehm, dass alles so nah beisammen liegt, keine Treppensteigerei, gleich ist man bei den Kindern. Über dem Kinderzimmer liegt nochmal ein ähnliches mit herrlichem Bergblick hell u. schön. Da oben soll es dann ein bisschen ‚kultivierter' werden, das schöne Noldebild, das wir zur Hochzeit bekamen, leuchtet an der Wand. Hinter der Küche liegt der Stall mit der Wasserleitung – ein grosser Abstellraum für unnötige Sachen. Der Gang ist mit Holzstössen ausgefüllt, dazwischen lose Planken als Boden oder einfach gestampfte Erde. Mutti wird zunächst mal einen kleinen Pfefferminzschlag bekommen, dass es so primitiv ist – aber es ist einfach nach unserem Geschmack und wirklich schön – viel schöner als die geplante tegernseer Wohnung. – Ich bin nun ziemlich k.o., denn der Weg vom Eibsee nach Untergrainau (6 km durch den Schnee) ist ziemlich anstrengend, vor allem mit

einem halben Zentner Buchenholz im Rucksack noch dazu, wenn man vorher eine Nacht lang Abschied gefeiert hat."
Und er schloss die Erzählung mit dem für ihn charakteristischen positiven Blick: „Aber dennoch habe ich alle körperlichen Arbeiten begrüsst, denn einerseits liegen sie mir an sich[,] andrerseits lenkten sie mich ab, von all dem Schweren, was mich innerlich bewegt u. dauernd belastet. – So schwer es mir wurde von Zell fortzugehen, so schön war dagegen der Einzug im neuen tiroler Heim. Lise ist ja nun auch ziemlich vereinsamt, die Trennung von den Kindern fiel ihr schwer, aber andrerseits tut ihr die Ruhe not und gut[.] Kaltenbachers ist die Entlastung des Hauses recht angenehm." (Lermoos am 25. XI. 42.)

Während Hans sich nach seiner Rückkehr aus Russland voller Einsatzfreude an seine „Aufgabe" machte, tat sich Alex mit der Rückkehr schwer. „Ich würde es hier nicht mehr aushalten, hätte ich nicht hier einige Verpflichtungen", schrieb er seiner in Russland neu gewonnenen Freundin Nelly. „Nur diese geben mir das moralische Recht hier zu bleiben. Ich muss einstweilen noch hier bleiben. Sind diese Verpflichtungen beendigt, so ist auch mein Verbleiben in Deutschland beendet. Dann erfüllt sich mein glühendes Verlangen, das ich schon mein ganzes Leben mit mir trage – dann kehre ich zurück nach Russland, in meine Heimat." ([München] 9. Dezember 42) Mit seinen „Verpflichtungen" war wohl die Widerstandsarbeit gemeint. Denn bei den kommenden Ereignissen agierte Alex neben Hans wieder als einer der unverzagten Hauptakteure. Dabei hatten alle Freunde durchaus Beklommenheiten zu überwinden. Alex bekannte in seinen Briefen eine „fürchterliche Unruhe", Willi Graf vertraute seine Zweifel seinem Tagebuch an und Hans sprach von einem Wein, den er alleine trinken müsse.

Lermoos, Innsbruck, München, Dezember 1942

Für Christel, der die freie Zeit in Lermoos genoss, bedeutete Weihnachten 1942 einen „Durchbruch zu einem Glauben an Jesus Christus als Sohn Gottes und Erlöser dieser Welt". (Moll, S. 210) Im Nachsatz seines Weihnachtsgrußes an Angelika schrieb er am Samstag, den 19. Dezember: „Diesmal ist Weihnachten mehr ein innerliches Fest, ich freue mich, dass Christus geboren wurde, denn ohne ihn wäre alles unaushaltbar. Mag sein Wort sich wieder einnisten in den Herzen der Menschen, sein Liebesbeispiel leuchten!"

In einem wiederum recht langen Brief an seinen in Frankreich stationierten Halbbruder legte Christel ein beeindruckendes Zeugnis seines neu gefundenen Glaubens ab: „Nun steht Weihnachten vor der Türe, ein recht ungerechtes Weihnachten, denn die einen dürfen es zu Hause verleben, während die anderen in die Ferne verbannt sind. Auch Du musst diese sonst so schönen Tage einsam verbringen und durch die Flut schöner Erinnerungen werden sie recht schwermütig und traurig für Dich werden. Aber es gibt ein äusseres und ein inneres Weihnachten, das schöne Fest besteht zum geringsten Teil im Genuss materieller Freuden, im Schenken und Nehmen. Schliesslich ist das ja nur die Aussenseite eines inneren Erlebnisses, die jährlich immer wiederkehrende Erinnerung der christlichen Menschheit an die Geburt des Christuskindes, ihres wirklichen Erlösers. Es ist schwer, besonders schwer, solange man noch jung ist, auf die einmalige grosse Freude des schönsten Festes zu verzichten. Wenn man es aber muss, so ist es das Schönste und Stärkste, was man tun kann, die innere Bedeutung dieser Tage zu erleben und zu feiern. Es soll auch so ein Freudenfest sein, an dem man voll Dankbarkeit der Güte des Schöpfers dankt, dass er uns Christus gesandt hat, durch den wir wissen dass unser Leiden unser Leben einen Sinn hat, der uns ein Leben vorgelitten hat aus reinster Güte, der das Leid verständlich gemacht hat und geheiligt hat, der uns auf das Leben nach dem Tod gewiesen hat, der die Liebe predigte, die wahre Verbrüderung der Menschen, der uns das Brot des Lebens gebracht hat und an dem es keinen Zweifel gibt. Es kommt auf das Leben jedes Einzelnen an, jeder Mensch ist Gott lieb, er will aber auch von jedem geliebt werden, denn die Liebe ist die Kraft der Welt, die alles Leben erzeugt, behütet und zur Seeligkeit führt, die Kraft, die Welten geschaffen hat. Du siehst ja wie weit man es durch den Hass bringt und gebracht hat: Zerstörung, Blut und Tod, auch wird nichts Bleibendes und Gutes daraus. Was hat die Liebe dagegen geschaffen? Auf ihr ruhen Kulturen, Dome wuchsen aus ihrem Schooss, sie ist das Band von Mensch zu Mensch, das alle Freude des Lebens erst möglich macht, denn was wäre der Mensch alleine? Die Liebe war von Anbeginn der Welt an da, denn ein Gott hat ja die Welt erschaffen. Denke auch Du, lieber Dieter, an die Liebe, an die Verbrüderung der Menschen, an den Frieden. Schau, dass in Deinem Herzen Frieden sei an diesem Friedensfest und hoffe mit uns aus aller Kraft auf Frieden, wahres Leben, echte Freuden! Liebster, meine Gedanken sind immer wieder bei Dir, hoffen mit Dir und ich übertreibe nicht, wenn ich sage: leiden oft mit Dir. So wird auch unser Weihnachten ein stilles dankbares Fest sein, aber kein rauschendes, mit knallenden Sektkorken (die es ja gar nicht gibt) – vielleicht auch ein wenig ein trauriges Fest, da es so Viele traurig verbringen, Viele trostlos und in Lebensgefahr. Hoffentlich spürst

Du ein wenig unsere liebenden Gedanken, unsere Wünsche, unsere Sehnsucht nach Dir, den wir so lieben." (Lermoos, am 18. XII.42.) Dass sich Christel seit geraumer Zeit auf seine Taufe vorbereitete, die er feierlich zu gestalten gedachte, dürfte zur Tiefe der Gedanken beigetragen haben.

Jakob Knab meint, Christel habe sich „als innere Vorbereitung auf Weihnachten" dem Schriftsteller Reinhold Schneider[75] zugewandt. Gewiss las Christel um die Jahreswende dessen Essaysammlung „Macht und Gnade", aber wohl nicht als Weihnachtsvorbereitung – „Ich möchte Dir auch noch sagen," schrieb er seinem Schwager, „dass mir das Buch Macht und Gnade ungeheuer wertvoll ist. Es ist stärkend und trostreich ein Kapitel zu lesen, die Erkenntnisse Schneiders sind ja so einfach so lebenswahr und doch unserem heutigen Leben fast völlig verlorengegangen. Auch die Form des Buches ist mir gerade sehr angenehm gewesen, ich kam ja nicht zu längerem Lesen, da kann ich mir jeweils ein passendes Kapitel herausgreifen." (Lermoos am 21. XII. 42.). Schneider stellt in seiner Veröffentlichung historische Persönlichkeiten und Ereignisse aus mehreren Ländern Europas vor, um versteckt Kritik am Regime zu üben. Dabei unterscheidet er wiederholt Geschichte in ihrer faktischen Materialität und Geschichte in ihrer geistigen Rezeption. Schneider verfolgt den Grundsatz, dass die handelnde Kraft hinter den Geschehnissen niemand anderes als der Mensch (und Gott) ist. „Ideen und Überzeugungen werden dadurch nicht erklärt, daß sie abgeleitet werden; es ist ja wohl so, daß die Zeit und persönliche Schicksale auf eine wunderbare Weise zusammenwirken, so daß alles Persönliche auch geschichtlich und alles Geschichtliche wieder persönlich ist ...", heißt es in dem Essay „Der Starez. Ein Gespräch".

Das 1941 erschienene Buch wurde mit dem Druckverbot aller Schneiderschen Bücher geahndet. Schon seit seinem Buch „Las Casas vor Karl V." stand der Autor unter Beobachtung. Zu unmissverständlich hatte der 1937 nach zwanzigjähriger Abstinenz zum Katholizismus zurückgekehrte Erzähler darin Kritik an der Judenverfolgung geübt.

Die einzelne Seele als „Träger geschichtlichen Lebens", die sich der historischen Entscheidung nicht entziehen kann, berührte Schneider. Karl V. habe sich nach dem Kloster gesehnt, Friedrich Wilhelm I. nach einem friedlichen, sauberen Haus in Holland, Elisabeth I. verkleidete sich als Schäferin, „um sich für eine Stunde über die Kälte ihres Daseins hinwegzutäuschen", und Peter der Große habe „sich gefallen als Arbeitsmann, Pilot oder Soldat unter dem Kommando eines Untertanen". Doch „sie alle mußten fühlen, daß es keine Flucht vor der

---

[75] Reinhold Schneider (1903–1958) war ein deutscher Dichter, der nach dem Zweiten Weltkrieg als „Gewissen der Nation" galt.

Geschichte gibt; denn wenn es ihnen auch gelungen wäre, der Tat sich fernzuhalten, so hätten sie sich damit der Geschichte noch nicht entzogen. Ihr Bereich umfaßt ja das sichtbare Geschehen ebenso wie das unsichtbare: sie spielt sich auf der Schaubühne ab, wo die Völker ihre Kämpfe austragen, und in den Kammern der Seele." („Vom täglichen Leben in der Geschichte")

In dem Essay „Zum Gedächtnis der Gnadenpilger 1536" betont Schneider: „Die Geschichtsschreibung kommt, eben weil sie nach Genauigkeit strebt, in die Gefahr, über den Ereignissen die Seelenkämpfe zu vernachlässigen, die in den Menschen durch die Ereignisse ausgelöst werden." Nicht der Held und dessen kriegerische Tüchtigkeit, sondern der Heilige, der sein Leben hingibt für die Wahrheit, steht für Reinhold Schneider im Zentrum der Geschichte: „Der Mensch ist in die Geschichte hineingeboren, deren eigentlicher Inhalt nicht der Aufgang und Untergang der Staaten ist, sondern der Aufgang des Reiches Gottes und das Gericht an den Feinden dieses Reichs. Darum ist die Seele des Menschen in einem höheren Sinne Schauplatz der Geschichte, als es die Schlachtfelder sind." („Das Schweigen")

Schneiders Ernsthaftigkeit kommt vielleicht am fassbarsten in folgenden Zeilen zum Ausdruck: „Denn Gottes Walten, in das die Freiheit menschlichen Wollens auf eine unergründliche Weise einmündet, kann zwar vom Glauben angenommen, aber in Tag und Stunde nicht von der Erkenntnis durchdrungen werden; der Herr offenbart sich meist erst dann, wenn er vorübergegangen ist und wir auf der aufgewühlten Erde oder auch auf stillem Wiesengrunde seine Spur erkennen; wir sollen mit unserer ganzen Kraft um die rechte Ordnung auf Erden ringen, aber wir kennen die Zukunft nicht; und es wäre vermessen und gewiß auch töricht, mit Menschen und Völkern wie mit Zahlen rechnen zu wollen." („Der Sinn aller Zeiten")

Christel schöpfte also Kraft und Trost aus diesem Buch. Als er „auf den ersten Seiten jenen Satz von den Menschen las, die ,sich opfernd und scheiternd, für das Endgültige zeugten und zugleich für das Volk' [„Die Rechtfertigung der Macht"], konnte er nicht ahnen, dass er selbst nur wenige Wochen später dieses Zeugnis des Gewissens ablegen würde." (Bald/Knab, S. 144)

Trotz eines Herzfehlers wurde Dieter Sasse weiter für den Dienst in Frankreich „arbeitsverwendungsfähig" geschrieben. Er litt daran, nicht in die Heimat abkommandiert worden zu sein. Christel schrieb ihm erneut ermutigende Worte, auch mit Verweis auf die eigene Situation: „Glaube mir[,] der Wechsel der Situation ist einfach nicht zu umgehen in dieser düsteren Zeit – oft der allerplötzlichste und unerwartetste, da muss man stark bleiben und auf sein weiteres

Schicksal vertrauen, es kommt ja alles nur so, wie es kommen muss, und was einem an Leid und Schmerz zugedacht ist muss man genauso hinnehmen, wie die Freuden des Lebens. Denn das Leid bereitet einen neu für die Freude, es läutert einen, vertieft Dich und macht Dich stark dem Leben gegenüber. Ich bitte Dich nun als Dein Bruder aus ganzem Herzen: Versuche auch das Leid lebendig zu tragen, nimm es ohne Angst gelassen hin, sage Dir immer wieder dass es nicht umsonst gelitten wird, dass es genauso von Gott gesandt ist wie die Freude, dass es Dich nicht nur auf dieses spätere Erdenleben bereitet sondern auch auf das Leben nach dem Tod! Lieber, ich weiss, weiss, weiss wie schwer es ist, ich unterschätze nichts, – sind wir doch weicher und empfindsamer veranlagt als die meisten anderen, aber dennoch[,] ich verlange geradezu von Dir, dass Du nie einen verzweifelten Gedanken in Deinem Herzen aufkommen lässt – vertraue immer auf die Hilfe des Himmels, aber vor allem glaube mir: es geschieht nichts Zufälliges, nichts letzthin Unvernünftiges." (Lermoos am 13. XII. 1942.) Ihm war sehr wohl bewusst, wie brüchig vieles in ihrer Zeit geworden war. „Noch nie wurde uns so deutlich gezeigt", schrieb er seiner Schwester, „wie gläsern alle irdischen Bestände sind, sogar ein bescheidenes Glück und zufriedenes Leben. Die Zeit sprengt scheinbar alles was zusammenhält, durch Liebesbande verbunden ist, auseinander, mag man sich wehren oder nicht. Und wenn die Trennung gar nicht vonnöten ist, man leidet ja dauernd unter dem Gefühl dass sie möglich sein kann, – unter der drohenden Ungewissheit der Zukunft". (Lermoos am 28. XII. 42.)

In dieser Situation beeindruckte Christel die Leidensfähigkeit eines ukrainischen Kindermädchens, das „aus ihrer Heimat und ihrer Familie nach Deutschland verschleppt worden [war], um als ‚hauswirtschaftliche Ostarbeiterin' bei ihnen zu arbeiten". (Moll, S. 211) „Eine neue Errungenschaft ist auch eine kleine Ukrainerin", berichtete Christel seinem Stiefbruder mit sarkastischem Unterton. „Ein 17 jähriges liebes Mädel, die wir auf dem ‚Sklavenmarkt' in Garmisch bekommen haben". Dabei waren er und Herta „sehr glücklich über ihre fühlbare Hilfe". „Wenigstens einem von den unzähligen leidenden Menschen [wollten sie helfen], sein Schicksal so angenehm als möglich zu gestalten. Sie kann bei uns in jeder Hinsicht genauso leben wie wir selbst." (Lermoos am 13. XII. 1942.) Freilich „war diese Art von Fraternisierung nach den offiziellen Behandlungsvorschriften nicht beabsichtigt. Ostarbeiterinnen im deutschen Haushalt sollten jegliche Arbeit ausführen, auch wenn sie noch so schmutzig und schwer war. Selbstverständlich durften sie keinen Urlaub beanspruchen und hatten nur drei Stunden wöchentlich Freizeit". (Moll, S. 844) Das ignorierten die Probsts. Seiner

Stiefmutter schrieb Christel über die neue Hilfe: „Die kleine Ukrainerin – der gegenüber ich auch ein fast väterliches Gefühl hege, sie ist doch noch recht unentwickelt und kindlich – steht gut mit den Kindern. Auch ist ihre Anwesenheit nicht unangenehm und das ist ja so wichtig, wenn man so nah beisammenlebt und sogar am gleichen Tisch isst. Ich bin ja gespannt, wie das alles der Mutti zusagt". (Lermoos am 13. XII. 1942.)

Christel versetzte sich in Olgas Schicksal. „Stell Dir vor", fuhr er in seinem Brief an Dieter fort, „was es für so ein junges Geschöpf bedeutet, von Heute auf Morgen von Mutter und allen Verwandten weggerissen zu werden, und fast in Lumpen bekleidet in eine ganz neue unbekannte Atmosphäre versetzt zu werden, ohne ein Wort zur Verständigung parat zu haben, völlig auf fremde Menschen angewiesen zu sein, deren Wert man gar nicht kennt! Unser Mädel war z. B. krank, weinte oft vor Schmerzen und konnte uns doch nicht begreiflich machen, was ihr fehlte. Mein russisches Radebrechen versteht sie ja recht gut, aber ich kann mit dem Ukrainischen fast gar nichts anfangen, es ist doch stark abweichend vom Russischen. – Aber trotz allem, trotz völlig ungewissen Lebensaussichten trotz völligem Ausgeliefert-Sein, tragen diese Menschen ihr Schicksal bewundernswert und das müssen wir auch lernen."

Das Heim in Lermoos hatten Herta und Christel unterdessen fast fertig eingerichtet. „Die Zimmer sind nun schon ganz ansehnlich, aus München sind nochmals einige Möbel gekommen, darunter der Barockschrank, den uns Mutti geschenkt hat. Vor allem das obere Zimmer ist ein – für unsere Verhältnisse – recht ansehnliches Prunkstück geworden. Ich halte mich natürlich in jeder freien Minute hier auf, schleppe allerhand an, jedesmal Rucksäcke oder Koffer voll Zeug, wenn ich ankomme und montiere allerhand. So habe ich heute endlich eine vernünftige Verdunkelung gemacht." (Lermoos am 13. XII. 1942.) Das Aussehen des „oberen Zimmers" beschrieb er einen Tag später der Ömi: „Nachdem nun noch die münchener Möbel gekommen sind ist es fast zu nett bei uns, vor allem oben, das Noldebild u. der Barockschrank u. die herrliche Aussicht + Sonnenschein ist fast zu viel der Schönheit. Vor allem ist es schön, da oben zu schlafen, wenn nachts die Sterne ins Fenster scheinen und man morgens in Frühlicht gleich so schöne Dinge im Zimmer sieht." (Innsbruck, am 14. XII. 42.) Seinen Weihnachtsgruß an die Ömi verband Christoph mit einer Einladung ins „Nolde-Zimmer": „Ich sage Dir Lise, das Noldebild ist der Schwerpunkt unserer Wohnung, es erquickt mich dauernd durch seine kraftspendende Strahlkraft. Ich muss immer wieder an den Moment denken, an dem wir es (ohne dass ich es je geglaubt hätte) bekamen. Das war ein so freudiger, ein so schmerzlicher Stich im Herzen, ich kann das gar nicht beschreiben. Wenn Du dann bald zu uns kommst, wirst Du oben wohnen und unter den beiden Engeln schlafen." (Lermoos am 22. XII. 1942.)

In Innsbruck hatte Christel eine Bleibe in Aldrans gefunden, eine Stunde von der Universität entfernt. Er hatte „wie ein Hausierer" eine Unterkunft gesucht und war überall abgewiesen worden. Selbst bei den Bauern in den Vorstädten habe er kein Glück gehabt, klagte er. Zumal er „in München immer noch ein prächtiges Zimmer leerstehen [hatte], in das man per sofort zurückkehren könnte" – Angelika hatte ihm bei ihrer Abfahrt ihr Zimmer überlassen, das Christoph bei seinen Aufenthalten in München nutzte. „Anstatt dessen," schrieb er, „muss man sinnlos in Innsbruck Wohnung suchen."
Schließlich fand er ein „Pensionszimmer". „Das war dann allerdings schöner als ich es mir träumen liess: mit Südbalkon, fliessend-warmem Wasser u. Zentralheizung. Die Vermieterin ist eine sehr nette Dame. Preis: 70 M. (stark ermässigt) für Innsbruck ist das billig." Bei strahlendem Wetter fiel es ihm schwer, „in den Dreckdunst der Stadt hinabzufahren (mein Dörflein liegt 200 m über der Stadt.)" Kurz hinter Christels Haus lag direkt die Patscherkofel-Drahtseilbahn, die „auf einen berühmten Skiberg" hinaufführte. Kein Wunder, dass er mit der Verlockung kokettierte: „Wenn dann noch ein richtiger Skischnee kommt, wird aus dem Studium wohl nicht mehr allzuviel." Aber er schloss hoffnungsfroh: „In meinem einsamen Zimmer werde ich wohl ma[n]che stille und ernste Stunde verleben und oft an Dich, mein lieber einziger Bruder denken! Wollen wir hoffen, dass Du trotz aller widrigen Schicksale, bald wieder nach Hause kommst, bei uns in Lermoos lange zu Gast sein kannst als Onkel Dieter (bald von 3 Kinderlein, bist Du nicht stolz?) und mit uns die Schönheit der Berge und das Geschenk eines friedlichen Lebens geniessen kannst." (Lermoos am 13. XII. 1942.)

Derweil war das Leben in München nicht stehengeblieben. Das „Zentrum für die Planungen und Durchführungen der Widerstandsarbeit war jetzt die neue Wohnung der Geschwister Scholl in Schwabing und nicht mehr das Zimmer Alexander Schmorells in seinem Elternhaus in der Menterschwaige. Auch fungierte Schmorell nicht mehr als der Gastgeber von Lese- und Diskussionsabenden... Im Wintersemester 1942/43 fanden diese Zusammenkünfte im Atelier Eickemeyer, das sich in der unmittelbaren Nähe der Wohnung der Geschwister Scholl in Schwabing befand, mit unterschiedlichen Teilnehmern und verschiedenen Zielen statt. Sie wurden wohl alleine von Hans Scholl organisiert."

Dennoch erwies sich Alex „wiederum als einer der wichtigsten Akteure, der zusammen mit den Geschwistern Scholl und Willi Graf unermüdlich die einzelnen Schritte der Widerstandsarbeit ausführte. Er besaß einen Schlüssel für die Wohnung der Geschwister Scholl, so dass er während der Aktionen nicht nur ein- und ausgehen konnte, sondern dort auch übernachtete, wie Hans Scholls Freundin Gisela Schertling später vor der Gestapo aussagte." (Moll, S. 211)

Christel wurde „bei seinen Kurzbesuchen in München in die Diskussionen über die neuen Widerstandsplanungen voll mit einbezogen. Am 2. Dezember deutete Willi Graf in seinen Tagebucheintragungen seine und Probsts Teilnahme an den Beratungen über die Flugblattverbreitung an: ‚Bei Hans sitzen wir spät und lange zusammen, denn Christl wird jetzt wegfahren. Gespräche über den Aufbau, manche Gedanken sind mir neu.' Zuvor hatte Sophie Scholl ihrer Schwester Inge berichtet: ‚Am Adventssonntag war Christl hier, den ich immer gerner mag. Er übt einen guten Einfluß auf Hans aus.'" Moll schließt, „der geistige und politische Gleichklang zwischen Scholl und Probst" müsse „mittlerweile sehr groß gewesen sein. Denn es geschah wahrscheinlich in dieser Zeit, Ende November, Anfang Dezember 1942, dass Scholl Probst die Aufgabe übertrug, ein Flugblatt mit aktuellen tagespolitischen Inhalten zu entwerfen." (Moll, S. 215) Das sollte er im Januar tun.

Im November und Dezember erweiterte sich der aktive Kreis der „Weißen Rose". Traute Lafrenz hatte zwei Flugblätter nach Hamburg zu alten Schulfreunden gebracht, die sie dort verbreiteten. Jürgen Wittenstein versuchte Mitstreiter in Berlin zu werben. Alex und Hans besuchten in Stuttgart den Buchprüfer Eugen Grimminger[76], der zum „eigentlichen Finanzier" der „Weißen Rose" wurde. Auch Hans Hirzel erhielt in diesen Tagen Informationen über ein weiteres Flugblattvorhaben. In den Weihnachtsferien gab ihm Hans hierfür Briefumschläge.

Dabei nahm das Leben seinen normalen Lauf. Bei dem vergeblichen Versuch, einen alten Wehrmachtfreund zu werben, verliebte sich Hans in dessen Schwester, Rose Nägele. Das geschah gerade zu der Zeit, als er sich ein erstes Mal mit Arvid Harnack traf, dessen Bruder eine bedeutende Rolle im Widerstand der „Roten Kapelle" spielte und am Jahresende hingerichtet werden

---

[76] Eugen Grimminger (1893–1986) war ein enger Kollege und Freund von Robert Scholl. Die beiden Männer halfen sich gegenseitig beruflich, Grimminger vertrat Scholl während dessen Inhaftierung in der Steuerkanzlei. Er unterstützte die „Weiße Rose" finanziell und mit Sachspenden. Am 2. März 1943 wurde er verhaftet und am 19. April 1943 im zweiten Prozess gegen Mitglieder der Weißen Rose wegen Unterstützung zum Hochverrat zu zehn Jahren Zuchthaus verurteilt. Eugen Grimmingers jüdische Frau Jenny wurde nach seiner Inhaftierung deportiert und in Auschwitz ermordet. (Gebhardt, Position 2918 und 4444)

sollte. Hans und Alex suchten offenbar die Verbindung zu den Widerstandsgruppen in Berlin. (Moll, S. 214)
In Innsbruck begründete Christel ein besonderes Vertrauensverhältnis zu Walter Koch, „einem Kommilitonen mit vielfältigen Kontakten zu anderen Widerstandsgruppen. Koch schreibt: ‚Wieder einmal, auf dem Nachhauseweg blieb er stehen und eröffnete mir, dass er Mitglied einer Widerstandsgruppe sei, mit dem Schwerpunkt in München. ... Unser gegenseitiges Vertrauen war zu diesem Zeitpunkt so weit gediehen, dass er mich fragte, ob ich diesem Kreis beitreten möchte.'" (CPG, S. 46)

Anfang Dezember entschied sich Willi Graf, „aktiv an den Widerstandsaktionen teilzunehmen." (Moll, ebda.) Der gemeinsame dreimonatige Fronteinsatz in der Sowjetunion hatte seine Freundschaft mit Hans Scholl nachdrücklich gefestigt. Um Weihnachten und vom 20. bis zum 25. Januar 1943 fuhr Willi nach Saarbrücken, Bonn und Freiburg, um Freunde und Bekannte für die Widerstandsaktionen zu gewinnen, hatte aber lediglich bei den Brüdern Heinz und Willi Bollinger Erfolg. (Moll, S. 216) Willi ging, darauf weist Gebhardt (Position 1587) zu Recht hin, „womöglich das höchste Risiko von allen" ein. „Er transportierte Flugblätter in weit entfernte Regionen, reiste dafür mit gefälschten Passierscheinen, versuchte, Kontakte zu anderen konspirativen Kreisen zu knüpfen und neue Mitglieder für die Weiße Rose zu gewinnen. ... Als eigentlich verschwiegener und verschlossener Mensch musste er herausfinden, wem er wie viel preisgeben durfte und wem zu trauen war, denn der Schutz der Menschen, die ihm nahestanden, ging ihm bis zu seinem eigenen Tod über alles. Der Instinkt für Menschen war, so seine Schwester Anneliese, seine herausragende Charaktereigenschaft. ‚Er erkannte rasch, ob jemand seine Sprache verstand, und verhielt sich auch danach: er verschloss, oder öffnete sich.'" Zur Beruhigung kaute Willi „auf Kirschkernen herum, sein Hausmittel für Konzentration." (Gebhardt, Position 3136)

Lermoos, Innsbruck, München, Januar und Februar 1943

Nachdem die Resonanz der Empfänger auf die ersten vier Flugblätter der Weißen Rose im Juli 1942 „äußerst begrenzt gewesen war, sollte es [für das nächste Flugblatt] zu einem Adressatenwechsel kommen. Schon in dieser Zeit war es das Ziel der Hauptakteure ‚auf die breite Volksmasse [...] einzuwirken', wie Sophie Scholl vor der Gestapo später erklärte." Das fünfte Flugblatt wurde demzufolge an „alle Deutsche" gerichtet. Es wurde Mitte Januar geschrieben und zwischen dem 27. und 29. Januar 1943 verbreitet (Moll, S. 212; siehe auch: Chaussy/Ueberschär, S. 67).

Wieder verfassten Alex und Hans unabhängig voneinander einen Entwurf, den sie diesmal jedoch Kurt Huber vorlegten. Der Professor votierte für Hans' Vorlage. In Alex' Text hätten nur „leere, etwas kommunistische Phrasen" gestanden, „hinter denen gar keine leitende Idee stand", wie er vor der Gestapo erklärte. Er bearbeitete das Schollsche Manuskript und formulierte den „politischen" Abschnitt entscheidend mit. Die Freunde stellten das Blatt in einer Auflagenhöhe von 6.000 bis 9.000 Stück fertig. Verbreitet wurde es „in Augsburg, Stuttgart und Frankfurt am Main sowie in Salzburg, Linz und Wien". (Moll, S. 217) So brachte Sophie „Flugblätter nach Augsburg und warf sie dort in Bahnpostbriefkästen ein. Anschließend fuhr sie nach Ulm und brachte Hans Hirzel wahrscheinlich 2000 Flugblätter, von denen dieser einen großen Teil ... in den folgenden zwei Tagen für Stuttgart postfertig machte und am 27. Januar mit seiner Schwester Susanne Hirzel in Stuttgart verbreitete. Als zweiter Kurier fuhr Alexander Schmorell am 26. Januar mit einigen hundert Briefen nach Salzburg, Linz und Wien, wo er jeweils 100 bis 200 Flugblätter am Bahnhof zur Post brachte. In Wien gab er auch noch Flugblätter für Frankfurt am Main auf." Die Versendung an vielen Orten zugleich sollte den „Eindruck einer weitverzweigten Organisation" erwecken. (Moll, S. 220)

Da die ihnen zur Verfügung stehenden Briefumschläge, die die Freunde nur hatten Stück für Stück besorgen können, aufgebraucht wurden, wählten Hans, Alex und Willi für München „eine andere, noch gefährlichere Aktionsform". Sie streuten in der Nacht vom 28. auf den 29. Januar von 23.00 Uhr bis 1.00 Uhr früh mehr als 2000 Flugblätter aus, „die nach den Angaben der Gestapo den Hauptbahnhof zum Mittelpunkt hatte". Anschließend trafen sich die drei Medizinstudenten wieder in der Wohnung der Geschwister Scholl, von der aus sie losgezogen waren. (Moll, S. 220)

Das fünfte Flugblatt reflektiert die britische Propaganda wohl am stärksten. Die Freunde wollten mit ihrer Aktion erneut die nationalsozialistische Agitation entkräften und das deutsche Volk aufrütteln. „Glaubt nicht, dass Deutschlands Heil mit dem Sieg des Nationalsozialismus auf Gedeih und Verderben verbunden sei!", wie die Manipulationsmaschinerie der Bevölkerung suggerierte. Es gehe nicht um „Sieg oder Untergang". Auch sei die Angst vor einer „Bolschewisierung" Deutschlands nichts anderes als ein „Propaganda-Schreckgespenst". Das Flugblatt thematisierte den Massenmord an den europäischen Juden. Es wollte den Einzelnen an seine Verantwortung erinnern und den propagandistischen „Kollektivschuldgedanken" entkräften, indem auf die drohende Bestrafung der Mitläufer verwiesen wurde. Viele der auftauchenden Gedanken waren zeitgleich in der britischen Propaganda präsent. Das deutsche Volk sollte sich „noch vor der deutschen Niederlage vom Nationalsozialismus trennen, um nach dem Krieg wieder in eine europäische Völkergemeinschaft aufgenommen werden zu können!" Es sollte sich aktiv von Hitler befreien. (Moll, S. 222) Alex und Hans gaben später der Gestapo zur Antwort, das Flugblatt habe zur Kriegsverkürzung beitragen sollen. Die Freunde hielten einen Sieg nach der Niederlage an der Ostfront und aufgrund der militärischen Übermacht Amerikas und Englands im Westen für unwahrscheinlich. Dies formulierte Hans bei seiner Vernehmung im Gestapo-Hauptquartier in München unverhohlen. Die Studenten rechneten jederzeit mit einer Invasion der Westalliierten – und waren damit in Deutschland nicht allein. Deshalb äußerte Hans auch, man dürfe keinesfalls den Tod riskieren. Es war eine trügerische Erwartung. „Die Aussage Scholls zeigt", meint Moll (S. 221), „dass seine Motivation jetzt sehr stark von Ziel- und Zukunftsvorstellungen, also von der Situation ‚danach' bestimmt wurde". Der politische zweite Teil des fünften Flugblattes enthält folgerichtig eine Skizze für das Europa nach dem Krieg. Im Kern: Ein gesunder „föderativer Staatenaufbau, Zerschlagung des preußischen Militarismus, vernünftiger Sozialismus, Verankerung der Menschenrechte und das Recht auf Güter für alle." Das sollte für Deutschland und für ganz Europa gelten. (Moll, S. 222)

Christel schrieb den von Hans erbetenen Flugblattentwurf schließlich am 28. oder 29. Januar 1943. Obwohl dieser Text nie publiziert wurde, ja, nur Hans ihn gelesen hatte, kostete er den Aufrechten das Leben:
„Stalingrad!
200000 deutsche Brüder wurden geopfert für das Prestige eines militärischen Hochstaplers. Die menschlichen Kapitulationsbedingungen der Russen wurden den geopferten Soldaten verheimlicht. General Paulus erhielt für diesen Massenmord das Eichenlaub. Hohe Offiziere haben sich im Flugzeug aus der Schlacht von Stalingrad gerettet.
Hitler verbot den Eingekesselten sich zu den rückwärtigen Truppen zurückzuziehen. Nun klagt das Blut von 200000 dem Tod geweihten Soldaten den Mörder Hitler an.
Tripolis! Es ergab sich bedingunglos der 8. englischen Armee. Und was taten die Engländer, sie ließen das Leben der Bürger in ihren gewohnten Geleisen weiter laufen. Belassen sogar die Polizei und Beamte in ihren Stellen. Nur eines machten sie gründlich, sie säuberten die größte italienische Kolonialstadt von allen

falschen Rädelsführern und Untermenschen. Mit tödlicher Sicherheit kommt die vernichtende, erdrückende Übermacht von allen Seiten herein. Viel weniger als Paulus kapitulierte, wird Hitler kapitulieren. Gäbe es doch für ihn dann kein Entkommen mehr. Und wollt ihr Euch genau so belügen lassen wie die 200000 Mann, die Stalingrad auf verlorenem Posten verteidigten? Dass ihr massakriert, sterilisiert oder Eurer Kinder beraubt werdet? Roosevelt, der mächtigste Mann der Welt, sagt am 26. Januar 1943 in Casablanca: Unser Vernichtungskampf richtet sich nicht gegen die Völker, sondern gegen die politischen Systeme. Wir kämpfen bis zur bedingungslosen Kapitulation. Bedarf es da noch eines Nachdenkens, um die Entscheidung zu fällen?
Es handelt sich nunmehr um Millionen Menschenleben. Soll Deutschland das Schicksal von Tripolis erfahren?
Heute ist ganz Deutschland eingekesselt wie es Stalingrad war. Sollen dem Sendboten des Hasses und des Vernichtungswillens alle Deutschen geopfert werden! Ihm, der die Juden zu Tode marterte, die Hälfte der Polen ausrottete, Rußland vernichten wollte, ihm, der Euch Freiheit, Frieden, Familienglück, Hoffnung und Frohsinn nahm und dafür Inflationsgeld gab. Das soll, das darf nicht sein! Hitler und sein Regime muss fallen, damit Deutschland weiter lebt. Entscheidet Euch, Stalingrad oder Untergang, oder Tripolis und die hoffnungsvolle Zukunft. Und wenn ihr Euch entschieden habt, dann handelt."

Dass Christel in diesem Flugblattentwurf ausdrücklich darauf hinwies, dass die Alliierten nicht die Völker, sondern die politischen Systeme als Gegner betrachteten, hatte mit den Hoffnungen der Kernmannschaft der „Weißen Rose" zu tun. Sie setzen fest auf die englische Ordnungsmacht. Ihre eigenen Vorstellungen deckten sich zudem weitgehend mit den britischen Botschaften. Seinen Entwurf gab Christel am 31. Januar 1943 – zehn Tage nach der Geburt seiner Tochter – bei einem seiner Münchener Kurzbesuche ab. Hans' Schwester Elisabeth beeindruckte bei dieser Gelegenheit, „daß er trotz eines Aufenthalts von nur eineinhalb Stunden die Uniform auszog und Zivilkleidung anlegte. Er zog sich sofort mit Hans in dessen Zimmer zurück. Anschließend tranken wir zusammen Tee und sprachen über Christls Frau, die nach der Geburt des dritten Kindes mit Wochenbettfieber in einer Klinik lag." (Scholl, Position 2166)
„Ausgerechnet Christoph Probst", meint Christiane Moll (S. 215), „der im Kreis der Freunde eher grundsätzlich reflektierte und als Familienvater aus der Herstellung und Verbreitung der Flugblätter herausgehalten werden sollte". Dieser Christoph Probst verfasste „einen politisch sehr konkreten Entwurf". Ausgelöst wurde sein Schreiben – rund acht Wochen nach Hans' Bitte an ihn – durch

die Katastrophe von Stalingrad. Sie war bereits bekannt, ehe sie wenige Tage später von den deutschen Verantwortungsträgern offiziell eingestanden wurde. Hitlers unerbittliche Grausamkeit wischte Christels „Bedenken und sein Zögern" hinweg. Herta zufolge war Christel damals, als die Niederlage in der deutschen Öffentlichkeit nicht mehr zu verheimlichen war und darüber „immer ungeschminkter" berichtet wurde, „furchtbar mitgenommen und erschüttert". Tausende von Soldaten „so einfach dem Tode oder der Gefangenschaft preisgegeben", brachten den Einfühlsamen aus dem Gleichgewicht (CPG, S. 147) Die „Sehnsucht nach einer hoffnungsvollen Zukunft" war bei dem glücklichen Familienvater wohl „besonders stark", vermutet Moll (S. 224).

Moll fährt fort (S. 225): „Wir wissen nicht genau, in welcher Stimmung sich die Freunde der Weißen Rose jeweils befanden. Aber sicherlich waren sie nicht nur in einem ungebrochenen ‚Hochgefühl der Illegalität', in der Erwartung des baldigen Endes des nationalsozialistischen Staates, sondern auch in der Angst vor einer ungewissen Zukunft." So schrieb Christel am 5. Februar 1943 seiner Stiefmutter aus Innsbruck: „Es ist eine apokalyptische Zeit und wir müssen wohl alle noch bis ins Innerste erschüttert werden, bis endlich Friede einzieht in diese halbzerstörte Welt. Aber die Hoffnung bleibt und wird stärker!"
In dieser Situation ging Sophie Scholl Anfang Februar ein größeres Risiko ein. „Sie streute in kleinen Mengen Flugblätter am Tag in München aus, und zwar in Telefonkabinen und auf parkende Autos." (Moll, S. 220f.)

Eine weitere[77] (und letzte) Lesung Theodor Haeckers im Freundeskreis fand am Donnerstag, den 4. Februar 1943 statt. Zwei Stunden lang las der Nachdenkliche im Atelier von Manfred Eickemeyer in der Münchener Leopoldstraße vor fünfunddreißig Zuhörern aus dem ersten Kapitel seines Buches „Schöpfer und Schöpfung". Darin heißt es: „Diese Dinge allein … füllen doch in Wahrheit das Herz des Menschen, welches miserum ist, elend und erbärmlich, aber begabt mit einer unstillbaren Sehnsucht nach dem Gott der misericordia, der Barmherzigkeit. Es ist wohl zu beachten, dass diese letzten Erkenntnisse … zuerst einmal existentiell gewonnen worden sein [müssen], selbst ehe sie in die Doktrin eingehen. Wer gibt nicht das klägliche Unterfangen auf, im Schweiße seines Angesichts nach Argumenten für eine Theodizee zu suchen, wenn in seine stumpfe Arbeit das Lied der Jünglinge im Feuerofen ertönt? Aber auch hier ist die große tragische Schuld und Schwäche in diesen Tagen. Ist es nicht eine falsche Scham, zu verschweigen, daß man keiner Sache so gewiß ist, dass

---

[77] Haecker hatte auch im Dezember eine Abendveranstaltung über den Anti-Christ als Referent abgehalten, und dabei vor zu kurz greifenden Interpretationen gewarnt. Der Anti-Christ sei noch nicht gekommen.

man nichts mit so überirdischer Sicherheit erfahren hat wie die Liebe Gottes? Dieses Zeugnis könnten, weiß Gott, sehr viele geben, gerade heute, im tiefsten Elend, und geben es doch nicht. Dieses Verschweigen eines höchsten Seins ist ein großes Unheil." (Bald/Knab, S. 216)

Angesichts der Frage, wie Gott eine Welt erschaffen konnte, „in der es all das Entsetzliche an Leid und Leiden und Tränen gibt", gelangte Haecker zu der Erkenntnis, dass „über der Allmacht Gottes ... seine Liebe" steht, „und die überquellende Fülle Seiner Gerechtigkeit ist Seine Barmherzigkeit." Haeckers letzte Worte im Freundeskreis der Weißen Rose lauteten: „Nicht das Leiden erlöst, sondern die Liebe, die Liebe Gottes ...". Sophie schilderte ihrem Verlobten Haeckers Wirkung auf sie: „Seine Worte fallen langsam wie Tropfen, die man schon vorher sich ansammeln sieht, und die in diese Erwartung hinein mit ganz besonderem Gewicht fallen. Er hat ein sehr stilles Gesicht, einen Blick, als sähe er nach innen. Es hat mich noch niemand so mit seinem Antlitz überzeugt wie er."[78] Inge Scholl meint: „Zweifellos hat Haecker durch seine absolute Haltung, seinen reinen Zorn und seine immer wiederkehrende Klage ‚Was jetzt die Juden leiden, wäre ein Auftrag der Christen' großen Einfluß auf meine Geschwister und ihre Freunde gehabt, besonders auf Christoph Probst." (Petry, S. 41)

Im Anschluss an die Lesung köpften die Freunde einige Flaschen Wein. „Zum Amüsement aller schlief Hans bei der Gesellschaft ein". Er war „erschöpft nach einer durchwachten Nacht." (Shrimpton, S. 231) Von etwa 0.30 Uhr bis 3.30 Uhr hatten er und Alex an über 20 Orten in der Münchener Innenstadt die Parole „Nieder mit Hitler" und ein durchgestrichenes Hakenkreuz mit schwarzer Teerfarbe auf Häuserwände gemalt. Die dabei benutzte Schablone, von der „die Gestapo glaubte, sie sei von einem Fachmann hergestellt worden", hatte Alex angefertigt. Hans schrieb auf dem Rückweg spontan noch rechts und links vom Universitätseingang ungeplant die Parole „Freiheit" in 75 Zentimeter hohen Lettern. Einige Nächte darauf, vom 8. auf den 9. Februar, schrieb Hans mit Willi mit grüner Farbe an den Eingang der Universität „zweimal die Parolen ‚Nieder mit Hitler' und ein durchgestrichenes Hakenkreuz und dreimal ‚Freiheit' in 60 cm hohen Buchstaben an." (Moll, S. 230f.)

Die Niederlage der 6. Armee in Stalingrad war schließlich auch für Kurt Huber Anlass und Anstoß, das sechste Flugblatt zu verfassen. Die Freunde wollten diesmal gezielt und ausschließlich die Münchener Studentenschaft mobilisieren. Da sie die Auffassung vertraten – wie Sophie Scholl vor der Gestapo erklärte – „dass die meisten der Studenten revolutionär und begeisterungsfähig sind, sich vor allem aber etwas zu unternehmen getrauen". (Moll, S. 227)

---

[78] Jakob Knab, Mahner, Mentor und großer Mensch, a.a.O.

Vorausgegangen war am 13. Januar ein nahezu revolutionärer Akt der Münchener Studentenschaft. Bei seiner Festrede zum 470-jährigen Bestehen der Münchener Universität im Kongresssaal des Deutschen Museums hatte der Gauleiter für Oberbayern, Paul Giesler, die dort versammelten Studentinnen in beleidigender Weise aufgefordert, statt ihre Zeit mit Wissenschaft zu vertrödeln, lieber dem Führer alljährlich ein Kind zu schenken. Als einige der weiblichen Studierenden daraufhin den Saal verlassen wollten, hinderte man sie daran. Giesler fand es mit seinem finsteren Humor nun offenbar witzig, einen „draufzusetzen" und einer jeden „hässlichen" Studentin einen seiner Adjutanten zu offerieren. Daraufhin entlud sich die schon zuvor angespannte Atmosphäre in Tumulten und Protesten der männlichen Studenten. Kommilitonen und Kommilitoninnen übertönten den Schwadronierer und zwangen ihn seine Rede zu unterbrechen. Zur raschen Abhilfe fiel den Mitgliedern der NS-Studentenschaft nun nichts Besseres ein, als „die protestierenden Studentinnen für die alarmierte Polizei festzuhalten". Den Frauen sprangen die männlichen Kommilitonen bei. „Sie verwickelten die NS-Studenten und die anrückende Polizei in Prügeleien. Es ist ihnen wohl auch gelungen, einen nicht unbeträchtlichen Teil ihrer Kommilitoninnen nach über einer Stunde freizubekommen. Diese Befreiung wurde ... als Triumph empfunden. (Chaussy/Ueberschär, S. 65)

„Da fanden sich auf einmal," berichtete die anwesende Annemarie Farkasch, eine Bekannte der Familie Schmorell, „Juristen, Mediziner und Philosophen zusammen. Wildfremde Kollegen und Kolleginnen gingen mit uns Arm in Arm die Ludwigstraße hinunter und allen war die offene Empörung gegen das Geschehene und die Angst um die Festgenommenen gemeinsam. Ich habe nie vorher und niemals mehr nachher eine solche Stimmung an der Universität erlebt wie am folgenden Tage. Gruppen bildeten sich auf den Gängen. Angehörige der verschiedensten Fakultäten, die sich vorher überhaupt nicht beachtet hatten, standen einträchtig beisammen, und jeder war des anderen Freund." (Petry, S. 100)

Eben diese Studentenschaft sollte Kurt Huber mit dem neuen Flugblatttext ansprechen. Da es ihm immer noch „in seinen überfüllten Vorlesungen gelang, Hörer aller Fakultäten zu faszinieren" (Moll, S. 227), sollte Huber „in der Sprache eines jungen Studenten" die Kommilitonen beiderlei Geschlechts aufrütteln. Der Text gefiel Hans und Alex, bis auf den Passus „Stellt Euch weiterhin geschlossen in die Reihen unserer herrlichen Wehrmacht"[79]. Nach den Erfahrungen an der Ostfront vermochten sie diesen Aufruf nicht mitzutragen. Sie strichen die Zeile.

---

[79] Der vollständige Passus lautet: „Studenten, Studentinnen, Ihr habt Euch der deutschen Wehrmacht an der Front und in der Etappe, vor dem Feind, in der Verwundeten-Hilfe, aber auch im Laboratorium und am Arbeitstisch restlos zur Verfügung gestellt. Es kann für uns alle kein anderes Ziel geben, als die Vernichtung des russ. Bolschewismus in jeder Form. Stellt Euch weiterhin geschlossen in die Reihen unserer herrlichen Wehrmacht".

Huber sagte später aus, ihn habe dies verärgert und er habe daraufhin das Atelier Eickemeyer verlassen. Alex' Erinnerung zufolge hatte Huber bereits einigen Änderungen zugestimmt, bevor diese letzte Streichung entschieden worden sei, nach Hubers Weggang. Wie auch immer, Huber sah Hans nie, Schmorell erst auf der gemeinsamen Anklagebank wieder.

Der Professor ging im sechsten Flugblatt „sowohl auf die Katastrophe von Stalingrad als auch auf die konkrete Situation der Studenten an der Münchner Universität" ein. Er geißelte mit scharfen Worten das nationalsozialistische Bildungssystem und betonte, wie die persönliche Freiheit und Ehre der Studenten durch die Partei und NS-Studentenpolitik permanent gedemütigt würden. Darauf folgte der Appell an die studentische Jugend, sich wie im Befreiungskrieg gegen Napoleon 1813 nun vom nationalsozialistischen System zu befreien. „Mit dem Hinweis auf das von den Nationalsozialisten begangene ‚furchtbare Blutbad' in ganz Europa hieß es: ‚Der deutsche Name bleibt für immer geschändet, wenn nicht die deutsche Jugend endlich aufsteht, rächt und sühnt zugleich, seine Peiniger zerschmettert und ein neues, geistiges Europa aufrichtet.'" (Moll, S. 228)

Die Herstellung des Flugblattes begann am Freitag, den 12. Februar in der Wohnung der Geschwister Scholl. Hans, Alex und Willi Graf zogen dort etwa 2.000 bis 3.000 Exemplare ab. Sophie war nicht dabei. Sie pflegte vom 5. bis zum 14. Februar ihre erkrankte Mutter in Ulm. Ob Christel eingebunden werden sollte, ist unklar. (Shrimpton, S. 238f.) Der ursprüngliche Beginn des Aufrufs lautete „Deutsche Studentin! Deutscher Student!" Alex änderte ihn, nachdem die Matrize gerissen war um in „Kommilitoninnen! Kommilitonen!" Am Montag machten die Geschwister Scholl, Alex und Willi Graf die Flugblätter postfertig. „Da es wiederum zu wenig Briefumschläge gab, falteten sie die Flugblätter zusammen und adressierten sie auf der Außenseite. Die Adressen wurden aus einem veralteten Studentenverzeichnis des Wintersemesters 1941/42, das Kurt Huber zur Verfügung gestellt hatte, herausgeschrieben." (Moll, S. 229)

Stalingrad hatte Hitlers Nimbus der Unbesiegbarkeit gebrochen. Dem folgte in der Bevölkerung ein offener Stimmungsumschwung.[80] Diesen freilich interpretierten die Studenten allzu optimistisch. Sie nahmen jetzt größere Risiken in Kauf. Die dritte Nachtaktivität vom 15. auf den 16. Februar war wohl die „risikoreichste Aktion". Alex, Hans und Willi verpackten die versandfertigen, an Münchener Studenten adressierten 800 bis 1200 Flugblätter in zwei

---

[80] „Die Stimmung im Propagandaministerium wie im ganzen Land sollte aber bald kippen. Da war ein Knick in der gesamten Einstellung, auch in der Versorgungslage. Da wurde alles sehr verschärft. Stalingrad hatte alles verändert, der Verlust der Armee. Das haben wir auch im Ministerium gespürt." (Pomsel, Position 979)

Aktenmappen und brachten sie gegen 23 Uhr zu verschiedenen Postämtern in der Innenstadt. Bei sich trugen „die Akteure die Schablone, einen Eimer mit Farbe und Pinsel". Sie wollten „auf dem Rückweg an der Bayerischen Staatskanzlei und drei anderen Gebäuden die Parole ‚Nieder mit Hitler' mit durchgestrichenem Hakenkreuz" anbringen. An die Wand der bekannten Buchhandlung Hugendubel „schrieben sie nicht nur die Parole ‚Nieder mit Hitler', sondern auch ‚Massenmörder Hitler'." Sie hatten sich erneut für die nur schwer zu entfernende schwarze Teerfarbe entschieden, „und die Buchstaben, die ohne Schablone angeschrieben wurden, sollen etwa einen Meter hoch gewesen sein". Wahrscheinlich führte Hans trotz seines Abstreitens im Gestapo-Verhör eine Pistole mit sich. (Moll, S. 231)

„Der Einfallsreichtum der Studenten, mit ihren Mitteln dem Terrorstaat zu widerstehen", versucht Moll die Ereignisse zu verstehen (S. 232), „führte zu immer riskanteren und damit leichtsinnigeren Aktionen, die von spontanen Einfällen geprägt waren. Da die studentischen Widerstandskämpfer keinen sichtbaren Erfolg sahen, wuchs neben einer verzweifelten Radikalität und Ungeduld wohl auch das Gefühl der Verfolgung durch den Staat."

Donnerstag, der 18. Februar 1943 gegen 10.45 Uhr. Als Hans und Sophie Scholl den Haupteingang der Universität erreichten, hatten sie einen mit dem sechsten Flugblatt und einer kleinen Menge des fünften vollgefüllten rotbraunen Koffer und eine ähnlich vollgestopfte Aktentasche bei sich. Ihnen kamen Traute Lafrenz und Willi Graf auf dem Weg zu einer Veranstaltung entgegen. Bald darauf fragten sich die beiden, was die Geschwister so vollbepackt in der Universität vorhatten. Zwar hatte Hans das Auslegen der restlichen Flugblätter vor den Hörsälen und in den Gängen in der Universität mit Alex verabredet, auch Willi Graf wusste davon, doch, „so berichtete Schmorell durchaus glaubwürdig vor der Gestapo: ‚Etwas Näheres, insbesondere wann das geschehen und von wem das durchgeführt werden soll, ist zwischen uns beiden nicht vereinbart worden.'"[81]

Hans und Sophie „legten vor den noch geschlossenen Hörsälen und in den Gängen der Universität die Flugblätter stoßweise aus. Als sie schon am rückwärtigen Ausgang Amalienstraße waren, kehrten sie um und liefen in den ersten Stock, wo sie nochmals Flugblätter ablegten." Fatal war schließlich, dass die Geschwister auch in den zweiten Stock rannten, wo Sophie im „Übermut oder

---

[81] Lilo Fürst-Ramdohr meint sich zu erinnern, „dass Hans Scholl die Aktion in der Uni wollte, jedoch bei dem sonst sehr wagemutigen Alexander Schmorell auf Ablehnung gestoßen sei. Der sonst so zurückhaltende und vor Aktionismus warnende Christoph Probst habe mitmachen wollen. Hiergegen habe sich Sophie Scholl gewandt und darauf bestanden, an seiner Stelle ihren Bruder zu begleiten." (Lilo Fürst-Ramdohr, zitiert nach: Chaussy/Ueberschär, S. 105)

meiner Dummheit" die restlichen Flugblätter über die Brüstung in den Lichthof warf. (Moll, S. 233) Dieses Hinabflattern der Zettel von der Balustrade in den noch leeren Raum bemerkte der Pedell der Universität, Jakob Schmid. Der Hausschlosser hielt die Geschwister fest und führte sie zum Rektor, ohne dabei auf nennenswerten Widerstand zu stoßen. Detlef Balds Ansicht nach entpuppte sich nun gerade „der Rektor, SS-Standartenführer Professor Dr. Walter Wüst, ... als der wahre Gegner der ,Weissen Rose'". Der Lehrstuhlinhaber für arische Philologie und Kurator des SS-Ahnenerbes war „seinem Selbstverständnis nach der berufene Vollstrecker der NS-Ideologie im Wissenschaftssystem. Prompt ließ Wüst die Gestapo verständigen. Die Universität wurde vollständig abgesperrt. Solche Widerständigkeit konnte unter seinen Augen nicht geduldet werden; sie war mit Stumpf und Stiel auszurotten." (Bald, S. 180f.)

Nach den derzeitigen Erkenntnissen war der Abwurf „wohl eine spontane Handlung, vermutlich durch eine extreme körperliche und seelische Anspannung verursacht, die zu einer euphorisch tollkühnen Stimmung führte und zugleich den Blick für Risiken verstellte." So berichtete Hammerstein, „die Gefahr, in der sie gewesen seien, hätte keiner von ihnen ganz realisiert, ,Gefahr (sei) außerhalb der Vorstellungswelt' gelegen. ,Niemand dachte an Hinrichtung in der Ansicht: in der Wehrmacht kann einem nichts passieren.' Zu Hammerstein äußerte Scholl, das Schlimmste, was sie erwartete, wenn alles aufflöge, sei die Strafkompanie, denn so dumm seien die Nazis ja nicht, daß sie junge Leute, die für sie noch kämpfen könnten, nutzlos hinrichteten." Hans scheint am 18. Februar unter Zeitdruck gestanden zu haben. Er fühlte sich von der Gestapo beobachtet und verfolgt und hatte am Morgen feststellen müssen, „dass das an ihn selbst adressierte Flugblatt ihn diesmal auf dem Postwege nicht erreicht hatte." (Moll, S. 234 und Petry, S. 105)

Noch vor dem Abtransport ins Wittelsbacher Palais, dem Hauptsitz der Gestapo in München, entdeckte Hans in seiner Tasche Christels Flugblattentwurf. Sogleich versuchte er ihn in kleine Stücke zu zerreißen. Das gelang noch. Doch wieder war es der linientreue Schmid, der bemerkte, dass „der Student" bei der Durchsuchung „mehrere Papierfetzchen zu Boden fallen ließ bzw. unter anderes Papier hineinfallen lassen wollte". (Moll, S. 235) Die Beamten machten sich umgehend daran, die Schnipsel einzusammeln und das Puzzle zusammenzusetzen. Ob am Ende ein Schriftenvergleich Christel zum Verhängnis wurde oder Hans den Verfasser benennen musste, bleibt unklar. Jedenfalls widersprach Hans' Behauptung, er habe den Text im Briefkasten gefunden und gleich zerrissen, der Aussage Sophies, sie habe am Morgen den Briefkasten ge-

leert. „Jetzt", konstatiert Ulrich Chaussy (S. 89), „entfaltet Hans Scholls Nachlässigkeit katastrophale Wirkung. Am Ende eines langen ersten Verhörs heißt es im von Hans unterzeichneten Protokoll: „Der von mir heute morgen nach meiner Festnahme zerrissene Zettel stammt von Christof Probst." (Chaussy/Ueberschär, S. 278)
Möglicherweise waren Hans verschiedene Briefe aus seiner Wohnung vorgelegt worden, so dass er die Urheberschaft des Entwurfs nicht weiter leugnen konnte. Denn „hätte er weiter abgestritten, für die Flugblätter in der Universität verantwortlich zu sein, wäre der durch seinen handschriftlichen Flugblattentwurf überführte Christoph Probst von diesem Moment von der Gestapo auch als Autor der anderen schon verteilten Flugblätter belangt worden. Um 4 Uhr morgens begann Hans Scholl mit seinem Geständnis." (Chaussy/Ueberschär, S. 89) Dabei versuchte er mit allen Volten, Christel zu entlasten: „Probst stand in politischer Hinsicht unter meinem Einfluß und wäre zweifellos ohne diesen nicht zu diesem Entschluß gekommen." Weiter: „Ich muss dazu ausdrücklich bemerken, dass ich zu Probst nichts davon gesagt habe, dass ich seine schriftlichen Aufzeichnungen zur Herstellung von Flugblättern verwenden werde." (Chaussy/Ueberschär, S. 279)
„Das Aussageverhalten Scholls vom Beginn seines Geständnisses an", stellt Chaussy fest, lässt „ein absolut konsequent durchgehaltenes Muster erkennen. Scholl gibt, was die Beteiligung Dritter angeht, schrittweise nur das an, was er – durch Vorhalte, Indizien oder durch Zeugenaussagen widerlegt – zugeben muss und nicht weiter als angeblich eigenen Tatanteil auf sich nehmen kann." Deswegen folgert der Buchautor, es entbehre „jeder Logik, dass Hans Scholl den in München nicht präsenten Christoph Probst als Verfasser des handschriftlichen Flugblattentwurfes angibt, ohne durch einen eindeutigen Vorhalt dazu gezwungen zu sein." (Chaussy/Ueberschär, S.105f.) Der anwesende Oberregierungsrat Oswald Schaefer schilderte die Vernehmung später so: „Verhandlungstaktisch verhielt er [Hans Scholl] sich geschickt. Er antwortete zwar auf die gestellten Fragen vollständig, aber stets nur kurz, und vermied damit, durch längere Ausführungen dem Vernehmenden neue Anhaltspunkte zu geben. Seine Antworten kamen nicht wie ‚aus der Pistole geschossen', sondern stets nach einer kurzen Pause. Zur Taktik des vernehmenden Beamten gehörte es offenbar, seine neue Frage jeweils sehr schnell nach der letzten Antwort zu stellen. Herr Hans Scholl ließ sich das Tempo jedoch nicht aufzwingen, sondern blieb bei seiner kurzen Überlegungspause. ... Schon bei der Befragung über die Unterbringung des Abzugsapparates und mehr noch, als die Vernehmung plötzlich auf ein anderes Gebiet sprang, wobei meiner Erinnerung nach

der Name des Mitbeschuldigten Christoph Probst fiel, war das Bemühen deutlich, mit der Aussage besonders vorsichtig zu sein, wenn sie etwa einen Dritten belasten konnte. Die Überlegungspausen wurden länger, die Antworten wurden noch knapper und wichen der Erwähnung von Mitbeteiligten hartnäckig aus." (Gebhardt, Position 3626)

Trotz der Schollschen Entlastungsversuche bezeichnete die Münchener Gestapo noch am 19. Februar Christoph Probst „als einen der Haupttäter der Widerstandsaktionen der Weißen Rose." Als Beweismittel diente ein lückenhafter Text, in dem kaum ein Satz alle Wörter besaß. Nur so viel war unverkennbar, Stalingrad wurde als „Massenmord" bezeichnet und Hitler als „Mörder". Auch der Schluss des Flugblattentwurfes war lesbar: „Hitler und sein Regime muss fallen damit Deutschland weiter lebt." (Moll, S. 236)

Auffallend ist, dass Christel Hans keinen Vorwurf gemacht zu haben scheint. Wie er seinerzeit den Selbstmord des Vaters nicht als ein Verlassenwerden begriff, sah er nun in Hans' leichtfertigem Handeln ihm gegenüber anscheinend vornehmlich den gescheiterten Freundesversuch, das Beweismittel zu vernichten und ihn zu schützen. „Ich habe selten einen Menschen gekannt, charakterisierte Dieter seinen Halbbruder, „der so wenig ich-bezogen war, sondern ganz auf das 'Du' hin". (CPG, S. 145) Außerdem, so Alex' Bruder Erich Schmorell, war „der Flugblattentwurf eine Aktion von vielen, und sowohl Christoph Probst wie auch Alexander haben sie so empfunden – als gemeinsame Tat, als gemeinsames Pech. ... Zweitens waren sie eben befreundet. Weder die Haltung der Studenten nach ihrer Verhaftung noch ihr Widerstand selbst kann ohne diese Freundschaft begriffen werden. (Petry, S. 114)

München, 19. bis 24. Februar 1943

Die Münchener Gestapo war sich bereits am 19. Februar sicher, die Widerstandsaktionen, die das Regime seit Monaten beunruhigten, bis auf kleinere Detailfragen aufgeklärt zu haben. „Die Geschwister Scholl und Christoph Probst galten als Hauptakteure ... Schmorell als Helfer und Kurier ... Willi Graf und seine Schwester Anneliese wurden fälschlicherweise als Mitverfasser der Flugblätter bezeichnet." (Moll, S. 237) Giesler war darauf erpicht, dass man die Hauptakteure der „Weißen Rose" rasch aburteilte. Da die ausführenden Täter Soldaten waren, war das Reichskriegsgericht für den Prozess die berufene Instanz – für die beteiligten weiblichen Zivilpersonen der Volksgerichtshof. Giesler drängte jedoch auf eine gemeinsame Aburteilung der Angeklagten – durch den Volksgerichtshof. Er wandte sich nach Berlin, wo Reichsleiter Martin Bormann noch am selben Tag Generalfeldmarschall Wilhelm Keitel aufforderte, Hans Scholl und Christoph Probst sowie die weiteren Tatverdächtigen Alexander Schmorell und Willi Graf aus der Wehrmacht auszustoßen[82]. Bereits um 17 Uhr ging der Münchener Gauleiter davon aus, „dass Generalfeldmarschall Keitel die beteiligten Soldaten aus der Wehrmacht entlassen hat und mit ihrer Aburteilung durch den Volksgerichtshof einverstanden ist." (Moll, ebda.) Gieslers Absicht war, „die Aburteilung in den nächsten Tagen hier und die Vollstreckung alsbald darauf vorzunehmen." (Chaussy/Ueberschär, S. 94f.)

Dies war der Grund, warum Christel am Samstag, den 20. Februar 1943, in Zivil verhaftet wurde. Der junge Vater hatte – hinsichtlich der Münchener Ereignisse völlig ahnungslos – die Schreibstube seiner Schülerkompanie in der Gebirgsjäger-Kaserne betreten, um seinen Sold und einen Urlaubsschein abzuholen. Er beabsichtigte, seine an Kindbettfieber erkrankte, freilich schon auf dem Weg der Besserung befindliche Frau und seine Kinder in Tegernsee zu besuchen. Statt sich rasch auf den Weg machen zu können, wurde er in das Zimmer des Kompaniechefs befohlen. In der angrenzenden Schreibstube hörte der damalige Hilfsschreiber Horst Meyer kurz darauf „großes Gebrüll" aus dem Chefzimmer. „Worte waren jedoch nicht verständlich. Probst kam nach einiger Zeit in sehr verändertem Zustand, bleich und zusammengebrochen wieder heraus. Es wurde ihm bedeutet, in der Schreibstube zu warten. Nach einiger Zeit erschienen einige Gestapobeamte in Zivil mit einem Koffer und nahmen Probst mit sich in das Chefzimmer. Etwas später wurde Probst in Zivilkleidung (er hatte vorher Uniform getragen) und mit Handschellen gefesselt herausgeführt. Die Gestapobeamten bestiegen mit ihm zusammen ein Personenauto und fuhren davon." (Moll, S. 238)

Kaum waren die Münchener Kriminalsekretäre Geith und Geisser mit Probst im Wittelsbacher Palais angekommen, verhörte ihn Geith gleich das erste Mal. Traute Lafrenz' Einschätzung zufolge war der Mann – Geith verhörte sie im März ebenfalls – „ein scheußlicher Mensch, so ein Gemisch von Dummheit und instinktmäßiger, proletarischer Intelligenz". (Moll, S. 239) Christel kämpfte um sein Leben. Er kämpfte auch um das Leben seiner Frau und seiner Kinder. Und er kämpfte um das Leben seiner jüdischen Stiefmutter. Deshalb beteuerte er in den Verhören seine Loyalität dem NS-Regime gegenüber und bezeichnete sich mehrfach als unpolitischen Menschen, der nichts weiter als ein sorgenvoller Familienvater sei. Den nicht zu verleugnenden Text habe er „in

---

[82] „Dass die Wehrmacht das Problem loswerden wollte, wie Detlef Bald behauptet, und deshalb „vorsichtshalber" im OKW von den „Münchener Vorfällen" gesprochen wurde und man die Soldaten schnell aus der Armee entlassen habe, überzeugt nicht. (Bald, S. 187)

einer furchtbaren seelischen Depression" geschrieben. Die habe „ihren allgemeinen Ursprung in den Ereignissen an der Ostfront, im besonderen aber in der schweren Erkrankung meiner Frau" gehabt. Er habe lediglich seine Nerven „abzureagieren" versucht[83]. Christel wehrte sich verbal – und distanzierte sich, so weit wie möglich, vom Widerstand. Die daraus erwachsenden Widersprüche zwischen seinem bisherigen Verhalten und den jetzigen Aussagen lassen „erst die menschliche Dimension, ja die Tragik bei Christoph Probst erkennen: Er erscheint hier als ein junger Mensch von gerade 23 Jahren in einer völlig ausweglosen Lage, der eben unter dem Druck der Verhöre, in Angst um seine Familie und auch seine Freunde (und hier besonders Alex Schmorell) handelte und dabei mit allen Mitteln versuchte, 'seinen Kopf aus der Schlinge zu ziehen'," verdeutlicht Peter Schubert. (CPG, S. 48)

Sophie reagierte „schockiert" auf Christels Festnahme. Ihre Mitgefangene, die Kommunistin Else Gebel, hielt den Augenblick fest, in dem die Freundin von der Festnahme des jungen Familienvaters erfuhr: „Dein Gesicht zeigt Entsetzen, als ich Dir Christls Namen nenne. Zum ersten mal sehe ich Dich fassungslos. [...] Aber Du beruhigst Dich wieder: Man kann Christl höchstens eine Freiheitsstrafe zudiktieren, und die ist ja bald überstanden." (Chaussy/Ueberschär, S. 93)

Christel musste am Sonntag, den 21. Februar, den lückenhaft vorliegenden Flugblatttext wiederherstellen. Dazu sollte er ausführlich erklären, wie er an die in seinem Aufruf enthaltenen Informationen über die angloamerikanische Politik und die militärischen Ereignisse in Stalingrad und Nordafrika gekommen war. Christel „gestand, dass er heimlich mehrmals einen englischen Sender am Radioapparat seiner Mutter während seines Sonderurlaubs vom 23. bis

---

[83] Chaussy/Ueberschär (S. 313) geben das Verhör wieder: „Frage: In welcher Weise hat sich diese Depression bei ihnen in politischer Hinsicht und in ihrer Einstellung ausgewirkt. Anwort: Ich habe das Vertrauen zur deutschen Führung vorübergehend verloren, als die militärische Lage in Stalingrad sich für un[s] ungünstig gestaltete. Mein innerer Zusammenbruch wurde noch durch die damalige schwere Erkrankung meiner Frau gefördert. Über meinen Depressionszustand habe ich mich äußerlich dadurch aktiv bemerkbar gemacht, dass ich mich nach dieser Richtung mit Freunden ausgesprochen habe." Und im Verlauf eines weiteren Verhörs: „Antwort: Ich befand mich in der Nacht, als ich den Entwurf schrieb, in einer furchtbaren seelischen Depression, die ihren allgemeinen Ursprung in den Ereignissen an der Ostfront, im besonderen aber in der schweren Erkrankung meiner Frau hatte. Mein Nervensystem war derartig angespannt, daß ich in der Nacht meine Nerven irgendwie abreagieren musste. Ich schrieb deshalb ohne tief darüber nachzudenken meine Gedanken nieder. Dabei handelt es sich nicht um einen allgemeinen politischen Gedanken, wie auch mein ganzes Inneres meiner Frau zugewandt war, sondern um die ausschließlich stimmungsmäßig bedingte Auslösung der über mich hereingebrochenen politischen und persönlichen Skepsis. Ich hatte zu diesem Zeitpunkt nicht den Vorsatz, mich mit diesem primitiven Entwurf an die Öffentlichkeit zu wenden. Ich trug das Blatt einige Tage unbewußt mit mir herum und als ich mit Scholl zusammentraf, diesem mit den Worten: ‚Da schau das mal an.' Scholl gab darauf eine allgemein belanglose Antwort. Ich hatte auch jetzt nicht die Absicht, dass Hans Scholl den Entwurf zu einem Flugblatt verwerte." (Chaussy/Ueberschär, S. 319).

31. Januar 1943 in Tegernsee abgehört habe. Auf Kurzwelle habe er Informationen in deutscher Sprache über die militärischen Ereignisse und besonders über die Politik der bedingungslosen Kapitulation, die Roosevelt und Churchill auf der Konferenz von Casablanca vereinbart hatten, mitgehört." Sofort wurde die Tegernseer Gendarmerie angewiesen, das Radiogerät zu beschlagnahmen und nach München zu überstellen." Erst durch diesen „Polizeibesuch" – kurz nach 15.00 Uhr – erfuhren Christels Angehörige von seiner Verhaftung. „Es hatte zuvor keine offizielle Benachrichtigung gegeben. Auch wusste seine Familie zu diesem Zeitpunkt überhaupt nicht, warum er in Haft saß, auch nicht, ob und wann ein Prozess gegen ihn stattfinden sollte." (Moll, S. 241) Die Beamten drohten der Familie, „nochmals wieder zu kommen". Doch in den folgenden zwei Jahren erschien niemand mehr. (CPG, S. 147) Anders – als wenig später die Familien Graf und Scholl – wurden weder Christels Mutter noch Herta noch die Ömi verhaftet.

Wie den Geschwistern Scholl wurde am Sonntagnachmittag auch Christel die Anklageschrift zugestellt. Ihr beigefügt war die Benachrichtigung über den Termin der Hauptverhandlung. Der Volksgerichtshof sollte am Montag, den 22. Februar 1943 um 10.00 Uhr in München tagen. Am kommenden Tag also. Zur Verteidigung der Geschwister Scholl bestellte Reichsanwalt Albert Weyersberg den linientreuen Rechtsanwalt August Klein, zu der von Christoph Probst den unabhängigen Rechtsanwalt Dr. Ferdinand Seidl. Ordnung muss sein: Die Angeklagten konnten bis 8.00 Uhr früh Einwendungen erheben und Beweisanträge stellen.

Die Anklageschrift[84] stellte Christels unveröffentlichten Flugblattentwurf den von Hans und Sophie Scholl gestandenen Widerstandsaktionen undifferenziert gleich. Seinen Text empfanden die Sachwalter des Nazismus offensichtlich – so kurz nach der Katastrophe von Stalingrad – als hochgradig explosiv. Andererseits erwähnte die neunseitige Anklage Christel nur kurz zweimal. Deshalb verfasste der Mitangeklagte – wohl auf Anraten seines Anwalts – noch am Spätnachmittag handschriftlich ein zweiseitiges Verteidigungsschreiben an den Präsidenten des Volkgerichtshofes, Roland Freisler. Hierin verwahrte sich der junge Mann, „sein Flugblattmanuskript" unterschiedslos „mit den Widerstandshandlungen der Geschwister Scholl" gleichzusetzen. „Ich bitte dazu feststellen zu dürfen, dass ich mich in Bezug auf die hochverräterischen Handlungen nicht mit Hans und Sophie Scholl identifizieren lassen kann. Ich wollte nie eine Handlung unternehmen, die dazu geeignet wäre, mit Gewalt die Verfassung des Reiches zu ändern, einen organisatorischen Zusammen-

---

[84] Vollständiger Text in Chaussy/Ueberschär, S. 327-336.

halt herzustellen, die Wehrmacht zur Erfüllung ihrer Pflicht untauglich zu machen, oder die Massen durch Schriften oder Schlagworte zu beeinflussen. Ich habe auch weder durch finanzielle Unterstützung, noch durch Materialbeschaffung, noch durch Anfertigung oder Verbreitung von Schriften, oder Anwerben dazu geeigneter Leute, jemals ein solches Unternehmen unterstützt, wie ja auch diesbezüglich kein Beweismaterial gegen mich vorliegt."' Seine seelische Situation beim Abfassen des Flugblattentwurfs nannte er von nun an einen „psychotischen Depressionszustand". Eine erbliche Vorbelastung war ja nachweisbar. Er habe, so fuhr er fort, „Hans Scholl auf dessen Wunsch den Flugblattentwurf übergeben, ohne ‚Wunsch oder Wissen, dass es verwendet werden sollte'." Nur dieses eine Mal vielleicht klingt in seinen Sätzen ein Verdruss über das eigenmächtige und leichtsinnige Handeln seines Freundes an: „Mein Freund Hans Scholl wusste im übrigen zu genau, dass mein Leben durch meine Familie und die Vorbereitung auf meinen Beruf völlig ausgefüllt war, als dass er mit der Erwartung, dass ich mich politisch betätigen sollte, sich an mich gewandt hätte. Auch kannte er meine Abneigung gegen jeden Aktionismus dieser Art." (Moll, S. 243)

Seidl gab sein Bestes, um Christel zu verteidigen. Der Anwalt war vermutlich, wie Eugen Sasse meint, Nazi-Gegner. Er beantragte die Nicht-Eröffnung des Hauptverfahrens gegen Probst, da „dieser den Flugblattentwurf nicht zur ‚Vorbereitung zum Hochverrat', sondern in der Situation ‚einer schweren Gemütsdepression, die durch die Erkrankung seiner Frau und die Katastrophe von Stalingrad ausgelöst war' verfasst habe. Probst habe Hans Scholl den Entwurf nur in ‚einem augenblicklichen Wunsch, von diesem seine eigenen depressiven Gedanken bestätigt zu finden', gegeben." (Moll, ebda.) Dem Ersuchen wurde nicht stattgegeben. Dagegen stellte die Gestapo noch am Montagmorgen einen weiteren Strafantrag gegen Probst „wegen Zuwiderhandlung gegen die Verordnung über ausserordentliche Rundfunkmassnahmen vom 1. 9. 1939". Andererseits erlaubte man dem Angeklagten, Briefe an die Angehörigen zu schreiben.

In den drei Briefen an seine Mutter, seine Frau und seine Schwester scheint Christel von einer Gefängnisstrafe ausgegangen zu sein. Wenn er sich dessen wohl auch nicht gänzlich sicher war. „Durch ein geradezu unwahrscheinliches Pech bin ich nun in eine unangenehme Sache verstrickt. Ich beschönige aber nichts, wenn ich Dir sage dass es mir gut geht und dass ich ganz ruhig bin. Die Behandlung ist gut und das Leben in der Zelle erscheint mir so erträglich, dass ich vor einer längeren Haft-Zeit keine Sorge Angst habe," heißt es an die Mutter. Und an die Schwester: „Ich weiss, dass mir nun nichts bleibt, als auf mich zu nehmen und zu tragen, was kommt. Glaube aber nicht, dass ich es nicht tragen könnte, oder dass mir die Angst den Schlaf raubt. Die Kräfte wachsen mit der Belastung. Dass ich aber Euch Sorgen machen muss, ist mir fast unerträglich. ... Die Hauptsache ist ja, dass die kleinen süssen Unschuldswürmchen jetzt eine Mutter haben. Später brauchen sie dann den Vater mehr." Und an die Frau: „Und die Kinder? Eins nach dem anderen steht in meinem Geist vor mir, so goldig, sorglos und unschuldig lieblich. Was hast Du für geliebte Wesen geboren, Du mein geliebtes Weiblein. Wann werde ich die zarte kleine Katharina wiedersehen? Ich versuche sie mir immer vorzustellen, wie sie jetzt aussehen mag. Liebste, wir wollen alles tragen, was an Schwerem kommen mag, nie den Mut und das Vertrauen verlieren. Ich bin so glücklich, dass Du tapfer und stark bist. Wenn Du es immer bleibst, brauche ich mir keine Sorge um Dich zu machen. Um meinetwillen brauchst und darfst Du keine Sorge haben, kein Mitleid haben. Alles kommt, wie es kommen muss. Immer fühle ich Deine liebenden Gedanken um mich und das ist das höchste schönste Geschenk, was es für mich gibt."

Die Verhandlung gegen Hans und Sophie Scholl sowie Christoph Probst fand am Montag, den 22. Februar 1943 vor dem 1. Senat des Volksgerichtshofes im kleinen Schwurgerichtssaal Nr. 216 des Münchener Justizpalastes unter dem Vorsitz des Volksgerichtshofpräsidenten Roland Freisler statt.
Als einer der wenigen Augenzeugen schilderte nach dem Krieg der damalige Gerichtsreferendar Leo Samberger das Auftreten der Angeklagten, die Freisler erfolglos als „eine Mischung von Dümmlingen und Kriminellen" hinzustellen versuchte: „Ihre Antworten auf die teilweise unverschämten Fragen des Vorsitzenden, der sich in der ganzen Verhandlung nur als Ankläger aufspielte und nicht als Richter zeigte, waren ruhig, gefaßt, klar und tapfer. Lediglich an körperlichen Reaktionen konnte man das Übermaß an Anspannung erkennen, dem sie standhalten mußten. Hans Scholl, der aufrecht stand, wurde plötzlich bis zur Ohnmacht blaß, ein Schütteln durchlief seinen Körper. Er warf den Kopf zurück und schloß die Augen. Aber er fiel nicht um, sondern gab seine nächste Antwort mit fester Stimme. Seine Schwester Sophie und sein Freund Christoph Probst, der für die Zuschauer etwas verdeckt war, zeigten dieselbe standhafte Haltung." (Moll, S. 244) Persönlich erschütterte Samberger, „daß die Angeklagten, obwohl ich sie nicht persönlich kannte, mir wohlvertraute Gesichter waren aus den Münchener Konzertsälen, in denen gerade in jenen Jahren so viele Menschen bei der Musik Haydns, Mozarts und Beethovens Stärkung und Zuflucht suchten." (Scholl, Position 2432)

Die Angeklagten erhielten im Verlauf der Verhandlung kaum das Wort, um sich verteidigen zu können. Robert Mohr, Sophies Vernehmungsbeamten, zufolge – der sich nach dem Krieg von der Familie Scholl entnazifizieren[85] ließ – habe Freisler die Verhandlung mit aller Schärfe geführt. „Besonders aufgefallen ist mir dabei, daß die Angeklagten kaum zu Wort kamen, sofern man einzelne Bemerkungen derselben nicht mit bissigen Worten abtat." Hans habe gesagt: „Heute hängt ihr uns und morgen werdet es ihr sein." (Scholl, Position 2351) Einer kurzen Notiz (auf einem Aktenblatt) des damaligen Kriminalsekretärs Ludwig Schmauß, der später Alexander Schmorell vernehmen sollte, zufolge bezeichnete Hans die ganze Verhandlung als „ein Affentheater". (Moll, S. 245) Sophie gelang es einzuwerfen: „Was wir sagten und schrieben, denken ja so viele. Nur wagen sie nicht, es auszusprechen." Die Eltern Scholl, die hastig aus Ulm angereist waren und gegen Ende des Prozesses noch in den Verhandlungssaal vordringen konnten, wurden sogleich wieder von Freisler des Saales verwiesen. Christel – so stellte es Inge Scholl später dar – bat zum Schluss der Verhandlung um seiner Kinder willen um sein Leben. Als Hans im eigenen Schlusswort diese Bitte unterstützte (Moll, S. 245ff.), brüllte ihn Freisler nieder. Dessen „Mordlaune", so Chaussy, „wird in besonderer Weise an der Behandlung von Christoph Probst deutlich. Selbst nach dem Stand der Gestapo-Ermittlungen hatte [d]er keinen Anteil an den Wandparolen- und Flugblattaktionen, die im Zentrum der Anklage standen. Alles reduzierte sich auf den einen bei Hans Scholl gefundenen und auf dessen Bitte verfassten Text, der nicht vervielfältigt worden war. Niemand außer Hans Scholl hatte ihn gelesen. Probst war geständig, er gab an, den Text in einem psychotischen Depressionszustand wegen der schweren Geburt und des Kindbettfiebers seiner Frau verfasst zu haben. Er bat um sein Leben als Vater dreier kleiner Kinder. Als schließlich in seinem Schlusswort auch Hans Scholl um Gnade für Probst bat, unterbrach ihn Freisler mit den Worten: ‚Wenn Sie für sich selbst nichts vorzubringen haben, schweigen Sie!'" Mit seiner Verhandlungsführung und dem Todesurteil auch gegen Christoph Probst „unterstrich Freisler demonstrativ seine an Willkür und keinerlei rechtliche Abwägung und Differenzierung gebundene Entscheidungsfindung. Die Botschaft lautete: Der Volksgerichtshof vernichtet nicht nur diejenigen physisch, die wie die Scholls Widerstand leisten und sich dazu bekennen, sondern auch jeden, der sich in gedankliche und freundschaftliche Nähe zu Personen begibt, die Widerstand ausüben. Kein Gedanke ist mehr frei." (Chaussy/Ueberschär, S. 96f.)[86]

---

[85] Nach dem Ende des Nazi-Regimes in Deutschland wurden belastete NSDAP-Parteigenossen – die Nazis – aus den öffentlichen Ämtern entfernt und bestraft. Wer sich durch das Zeugnis unbelasteter Bürger „entnazifizieren" konnte, entging den Strafverfolgungsmaßnahmen.

[86] Ähnliches wiederholte sich bei den weiteren Prozessen gegen Mitglieder der „Weißen Rose". Im zweiten Prozess wurden Alexander Schmorell, Kurt Huber und Willi Graf zu Tode verurteilt.

Freislers Schuldspruch kannte deshalb keine Gnade: „Probst versucht sich mit ‚psychotischer Depression' bei Abfassung zu entschuldigen; Grund hierfür sei Stalingrad und das Wochenbettfieber seiner Frau gewesen. Allein das entschuldigt eine solche Reaktion nicht," urteilte der Kadi. Auch Christels Hinweis, er sei unpolitisch, reizte den Ideologen zum Hohn: „Er ist ein ‚unpolitischer Mensch', also überhaupt kein Mann!" Freislers Verblendung zeigte sich gänzlich im folgenden Absatz: „Weder die Fürsorge des nationalsozialistischen Reichs für seine Berufsausbildung noch die Tatsache, daß nur die nationalsozialistische Bevölkerungspolitik ihm ermöglichte, als Student eine Familie zu haben, hinderten ihn, auf Aufforderung Scholls ‚ein Manuskript' auszuarbeiten, das den Heldenkampf in Stalingrad zum Anlaß nimmt den Führer als militärischen Hochstapler zu beschimpfen, in feigem Defaitismus zu machen, und das dann in Aufrufform übergehend, zum Handeln im Sinne einer wie er vorgibt ehrenvollen Kapitulation unter Stellungnahme gegen den Nationalsozialismus auffordert. Er belegt die Verheißungen seines Flugblattes durch Bezugnahme auf – Roosevelt! Und hat dies sein Wissen vom Abhören englischer Sender!" So kam Freisler zu dem Schluss: „Wer so, wie die Angeklagten, getan haben, hochverräterisch die innere Front und damit im Kriege unsere Wehrkraft zersetzt und dadurch den Feind des Reiches begünstigt [...], erhebt den Dolch, um ihn in den Rücken der Front zu stoßen! Das gilt auch für Probst, der zwar behauptet, sein Manuskript habe kein Flugblatt werden sollen, denn das Gegenteil zeigt schon die Ausdrucksweise des Manuskriptes. Wer so handelt, versucht gerade jetzt, wo es gilt, ganz fest zusammenzustehen, einen ersten Riß in die geschlossene Einheit unserer Kampffront zu bringen. Und das taten deutsche Studenten, deren Ehre allzeit das Selbstopfer für Volk und Vaterland war!" Unbeugsam verurteilte er Christel wie die Scholl-Geschwister zum Tode: „Die Angeklagten haben im Kriege in Flugblättern zur Sabotage der Rüstung und zum Sturz der nationalsozialistischen Lebensform unseres Volkes aufgerufen, defaitistische Gedanken propagiert und den Führer aufs gemeinste beschimpft und dadurch den Feind des Reiches begünstigt und unsere Wehrkraft zersetzt. Sie werden deshalb mit dem Tode bestraft. Ihre Bürgerrechte haben sie für immer verwirkt."

Die Verhandlung endete um 12.45 Uhr, gegen 14.15 Uhr trafen die Todeskandidaten im Strafgefängnis München-Stadelheim am Perlacher Forst ein. Im vorauseilenden Gehorsam hatte Reichsjustizminister Otto Georg Thierack gleich nach der Urteilsverkündung dem Oberreichsanwalt beim Volksgerichtshof fernmündlich mitgeteilt, „daß er von dem Begnadigungsrechte keinen Gebrauch gemacht habe und daß das Urteil noch an demselben Tage zu vollstrecken sei." (Moll, S. 248)

Anders als die Geschwister Scholl hatte Christel keine Möglichkeit mehr, sich von seinen Angehörigen zu verabschieden. Hans und Sophies Eltern waren mit dem Bruder Werner nach München geeilt, nachdem sie von zwei Freunden der Beiden „über die sich überstürzenden Ereignisse in München benachrichtigt worden waren. Ihnen wurde nachmittags noch ein Besuch bei ihren Kindern in Stadelheim gewährt." Freilich erfuhren sie nicht, dass sie noch am selben Tag hingerichtet werden sollten. (Moll, S. 248)
Christel „gelang es, trotz der kurzen Zeit, in der er sich auf das Unerwartete einstellen mußte, sein Mißgeschick als sein eigenes Schicksal anzunehmen. Es nötigt die höchste Bewunderung ab, wie es ihm gelang, in Stunden das Todesurteil, das ihn, der er verheiratet war und an seinen Kindern hing, härter treffen mußte als seine Freunde, zu akzeptieren. Er machte den Tod zu seinem Tod. Die Tat seiner Freunde, die ihn aufs Schafott brachte, von der er nichts wußte, die er vielleicht mißbilligt hätte, wie er andere ihrer Aktionen mißbilligt hatte, wurde so zu seiner Tat." (Petry, S. 127)
Gleich nach der Ankunft in Stadelheim bat Christel um den Empfang der Taufe. Vermutlich begann er daraufhin mit einem zweiten Brief an diesem Tag an seine Mutter. Sie durfte dieses Schriftstück später einsehen, aber nicht behalten. So lernte sie den Text auswendig. Der Brief begann mit einem vorangestellten „Grüß meinen lieben Dieter". Dann folgten die Zeilen: „Liebstes Mütterchen! Ich danke Dir, daß Du mir das Leben gegeben hast, wenn ich es recht überblicke so war es ein einziger Weg zu Gott. Da ich ihn aber nicht weit gehen konnte, springe ich über das letzte Stück hinweg. Mein einziger Kummer ist, daß ich Euch Schmerz bereiten muß. Trauert nicht zu sehr um mich, das würde mir in der Ewigkeit Schmerz bereiten. Aber jetzt bin ich ja im Himmel u. kann Euch dort einen herrlichen Empfang bereiten. […]"
„Um 16.04 Uhr wurde Probst im Rapportzimmer des Gefängnisses München-Stadelheim in Anwesenheit des Reichsanwalts Albert Weyersberg, eines ‚Urkundsbeamten' der Staatsanwaltschaft München I, des Gefängnisvorstands, des Gefängnisarztes und des katholischen Gefängnisgeistlichen Kaplan Heinrich Sperr eröffnet, ‚dass der Herr Reichsminister der Justiz mit Erlass vom 22.2.43 beschlossen habe, von seinem Begnadigungsrecht keinen Gebrauch zu machen, sondern der Gerechtigkeit freien Lauf zu lassen und daher das Todesurteil heute um 17.00 Uhr im Gefängnis München-Stadelheim

vollstreckt werde.'" Niemand hatte so überstürzt mit dem Vollzug des Urteils gerechnet. Christels Reaktion laut Protokoll: „Gab keine Erklärung ab." (Moll, S. 248)
Danach schrieb Christel wahrscheinlich den Brief an seine Mutter zu Ende: „Eben erfahre ich, daß ich nur noch eine Stunde Zeit habe. Ich werde jetzt die heilige Taufe u. die heilige Kommunion empfangen. Wenn ich keinen Brief mehr schreiben kann, grüße alle Lieben von mir A.[ngelika] H.[erta] L.[ise] H.[arald oder Heinz]. Sag ihnen, daß mein Sterben leicht u. freudig war. / Ich denke an meine herrlichen Kinderjahre, an meine herrlichen Ehejahre. Durch alles mir schimmert Dein liebes Angesicht. Wie sorgsam u. liebreich warst Du. / Laß Dir Deine Lebensfreude nicht nehmen. Werde nicht krank. Wandere Deinen Weg zu Gott weiter. Immer und ewig Dein Christel, Dein Sohn, Dein Lieber / Mutter liebste Mutter [Auf der Rückseite:] Jetzt hast Du ja drei neue kleine Christel." (Vorlage: Handschriftliches Gedächtnisprotokoll des letzten Briefes Christoph Probsts von seiner Mutter Katharina Kleeblatt)
In einem weiteren Brief an seine Schwester Angelika konnte Christel noch hinzufügen: „Ich habe nicht gewußt, daß Sterben so leicht ist. Ich sterbe ganz ohne Haßgefühle. – Bald bin ich noch viel näher bei Euch als je. Ich werde Euch einen herrlichen Empfang bereiten." Auch dieser Brief wurde mit zwei weiteren im Gefängnis beschlagnahmt. (Moll, S. 249)

Heinrich Sperr, Kaplan an der katholischen Pfarrei der Heiligen Familie in Stadelheim, traf Christel „gut vorbereitet und gefasst" an. Dem auf dem Gefängnisboden knienden Täufling spendete der Priester die Taufe und die heilige Kommunion. „Wegen der damaligen kritischen Lage" wurde die Sakramentenspendung erst in den 1980er Jahren in ein Taufregister eingetragen. Sperr erklärte dazu, dass „eine Verhaftung meinerseits ... zu befürchten" war, „mit Grund". Die Zeremonie nahm etwa 10 Minuten Zeit in Anspruch. Sperr begleitete Christel später noch bis zur Türe des Hinrichtungsraumes. Auf dem Gang dahin beteten die beiden das Vaterunser. (Moll, S. 249)
Hans, der von Christels Kommunionwunsch erfahren hatte, hoffte, alle drei Freunde könnten miteinander kommunizieren. Wie Hans' jüngerer Bruder Werner später berichtete, wollte er ebenfalls „das Bekenntnis der katholischen Kirche annehmen"[87]. Da die Gefängnisordnung dies jedoch verbot, empfing Hans mit seiner Schwester Sophie das Abendmahl aus den Händen des protes-

---

[87] Auch Susanne Hirzel berichtet: „Obwohl beide Geschwister – wie Pfarrer Alt mir berichtete beim letzten Abendmahl begehrten, katholisch getauft zu werden, verzichteten sie darauf auf Zuspruch des Pfarrers nach kurzer Überlegung, um ihrer Mutter nicht zusätzlich Schmerzen zu bereiten." (In: Hirzel, Vom Ja zum Nein, S. 214, zitiert nach: Bald/Knab, S. 136)

tantischen Gefängnisgeistlichen Karl Alt. Als ihre Mutter hörte, dass ihre Kinder das Abendmahl von einem katholischen Geistlichen empfangen wollten, sagte ihr Sophie: „Siehst Du Mutter, das ist für mich jetzt alles gleich." (Moll, S. 250) Der Starkmut der drei Todeskandidaten beeindruckte die Gefängniswärter. Sie nahmen das Risiko auf sich und ließen die drei Freunde noch einmal in einer Zelle eine Zigarette gemeinsam miteinander rauchen. Die Freunde verabschiedeten sich mit einer Umarmung, und Christel bemerkte: „Wir sehen uns ja gleich wieder".

Hingerichtet wurden die drei Freunde durch den Scharfrichter Johann Reichhart[88]. Zunächst wurde um 17.00 Uhr Sophie enthauptet, dann ihr Bruder Hans, der mit dem Ruf „Freiheit" auf den Lippen starb, und zuletzt Christel Probst. Sein Fallbeil fiel laut Protokoll um 17.05 Uhr.

Das Stück Bürokratie hält des weiteren knappmöglichst fest: „Wegen Hochverrats wurden zum Tode verurteilt und hingerichtet: – Absatz – Hans Scholl, 26 Jahre alt. – Absatz – Sophia Scholl, 21 Jahre alt. – Absatz – Christoph Probst, 24 Jahre alt." Gleich spärlich teilte das Schwäbische Volksblatt Donauwörth am darauffolgenden Tag mit: „– Überschrift – Todesurteile wegen Vorbereitung zum Hochverrat – Absatz – Der Volksgerichtshof verurteilte am 22. Februar 1943 im Schwurgerichtssaale des Justizpalastes in München den 24 Jahre alten Hans Scholl, die 21 Jahre alte Sophia Scholl, beide aus München, und den 23 Jahre alten Christoph Probst aus Aldrans bei Innsbruck wegen Vorbereitung zum Hochverrat und wegen Feindbegünstigung zum Tode und zum Verlust der bürgerlichen Ehrenrechte. Das Urteil wurde am gleichen Tage vollzogen."

Angelika erfuhr von der Verhaftung ihres Bruders am Sonntagabend durch einen Anruf ihrer Mutter: „Mit den Münchener Studenten ist etwas geschehen. Einige sind verhaftet. Und man fürchtet das Schlimmste." (CPG, S. 129) Die Bestätigung, dass ihr Sohn tatsächlich zum Tode verurteilt worden war, erhielt Katharina Kleeblatt am Montag gegen 15.00 Uhr. Sofort wandte sie sich an einen Anwalt. Sie wollte ihren Sohn besuchen und ein Gnadengesuch aufsetzen. Doch der Staatsanwalt beschwichtigte. Er versicherte der Mutter, dass zwischen Todesurteil und Vollstreckung mindestens fünf Wochen lägen. Katharina Kleeblatt schöpfte kurz Hoffnung. Um fünf Uhr bekam Angelika ein Telegramm mit den Worten: „Mache Dir keine Sorgen, es wird alles gut." Damit wollte die Mutter ihre Tochter beruhigen. Sie selbst rief im Gefängnis in Stadelheim an,

---

[88] Johann Baptist Reichhart (1893–1972) war von 1924 bis 1946 staatlich bestellter Scharfrichter in Bayern. In der Familie Reichhart hatte sich das Amt über 150 Jahre in der Familie vererbt. Die von ihm verwandte Guillotine befindet sich im Depot des Bayerischen Nationalmuseums.

um weitere Auskunft zu erhalten, hatte aber keinen Erfolg. Daraufhin wandte sie sich an Ernst Reisinger, den Leiter des Schondorfer Landerziehungsheims, in dessen Internat der Sohn des Münchener Polizeipräsidenten Friedrich-Karl Freiherr von Eberstein Schüler war. Gegen 22.00 Uhr übermittelte Reisinger der Mutter die traurige Nachricht, dass die Hinrichtung bereits stattgefunden habe. (Moll, S. 250) Heinrich Kleeblatt informierte Angelika telefonisch: „Setz dich in den nächsten Zug und komme; mehr kann ich nicht sagen." Angelika erreichte am Abend des 23. Februar 1943 München. „Der Zug hielt. Lichter, Lärm, hastende Menschenmassen. Christls liebevolle Augen, nach denen ich ausspähte, sah ich nicht, aber das fahlgraue Gesicht meines Stiefvaters. ‚Ist etwas geschehen?' fragte ich wie im Traum; und wie im Traum vernahm ich die Antwort: ‚Ja, es ist etwas geschehen. Unser Christl lebt nicht mehr.' (CPG, S. 130)

Auch Herta Probst „erhielt erst am Sonntagnachmittag durch ihre Mutter und ihre Halbschwester Anna Christine die Nachricht" von der Festnahme ihres Mannes. Er befinde sich im Gestapogefängnis in München. Montags „wurde sie nachmittags von Traute Lafrenz und Werner Scholl, die sie im Krankenhaus aufsuchten, über das Todesurteil informiert." Robert und Magdalena Scholl reichten unmittelbar nach der Urteilsverkündung – noch mittags – beim Generalstaatsanwalt ein Gnadengesuch für ihre Kinder und für Christoph Probst ein. In diesem Gesuch baten sie um die Umwandlung der Todesstrafe in eine Freiheitsstrafe für ihre Kinder und Christel. Herta schloss sich dem Gesuch telegrafisch an: „Schließe mich fuer meinen Mann dem Gnadengesuch Scholl an ich bin schwerkrank – Schriftliches Gesuch folgt = Frau Christof Probst." Erst am Dienstag, den 23. Februar erfuhr sie von den Geschehnissen am Vortag. „Ihr Vater, Harald Dohrn, überbrachte ihr die Nachricht mit den für sie trostvollen Worten, dass ihr Mann an der richtigen Front gefallen sei." (Moll, S. 251f.)

Am Mittwoch, den 24. Februar 1943, wurden die Geschwister Scholl und Christoph Probst auf dem Friedhof am Perlacher Forst in der Nähe des Gefängnisses beigesetzt. Kaplan Heinrich Sperr trug, „da der Hingerichtete in der Taufunschuld in die Verklärung eingegangen war, bei dieser Beisetzung weiße (goldene) liturgische Gewandung". (Martyrologium, S. 509)

Dieter Sasse erfuhr die Nachricht vom Tod seines Stiefbruders erst später: „Eines Tages erhielt ich in Frankreich ein Telegramm von der Angelika Probst: ‚Mutter schwer erkrankt. Erbitte Sonderurlaub!' Ich konnte damit nicht viel anfangen, habe acht Tage Sonderurlaub bekommen, obwohl ich mir nicht vorstellen konnte, dass die Mutti so schwer erkrankt ist. Ich ging am Abend in die Kirche des Ortes, in dem ich stationiert war, sah ein Messbuch liegen, schlug es auf und lese: ‚Il n'est pas mort, il est passé dans une autre vie.' ‚Er ist nicht tot – er ist in ein anderes Leben hinübergegangen'. Ich konnte zu diesem Zeitpunkt damit nichts anfangen. Als ich in München am Hauptbahnhof ankam, nahm mich die verweinte Angelika in Empfang und sagte: ‚Es ist nicht mit Mutti, es ist mit Christel.' Und da erst erfuhr ich, was schon ein paar Tage vorher geschehen war. Und die Bedeutung dieses zufällig aufgeschlagenen Satzes wurde mir jetzt klar." (CPG, S. 147)

Herta Probst blieb weiterhin in Lermoos wohnen. 1945 musste sie vor der herannahenden Front fliehen. Ihr Haus geriet in Brand. Ihr Bruder Christoph, der im Lermooser Lazarett einen Beinbruch auskurierte, half humpelnd alles Mögliche aus dem brennenden Haus zu retten. Christoph, so Christels Sohn Michael später, „barg Schallplatten und das dazugehörende Grammophon, einige Gebrauchsgegenstände und vor allem – das Hochzeitsgeschenk meiner Eltern: ein großes Ölbild, einen Springbrunnen darstellend, von Emil Nolde." Während Christoph Dohrn „mit den Flammen kämpfte, kam ein Trupp von SS-Leuten zu ihm und fragte nach der Frau mit den drei Kindern, die hier doch hatte wohnen sollen. Auf die Gegenfrage, was sie denn von diesen Bewohnern wollten, erhielt er die Antwort: ‚Das sind Kronzeugen gegen das Reich.'" Durch ihren Aufstieg auf die Alm waren Herta und die Kinder, „ohne es zu ahnen", gerade noch einmal glücklich den Schergen des untergehenden Regimes entkommen. (CPG, S. 136)

1947 heiratete Herta ein zweites Mal. Das Springbrunnenbild verkaufte sie 1963 für 70.000 Mark. Über ihren ersten Mann sprach sie wenig und ein Leben lang nie öffentlich. Zu tief und persönlich war sie betroffen. Erst als sie auf die 90 zuging, 60 Jahre nach den Ereignissen, öffnete sie sich der anonymen Öffentlichkeit. Das erste Mal im Jahr 2003.

„Mein Zusammenleben mit Christel hat ja leider nur viel zu kurz gedauert. Dennoch hat es mir sehr viel bedeutet und mir für das weitere Leben viel Kraft und Zuversicht gegeben. Es waren wunderschöne, erfüllte Jahre – eigentlich waren es genau genommen nur Wochen und Tage, die uns beschert waren. Christel konnte ja meist nur an Wochenenden uns besuchen kommen. Wegen der öfteren Bombenangriffe auf München wollte er nicht, dass wir in der Stadt wohnten. So lebten wir die ersten Jahre in Ruhpolding zusammen mit meiner Stiefschwiegermutter, … allmählich aber wurde es zu eng für uns. So fand er

vom Eibsee (bei Garmisch) aus, wo er zum Famulieren in einem Lazarett im Sommersemester 1942 abkommandiert war, auf seinen ausgedehnten Radeltouren eine einfache, allerdings ziemlich primitive Wohnung nahe Lermoos ...
Wenn er uns besuchte, gehörten die Tage der kleinen Familie. Der Ernst der Zeit mit all seinen furchtbaren Geschehnissen, Krieg und Morden an den Juden und den Gegnern des Regimes, waren soweit als möglich ausgeschlossen. Es waren wunderschöne, friedliche Tage und wir genossen das Familienleben, die schöne Landschaft, die dort so harmonisch ist. Wir unternahmen leichte Bergtouren und Wanderungen zum Beeren sammeln oder zum Baden im Lödensee.
Christel war ja ein ganz besonderer Mensch, so voll Verständnis, großer Weisheit, froh und aufgeschlossen für alles Schöne im Leben. Jemand, der immer an das Gute im Menschen glaubte, voll Verständnis auch für die Mitmenschen. Er hatte immer ein freundliches Wort für jeden parat, ein fröhliches Zulächeln, ein kurzes Zuwinken. Er war von Natur aus ein froher Mensch, gepaart mit tiefem Ernst, heiter und aufgeschlossen.
Besonders ist mir in Erinnerung, wie er sich mit den Kindern freuen konnte, wenn er sie in seine schönen, behutsamen, beschützenden Hände nahm, sich über ihr Gedeihen und ihre Äußerungen freute. Michas kräftige und fröhliche Vitalität, Vincents zarte, stille Vergnügtheit. Katja liebte er sehr, sie war ja grad erst zur Welt gekommen, vier Wochen war sie alt, als sie den Vater verlor. – Die Abende waren ausgefüllt mit herrlicher Musik aus dem Plattenspieler, aber auch mit ernsten Gesprächen mit Ömi und Angelika und Bernhard Knoop, also seiner Schwester und Schwager, wenn Sie uns in den Ferien besuchten.
Von den Aktivitäten mit seinen Freunden in München, den Flugblättern und dem, was sich dort abspielte, wusste ich nichts. Ich habe nicht einmal geahnt, ebenso wenig wie dies die Familien der Freunde wussten oder ahnten.
So schrecklich und unerwartet das Furchtbare, der überaus traurige Verlust uns alle traf, möchte ich zum Schluss doch sagen: Ich bin so unendlich dankbar, dass ich eine kurze Strecke meines Lebens mit Christel erleben und teilen durfte. Die Erinnerungen und der Verlust sind mir aber immer gegenwärtig und frisch."
(PEK-Skript, Seite 9–11)

Zweiter Teil

Ein Briefporträt

Von Christoph Probst hat Christiane Moll 178 Briefe ediert. Weitere, sehr persönliche Schreiben an seine Frau Herta wurden wegen ihres privaten Inhalts nicht publiziert. Die Texte mit politisch brisantem Inhalt wurden gleich nach Christels Verhaftung vernichtet.
„Wenn man Christel in seiner ganzen Breite und Tiefe kennen lernen wollte," meint Erich Schmorell, Alex' Bruder, „müsste man seine Briefe alle lesen. Sie sind manchmal fast zu ausführlich gehalten, weil er sich mit jedem Thema gründlich auseinandersetzt. ... Es sind hauptsächlich Briefe an seine Familienangehörigen, und da ist immer wieder beeindruckend, wie sehr er dieses enge Familienleben schätzt." Christels Halbbruder Dieter ergänzt: „Aus Christophs Briefen spricht seine Persönlichkeit. ... Er konnte wunderbar mit Menschen umgehen, er konnte trösten und die Briefe, die er mir geschrieben hat, legen Zeugnis ab von seiner erstaunlichen Reife in seinen jungen Jahren." (CPG, S. 145)
Bereits Christels früheste „Schreibübungen" aus den späten 1920er Jahren spiegeln in „einer sehr frühen Kinderschrift" nicht nur eine unkomplizierte Art der Wiedergabe seiner Erlebnisse wider – „Ich hobs die ganze Zeit auf der Bank herum weil ich Dir nichts zu erzählen weiß." (Wolkersdorf den 15. 4. 29.) –, sondern schließen immer ein Interesse am Leben des Empfängers ein: „Ist bei Euch auch viel erfroren?" ([Oberstdorf], kurz vor Pfingsten 1928]) Oder: „Jetzt möchte ich noch gerne wissen wie es allen geht. Ihnen und Herrn Schult, Eber, Martin, Gundolf, Meinhart, Urschl, Ruth u Lilli?" (Wolkersdorf den 29. 4. 30)
Wohl zunächst angelernt, sind sie deswegen dennoch nicht weniger ehrlich. Der Zehnjährige achtete auf die Natur: „Wir müssen 20 Min zur Bahn gehen und dann noch 20 Min fahren. Aber der Bahnweg ist schön; er geht durch Wald und Wiesen u. über einen breiten Fluß die Rednitz. Unser Haus in Wolkersdorf ist wirklich sehr schön; es liegt in einem großen Wald und hat eine Altane und eine Veranda nach Süden. Eben sitze ich auf der Veranda und schreibe den Brief; dazu rauschen die Bäume und singen die Vögel so schön. In dem Wald können wir herrlich spielen." (Wolkersdorf den 29. 4. 30) ... und er schätzte die Natur: „Hoffentlich bist Du gut in Garmisch angekommen. Die Reise war sicher sehr schön[,] es ist so schön wenn der Schnee von Station zu Station mehr wird." ([Zell], den 21.12. 31.)

Wohl schon in diesen frühen Tagen lernte er, auch kurze freie Zeiten für das Briefschreiben zu verwenden: „Gerade fährt Mutti nach Nürnberg, darum setze ich mich schnell an unsern runden Tisch und schreibe Dir ein Brieflein. Denn wenn ich mit dem Dips [Kosenamen für seinen Halbbruder Dieter] im Eisenbahnspielen bin werde ich kaum mehr schreiben," so an seinen Stiefvater. (Wolkersdorf den 5. 3. 31) An seine Mutter voll Herzlichkeit: „Vielen Dank für Deine liebe Karte! Heute habe ich zum ersten Mal ein wenig Zeit deshalb muß ich sie sofort ausnützen um Dir zu schreiben." (Zell den 31. 8. 31) Die politischen Ereignisse gingen an dem Heranwachsenden nicht achtlos vorbei: „Ich bin froh, daß ich nicht mehr in Nürnberg bin, weil sich Hitler und Kommunisten erschießen![1] Dir tut ja doch niemand etwas?", sorgte er sich um Eugen Sasse. (Zell, den 19. 7. 32.)

Aus der Zeit, als Christel das Landschulheim Marquartstein besuchte, sind 12 Briefe erhalten, die er von verschiedenen Orten an unterschiedliche Adressaten schickte. Er berichtete darin, wie er ganz allein-selbständig Schulfreunde besuchte, um bei ihnen ein paar freie Tage zu verbringen: „Am Abend fuhr ich dann zum Isartalbahnhof und fuhr von da nach Ebenhausen. Dort stand ich nun ganz allein am Bahnhof, und wußte im Dunkeln nicht mehr weiter. Ich ging in ein Geschäft und ließ mir alles beschreiben. Doch gefunden hab ich lange nichts. ... Da habe ich mich dann noch bis zum Haus durchgefragt." Die Gastgeber „waren sehr erfreut als ich auf einmal in Nacht und Nebel vor der Türe stand." Er schilderte, womit er seiner Stiefmutter Freude machte: „Wir essen hier sehr viel Obst, das ist sehr schön, es gibt auch noch viele Plätzchen[.]" Und er überraschte seine Angehörigen mit Neuigkeiten: „Denkt Euch, ... Christel der Vegetarier hat sich in Rosenheim ein paar Würstchen gekauft." (Ebenhausen, den 6. I. 33.) Er berichtete in seinen Briefen von Schulereignissen, von dem, was ihn bewegte, – „man merkt die Verschärfung schon sehr", kommentierte er das Sitzenbleiben vieler Klassenkameraden (Marquartstein der 4. III 34) –, von seiner Freude an guten Fotografien und von seiner Sehnsucht nach seinem Stiefbruder (Zell-Ruhpolding den 28. 8. 34). Er gratulierte dem Stiefvater zum Geburtstag und nahm Anteil an dessen Promotionsbemühungen – „Alles, alles Gute zum Geburtstag! Besonders in der Wissenschaft, in der edlen!" (Marquartstein der 4. III 34) Der 15-Jährige bemühte sich Hilfreiches zu schreiben: „Du freust Dich sicher genauso wie wir alle auf ein paar freie Tage und das

---

[1] „Es folgt eine Zeichnung in roter Tinte, die zeigt, wie sich ein Kommunist und ein Hitleranhänger mit Pistolen bekämpfen und ein körperlich großer Polizist hilflos zuschaut. Damit nahm Christoph ebenfalls Bezug auf die aktuelle politische Situation. Während des Reichstagswahlkampfes im Juli 1932 war es zu heftigen bürgerkriegsähnlichen Straßenkämpfen zwischen SA und KPD in den meisten deutschen Städten gekommen. Als Höhepunkt dieser Terrorwelle gilt heute der Altonaer Blutsonntag mit 18 Toten am 17. Juli 1932, also zwei Tage, bevor Christoph Probst diesen Brief verfasste." (Moll, S. 549)

schöne Weihnachtsfest. Da darfst Du aber dann gar nichts mehr arbeiten, auch nich[t] wissenschaftliches, sonst wird Dir alles auf einmal über. Nachher kann man ja dann wieder desto besser arbeiten." (M'stein 16 XII 34.)
Unkompliziert formulierte Christel seine Wünsche mit Blick auf die Möglichkeiten seiner Angehörigen: „Du sagtest doch in Deinem Brief etwas von einem Wunsch, den ich äußern darf. Das lasse ich mir natürlich nicht zweimal sagen. In Anbetracht der kommenden Skiwinter wäre ich sehr froh, wenn Du mir noch so ein schönes Flanellhemd schicken würdest!! Hoffentlich ist dieser Wunsch nicht unerschwinglich." Oder auch: „Ihr Lieben fragt nach unseren Weihnachts-Bedürfnissen und Wünschen. Das ist sehr lieb, aber wir hatten doch vereinbart, daß der Blaue Anzug das Weihnachtsgeschenk sein sollte und das finde ich auch richtig." Das bedeutete nicht, dass er nicht wenige Tage später doch auf das Angebot zurückkommen konnte: „Eigentlich wollte ich mir zu Weihnachten nichts mehr von Dir wünschen, aber da Du lieber mich dazu aufgefordert hast und da ich wirklich einen sehr dringenden Wunsch habe, will ich ihn Dir mitteilen. … Mir fehlt das wichtigste zum Skifahren, nämlich ein paar Skistiefel, und da diese wegen allgemeiner Pleite kaum mehr zu erschwingen sind, bitte ich Dich mir ein bißchen dazuzugeben. Es ist zwar häßlich sich Geld zu wünschen, aber in diesem Falle ist es doch durchaus verständlich. Ich habe ja noch ein Paar sehr gute, aber meine Füße sind seit vorigem Jahr 2 1/2 Nummern gewachsen." (Marquartstein den 12. XI 34., Marquartstein den 11. XII 34. und M'stein 16 XII 34.)
Ebenso unbeschwert brachte Christel seine Dankbarkeit für erhaltene Geschenke zum Ausdruck: „Es war wirklich sehr lieb von Dir, daß Du auch an mich gedacht hast. Auch die Briefmarken waren meinem Portmone [sic!] sehr willkommen! Vielen, vielen Dank dafür!" Durchaus charmant („Ich möchte Dich so gerne mit Deiner neuen Frisur in Natura sehen, von den Bildern kenne ich sie ja schon." [Marquartstein den 12. XI 34.]) … konnte er eine freudigstolze Koketterie mit seinen Leistungen nicht unterdrücken: „Ich habe leider noch sehr, sehr viel Briefe zu schreiben und so muß ich das Übrige, was ich Euch zu sagen habe, z. B. daß ich ein sehr gutes Zeugnis habe, auf ein andermal verschieben." (Zell/Ruhpolding, den 23. XII. 34)

Ein Jahr später schrieb er seinem Stiefbruder kurz vor Weihnachten: „Hoffentlich hast Du noch im letzten Moment einen Wunsch gefunden und bist nicht an Deiner Wunschlosigkeit erkrankt. Es ist fei ein glückliches Zeichen, wenn man keine Wünsche hat. Deine unglücklichen Geschwister kranken dran, dass sie nicht wissen, welchen von ihren 1000 Wünschen sie wählen sollen." Da er offensichtlich nicht anderes schenken konnte, gab er einen seiner Schätze her: „Lieber Dimmi, von mir bekommst Du die Eisenbahnfiguren. Ich weiß nun leider nicht, ob Du sie nun schon in Nürnberg hast, oder ob ich sie noch hier in der Eisenbahnkiste habe. Ich bin leider noch nicht dazu gekommen dort nachzuschauen. Jedenfalls kannst Du sie nach Weihnachten Dein eigen nennen."

33 Briefe sind aus dem einen Schuljahr Christels in Schondorf erhalten. Zunächst ist sein dortiger Aufenthalt vom Gesundheitszustand des Vaters und der Sorge um seine Stiefmutter überschattet: „Ich kann Dir gar nicht sagen, wie oft und gerne ich an Dich und Papa denke und wie lieb Ihr mir alle seid. Die Entfernung macht mich dieser Liebe nur bewußter. ... Immer wenn ich ein frisches Wäschestück anziehe denke ich voll Dankbarkeit an Dich, wie Du so lieb eingekauft hast! Du bist überhaupt ein süßes Wesen, halt Dich nur gut, lebe recht locker und entspannt und mach Dir keine Sorgen. Wenn Du das alles tust bin ich befriedigt und beruhigt. ... Wenn Du zu Papa kommst, so grüße ihn 1000 mal von mir und sage ihm, daß es mir sehr gut ginge! – Ich denke mehr an ihn, als ich je schreiben könnte!" (Schondorf, Montag abend [4. Mai 1936] (schon ziemlich spät))

Nach dem Tod seines Vaters will Christel sein „Herzensliseken" trösten: „Oft träume ich in den letzten Nächten von Papa und bin dann morgens immer froh. Hast Du auch das Gefühl, daß er uns nicht allein läßt?" (Schondorf, den 13. VI. 36.) Wenige Stunden später setzt Christel sein Schreiben nach einem kurzen Hinweis auf den eigenen Schmerz fort: „Man bezieht ja doch immer nur alles so dumm auf seine kleine Persönlichkeit. Die Hauptsache ist ja – wie Du so richtig schreibst, – daß Papa emporgestiegen ist in das Licht! Du wirst Dich auch oft furchtbar einsam fühlen. Lies dann in einem schönen Buch von Papa, oder tue sonst etwas Schönes und Erleichterndes! Ich hab' Dich ja so lieb, mein liebes Ömchen!" Ihm war der beständige Kontakt zu den Seinen wichtig: „Danke für Deinen schönen Brief, der so schnell auf den vorigen folgte! Du machst mir damit immer eine ganz große Freude. Briefe sind ja nicht nur da einschneidende Vorfälle mitzuteilen, alles, wenn es auch noch so alltäglich ist erfreut mich und interessiert mich. Daß Du die Kaktusblüten nun noch erlebt hast ist sehr schön."

Er freute sich über Ablenkungen in Elise Probsts Leben: „Daß Du die zwei Gäste aufgenommen hast war ja sehr tüchtig von Dir. Es hat Dir doch sicher auch Spaß gemacht es ihnen schön zu machen." Auch Bekannte waren unter den „Feriengästen": „Es ist ja sehr schön, daß Du einen so angenehmen Gast wie

Elfriede K.[2] bei Dir hast. Sie wird sich schon gut bei Dir erholen." (Schondorf, den 9. VII. 36) Christel forderte die Stiefmutter auf, etwas zu unternehmen: „Ich hoffe stark, daß Du Dich mit Angeli manchmal aufmachst und einen großen Spaziergang machst. Nehmt doch manchmal Euer Mittagbrot mit und eßt es auf dem sonnigen Zellerberg oder sonstwo. Es schmeckt draußen so gut und Du mußt nicht am heißen Herd stehen. Hier ist es heute zum ersten Mal wieder schön, das läßt einen richtig aufatmen, nach diesem Grippedunst. Das Blau tut den Augen richtig gut." (Schondorf, den 22. I. [1937])
Christel wollte die Ömi ablenken: „Auf die Betätigungen in den Sommerferien freue ich mich schon sehr. Du weißt ja, daß das nicht mehr wie früher nur Sprüch' sind, sondern daß es mir wirklich große Freude macht Dir zu helfen und die Wohnung zu verschönern." (Schondorf, den 24. VI. 36.) Gleichzeitig versuchte er sparsam zu sein. „Es tut mir leid, daß die letzte Rechnung so hoch war. Ich hoffe, daß die nächste nicht mehr so hoch ist obwohl zwei Heimpullover (ärmellos und mit Ärmeln) die Tour und noch einiges dazukommt", um sie nicht zu überstrapazieren. (Schondorf, den 30. VI. 36.) „Andrerseits bitte ich Dich inständig nicht viel Aufwand wegen uns zu machen und Dein Rosslein nicht zusehr zu überlasten! Ich bin so froh mit dem einfachsten Essen von Dir, bin überhaupt viel bescheidener geworden als früher und bin mit allem froh. Allmählich beginnen diese mehr äußerlichen Dinge, so schön sie sind, etwas an Wichtigkeit zu verlieren und das ist gut so. Die Freude am Leben ist deshalb immer gleich groß." Auch sein schulisches Bemühen sollte sie beruhigen: „Im Schulischen geht es mir sonst gut und ich tue immer meine Pflicht, wenn es mir auch manchmal schwer ankommt." (Schondorf, den 12. XII. 36.)
Er dankte seinem „armen Zahltotum" für jede Unterstützung: „Ja, nun habe ich das Wichtigste vom ganzen Samstag vergessen, nämlich als ich nach Hause kam[,] lag auf meinem Tisch Dein liebes, süßes Päckchen. Es hat mich so gefreut! Jede Rosine ist ein Kuß von Dir, nicht nur eine einfache Rosine! Hab' recht, recht vielen Dank dafür, Du Immerspendende! Du hast mir große Freude damit gemacht!" (Schondorf, den 12. VII. 36.) Er wurde nicht müde zu danken: „Dein Päckchen kam mir sehr gelegen! Es war wieder ein echtes Lisl-Päckchen, so lieb gepackt, mit so schönem Inhalt! Alles was von Dir kommt hat nicht nur materiellen Wert für mich, es hat alles so etwas Liebes von Dir an sich! Erst gestern fand ich das Orangeat! Es lag ganz in der Ecke! Meine Freude war groß über das prächtige Stück!!! Hab 1000 fachen Dank für alles, Liebste! Auch für

---

[2] „Elfriede Kaminski (1892–1980) war die Ehefrau des bekannten Komponisten Heinrich Kaminski (1886–1946). Die Freundschaft der Eltern Christophs mit dem Ehepaar Kaminski, die durch Maria Marc in Kochel vermittelt worden war, bestand schon während des Ersten Weltkrieges. Heinrich Kaminski hatte anlässlich der Trauung von Hermann und Katharina Probst im August 1917 die Canzona für Violine und Orgel (U.E. 8716) komponiert." (Moll, S. 591)

die interessanten Zeitungsausschnitte danke ich Dir vielmals. Sie kommen diesmal besonders gelegen, da ich viel Zeit hatte sie durchzustudieren. Du suchst immer ganz das Richtige aus, die Berichte aus dem Himalaja waren wieder fesselnd und herrlich!!" (Schondorf, den 7 XII 36.) Und wieder: „Gestern stand mein Name auf dem Paketzettel und meine Freude war groß! Und was für einen schönen Inhalt es hatte, so ganz nach meinem Geschmack! So lieb ausgesucht! Meine Freude wurde gekrönt durch die beiden lieben Briefe, die beilagen! Hab vielen, vielen Dank dafür, meine Liebe! Ich werde lang an den schönen Sachen meinen Gaumen erfreuen können." (Schondorf, den 31. I. 37.) Man darf wohl sagen, dass er es nie unterließ, Elise für ihre Mühen zu danken: „Ich staune wirklich jedes mal wieder wie rasch und gewissenhaft Du alles erledigst! Es ist eine fabelhafte Eigenschaft von Dir, die man nicht hochgenug einschätzen kann!" (Schondorf, den 12. XII. 36.)

In Schondorf vermisste Christel seinen Halbbruder: „Nach dem Dimmi hab ich richtig Sehnsucht. Es ist schon manchmal dumm so von denen die man liebt entfernt zu sein, zum Schluß stirbt man oder sie und man hat sich kaum kennen gelernt." (Schondorf, den 9. VII. 36) Um so inniger suchte er die Erinnerungen an seinen Vater festzuhalten, die in seinen Briefen an Elise immer wieder anklingen. „Der Allerseelen-Tag war ein großes Erlebnis für mich. Ich habe mit neuer Kraft empfunden, wie stark ich immer mit Papa verbunden bin, daß ich ein Stück von ihm bin." (Schondorf, den 8. VIIIII. 36.) Er tröstete zwar Stiefmutter und Schwester, war aber selbst nicht unberührt geblieben von dem einschneidenden Ereignis: „Mein unruhiger Geist fängt jetzt an sich zu beruhigen. Ich bin wieder frommer und vertrauender geworden und das ist ein schöner Trost." (Ebda.) Der Schmerz begleitete ihn.

Als Ausgleich genoss er die Berge, und sei es nur in Gedanken: „Eben komme ich von einem Sonntagsspaziergang zurück. Ich ging allein auf einen Hügel hier in der Nähe und sah zu meiner größten Freude die Alpen vor mir liegen, ganz in Schnee gehüllt. Ach, Du kannst Dir gar nicht denken, welche Sehnsucht in mir aufflammte! Wenn ich hier nicht in Schondorf wäre und nicht direkt vor dem Abs. [Abitur] stände, hätte ich mich glatt aufs Rad geschwungen und hätte einmal richtig Reißaus gemacht. Meine Sehnsucht nach Schnee übersteigt jedes Maß. Ich würde jetzt alles geben für eine Woche Skifahren." (Schondorf, den 26. I. [1937])

Aus den zweieinhalb Jahren Reichsarbeitsdienst und Christels zweijährigem Militärdienst in Arbing und Oberschleissheim haben sich lediglich sieben Briefe erhalten, zwei an seinen Halbbruder, drei an seinen Stiefvater, einen an seine

Schwester und einen an deren Mann. Er ermunterte darin den Bruder, lenkte ihn von einer Erkrankung mit Wehrmachtsgeschichten ab, freute sich mit dem Vater über ein neues Auto und „überrascht[e]" ihn mit seiner Studienentscheidung. Für die Schwester ein paar Zeilen und ein Dank für die anlässlich der Hochzeit in Marienau verbrachten Tage an den Schwager, den „Schwiegerbruder", wie Christel schrieb: „Ich spreche es ungern aus, da das Wort ‚Schwieger-‚ so einen unangenehmen Klang hat." [München, den 25.II.38.])

An Bernhard Knoop berichtete Christel auch von seinen ersten Eindrücken als Student in München. Er hatte das junge Ehepaar kurz zuvor in Marienau besucht. „Diese Tage waren alle in jeder Beziehung ‚sonnig'. Die Atmosphäre der marienauer Gefilde ist wirklich prachtvoll, man kann so entspannt und fern jedem Trubel die Tage geniessen. ... Hier bin ich wie vordem von morgens bis abends beschäftigt – nebenbei auch mit dem Studium. Wo meine Zeit nun eigentlich hinfliesst ist mir selbst manchmal etwas unklar. Jedenfalls ist dieser Zustand nach den beiden Dienstjahren paradiesisch, diese Eingespanntheit erscheint mir nur noch wie ein Albtraum. Aber man hat wirklich gelernt jeden seiner Tage als ein kostbares Geschenk anzusehen und so intensiv wie möglich zu geniessen." Er nutzte weiterhin die Natur als Fluchtmöglichkeit. „Oft bin ich in den Bergen, manchmal in Tegernsee, manchmal in Ruhpolding. Meine Maschine tut treue Dienste weiterhin. Ich kann mir nicht vorstellen wie ich nun ohne sie auskommen könnte." (München am 27. VI. 39.) Christel hatte sich ein Motorrad, eine NSU, gekauft, und den entsprechenden Führerschein im Oktober gemacht. Auch dankte Christel Angelika und Bernhard für eine monatliche Unterstützung: „Bisher habe ich immer der lieben Ängs für die 20 M[ark] gedankt, aber da sie wohl von Euch beiden kommen, so möchte ich auch Dir für diese allmonatliche so hochwillkommene Liebesgabe von Herzen danken." (München am 7. II. 1940.)

Für den Stiefbruder Dips fühlte er sich durchgängig verantwortlich, gerade auch nach Ausbruch des Krieges: „Halt nur wacker Deine Schulzeit durch, es lohnt sich nämlich wirklich und umsonst muss man bestimmt das viele Wissen nicht in sich hereinpfropfen. Nachher kommen dann Zeiten, in denen man froh ist, dass man seinen Denkapparat 8 Jahre lang in der Schule trainiert hat, dann fällt einem alles viel leichter und es ist dann oft so, dass die geistige Arbeit mehr ein Vergnügen als eine Pflicht ist. – Ich bin schon sehr gespannt wozu Du Dich einmal entscheiden wirst." (München am 9. XI. 39.)
Christel verausgabte sich sportlich sehr gern und genoss außergewöhnliche Anstrengungen: „Der Rücken schmerzte mir von der Schreibarbeit und über-

haupt mangelte mir die Bewegung so, dass ich mich aufs Rad schwang und über Schongau-Paiting nach Steingaden und weiter zur Wies[kirche] fuhr. Herrliche Hochmoore, Birkenhaine, von Frühlingsblumen bestandene graugrüne Wiesenhügel wechselten ab, alles übergossen von herrlichem Abendsonnenlicht. Aus den Gestrüppen leuchteten blühende Seidelbastbüsche hervor und an den Bächen knospten die fetten Dotterblumen. Hinter Steingaden gings in langen Windungen aufwärts durch einen kühlen Wald, dann öffnete sich das Dickicht und in einer lieblichen Frühlingslandschaft lag die Wies, mehr ein Traum als Wirklichkeit. Mein Rad stellte ich dahin, wo wir ehemals aus dem Auto ausgestiegen waren, dann ging ich auf einem schmalen Weglein zu der herrlichen Kirche. Die Vollkommenheit dieses Raumes ist einzigartig, eine einzige lichte beschwingte Pracht, ohne Schwere und Dumpfheit. Selten war mir das Empfinden von Papas Nähe so unmittelbar lebendig. So eine halbe Stunde ohne viel zu denken in solch herrlichem Raum zu sein, gehört zum Schönsten, was man erleben kann. – Draussen stand die Sonne in einem Strahlenkranz und tauchte alles in ein weiches warmes Licht. Die Berge ruhten so schön hinter der lieblichen bayrischen Landschaft. Bei der Heimfahrt gewannen Mond und Venus immer mehr an Licht, ich fuhr gemütlich, bis die mittelalterliche Silhouette Schongaus auftauchte: aus einer alten Stadtmauer heben sich ein paar lustige Türme gegen den dunklen Abendhimmel ab. Nun konnte ich mir mit gutem Gewissen in der Glockenwirtschaft Ulmer Spätzle ein Glas Bier genehmigen, es war doch immerhin eine Fahrt von 50 Km. gewesen." (Schongau den 19. 4. 40.)
Christel scheint in dieser Zeit ungebremst Hunger gehabt zu haben. Folglich freute er sich über jede Gabe aus häuslichen Beständen. „Hab vielen herzlichen Dank für Deinen lieben Brief, der wie immer ein lichter Moment in einem öden Tag war. Das Paket, das ihm nachfolgte war keine mindere Freude! Honig, die duftende Butter, die schönen Eier[,] alles so nahrhaft und gut, ich war recht ausgehungert, als diese leckeren Sachen kamen. An den guten Plätzchen kann man sich ja nie leid essen!" Zugleich erinnerte er seine Wohltäter – insbesondere Elise – daran, nicht zu viel wegzugeben. „Meine Liebe, hoffentlich beraubst Du Dich nicht selbst, wenn Du immer so schöne Sachen schickst!" (Schongau am 29. 4. 40.) Im folgenden Monat: „Deine Pakete sind ernährungstechnisch von unschätzbarem Wert, ich fühle mich dann immer mal ein paar Tage lang wohlig saturiert. Vor allem ist die schöne Butter und jeder andere Brotbelag eine willkommene Nahrung, aber auch die Eier sind eine angenehme Kräftigung. Pflaumen und Malzzucker sind geradezu Delikatessen! Hab vielen Dank für diese liebe Sendung." (Schongau, am 18. 5. 40.) Er bedankte sich auf seine liebevolle Art: „Nun habt Ihr schon wieder für mich gebacken und Päckchen

gepackt, sodass nun wieder einiges Gute in meinem Essfach steht. Beim Genuss der guten Plätzchen muss ich immer an die lieben Hände denken, die sie zubereitet haben." (Strassburg am 4. XI. 41.)

In Christels Briefen an die Schwester kommen auch Schwierigkeiten zur Sprache. So etwa eine Querele mit Hertas Bruder Christoph. „Neulich schrieb mir Christoph einen langen Brief, freundschaftlich, vorwurfsvoll, drohend, anschuldigend und wegweisend zugleich. Echt Dohrnscher Misch-Masch! Nun bin ich bald die Leutchen los, vielleicht spannen sie sich noch mal ein paar befreundete Rechtsanwälte vor, dann ist dieses Kapitel abgeschlossen. Nur dumm, dass alles einen Schatten auf meine Beziehung zu Herta wirft." Und auch in der Kompanie lief nicht alles glatt: „Hier ist alles beim Alten, es sind allerdings einige neue Hässlichkeiten passiert, die mich gerade heute traurig stimmen! Aber langsam wird das Fell immer dicker, man wird immer geeigneter zum Berufssoldaten. Ich bemühe mich bestimmt den Frieden aufrecht zu erhalten, bez. ihn nicht zu stören, sehe aber immer deutlicher, dass das eine Syssiphusarbeit ist." Zweimal war Christel Gegenstand von Verleumdungen. „Schade, dass die Menschen, man selbst einbezogen, so viele Unzulänglichkeiten haben, es könnte alles so schön sein! Der Mythos vom verlorenen Paradies wird mir immer plausibler. Wenigstens habe ich nun einige Gewissheit, dass Weltverbesserungsversuche ein Unding sind. Meine letzten Hoffnungsfeuer sind am schmählichen Verzucken! So wird man halt immer kaltschnäuziger und ist doch traurig, dass man so wird, obwohl es leichter ist ohne Ideale ein dumpferes Dasein zu führen." (Ebda.) Freilich unterließ Christel nie, die eigenen Nöte zu relativieren: „Ich denke viel an alle kämpfenden und fallenden Kameraden, ich finde man kann in solcher Zeit nicht mehr in der üblichen Weise an die eigenen Sorgen denken." (Schongau, den 14. 5. 40.)

Als Herta ihre Unterkunft verlor und Christel ihr nicht zu helfen wusste, bot sich wieder einmal Elise an: „Dass Du Herta zu Dir nimmst ist ungeheuer grosszügig von Dir, Du nimmst mir dadurch eine grosse Belastung und Sorge ab! Ich bin überzeugt, dass Hertas Leben nicht aus der Bahn geworfen ist, glaube im Gegenteil, dass sie nun endlich auf eigenen Füssen zu stehen lernen wird! Aber ein paar Wochen in Zell sind ein grosses Geschenk für sie, da bin auch ich ihr irgendwie näher als anderswo. Ich freue mich so sehr an ihrer Tapferkeit und Lebensbejahung und an ihrem Entrinnen aus der Dohrnschen Umklammerung." (Schongau, am 18. 5. 40.)

Zu den Drangsalen gesellten sich herkömmliche Aufgaben: „Auch sonst bin ich wieder mal in einem rechten Trubel. Ich muss nun immer gleich 3 Madels ausführen: Die liebliche Lore, ihre Schwägerin u. ihre Freundin. Komischer Zustand, wieviel schöner war es, als wir uns noch zusammen vorlasen, auf den Sandbänken des Lechs herumtollten, flache Steine auf dem Wasser hüpfen liessen und Kanons sangen (wir kannten beide genau die gleichen und zwar eine ganze Menge). Es war ein schönes Spiel zwischen Heiterkeit und Ernst – ein bissl zarte Verliebtheit war auch keine Sünde. Stell Dir mal ein überzartes, schlankes Mädelchen vor, mit einem derart bezaubernden schwäbischen Dialekt, dass man schon froh ist, wenn man ihre Stimme hört. Daneben eine Portion ganz versteckter aber um so wirksamer Koketterie – sie ist nämlich eine Wirtstochter, die es gewöhnt ist, von vielen angehimmelt zu werden. Oft steigt eine leichte Röte in ihre Wangen und man ist überzeugt, dass man das zarteste Geschöpf vor sich hat. Langsam erst kommt man dahinter, was für ein Lausbub in ihr steckt, schlagfertig, mit scharfem Zünglein, dem nicht beizukommen ist. – Ein wirkliches Erlebnis aber sind ihre Hände, das Edelste, zarteste und wohlgeformteste, was ich je sah! Komisch dass ein Teil ihrer Vorfahren adelig, ein anderer Piraten waren!" Gleich nach dieser schwärmerischen Erinnerung beruhigt Christel die Stiefmutter: „Du brauchst nicht glauben, dass ich Herta gegenüber ein schlechtes Gewissen zu haben brauche, wir haben uns nur ganz harmlos an einander gefreut und den Frühling zusammen genossen." (Schongau, am 5. 5. 40.)
Christel gewann seine Frau zunehmend lieb: „Herta ist goldig, ich empfinde zum ersten Mal, dass eine Frau, die bald Mutter wird, etwas sehr Schönes ist. Selten haben wir uns so an einander gefreut." ([Sonthofen, Anfang Juni 1940]) Dabei war ihm Elise eine unentbehrliche Stütze: „Dein lieber letzter Brief war mir eine grosse Freude, mit all seinem lieben dazwischengekritzel! Dein Telegramm hat mich sehr erleichtert, gut, dass Deine überaus liebe Hilfe nun noch nicht nötig ist. Ich staune immer wieder, dass Du so für alle da bist, und man immer einen starken Rückhalt in Dir weiss. Das ist mir altem Leichtfuss wirklich enorm viel wert. Du weisst meinen steten Dank!" (Schongau, den 14. 5. 40.) Zum Jahresende: „Hab innigen Dank für all das unendlich Liebe, was Du in diesem Semester wieder für mich getan hast[,] Du ewig hilfsbereite – es war mir diesmal besonders wertvoll!" (München am [kurz nach dem 7. Dezember 1940]) Immer war Elise da. „Meiner kleinen Familie geht es gut. Der kleine Mann versucht nun schon an allen festen Gegenständen aufzustehen und ist ein Ausbund von Temperament. … Herta ist momentan bei ihrem Vater, der ihre Hilfe dringend benötigt. Er hat sich nun ein grosses Haus gekauft, will da so ein Gesundungs-Heim aufbauen und da fehlen ihm natürlich die Arbeitskräfte. So

pflegt Lise momentan den Kleinen allein und hat viel Freude dabei." (Schongau am 1. 4. 41.) Deswegen schien ihm kein Dank an sie und keine Sorge um sie zuviel. Dabei achtete Christel darauf, dass sich die 64-jährige nicht übernahm: „Ich habe Dir sehr zu danken, immer wieder denkst Du in einer liebevollen Weise an mich u. erfreust mich durch Deine wunderbaren Sendungen, Deine lieben Briefe u. vor allem durch das, was Du an unserem Söhnlein an Sorgfalt, Mühe u. Liebe aufbringst. Es war mir von jeher ein unschätzbares Gefühl, Dich daseiend zu wissen... Aber an meinen Dank muss ich gleich eine Bitte anschliessen: Übernimm Dich nicht u. schone Kräfte u. Gesundheit. Wenn ich wüsste, dass Du Dich durch das Leben zusammen mit Herta u. Mischa so schön u. auch für Dich erfreulich es sein mag – doch schneller ‚abnützen' würdest, d.h. Dein Arbeitsaufwand in keinem richtigen Verhältnis zu Deinem jeweiligen Kräftezustand steht, so würde ich mit allen Mitteln auf eine Änderung dringen! Du weisst Lise, ich habe Dich oft gebeten mir immer ganz ehrlich zu sagen, wie es steht!" (Strassburg am 4. XII. 41.)

Wann immer er konnte, wandte sich Christel dem Medizinstudium zu, auch wenn die allgemeine Atmosphäre seinen Studieneifer nicht sonderlich begünstigte: „Ich stecke nun meine Fühler auch wieder zaghaft in den medizinischen Stoff, nicht aus Ehrgeiz oder Angst vor völliger Verblödung, sondern aus Lust, Interesse und vor allem der Sehnsucht ein bisserl mehr zu wissen, das Wissen ist nicht nur notwendig, es macht auch Freude und spendet eine angenehme Genugtuung. – Schade, dass man über einen wohlgemeinten Anlauf nie hinauskommt." (Schongau, am 17. 5. 40.) „Es soll nun mal wieder studiert werden. Mir solls recht sein, sicher werde ich in den genehmigten 2 oder 3 Monaten viel gescheiter werden." (Immer noch Schongau am 16. IV. 41.)

Mit der Geburt des Sohnes Michael kreisten Christels Gedanken immer mehr und immer wieder um die kleine Familie. Sie war ihm Freude und Ansporn. „Ein Glück ist nur für mich, dass ich einen angenehmen Chef habe und alle 14 Tage Urlaub zu Frau und Kind nach Ruhpolding bekomme. Da kann ich dann meistens 2 Tage bleiben und mich an vielem Schönen, vor allem an unserem kleinen Helden freuen. Du würdest bestimmt Deine Freude haben an dem kleinen Gewächs. Auch ich habe mir nie vorgestellt, dass man sich so an einem kleinen Kinde freuen kann, wie ich es jetzt tue. Hertalein ist eine goldige Mutter und hat nun eine sehr fidele und vergnügte Zeit. Es ist eine sehr nette Zusammenarbeit mit Lise, die den kleinen Burschen auch gar nicht mehr missen möchte. Da kannst Du Dir leicht vorstellen, dass meine Urlaubstage immer

schön und ausgefüllt sind, ihr einziger Mangel: es ist immer viel zu kurz, kaum hat man sich richtig eingelebt, so ist schon wieder Abfahrtszeit. Herta begleitet mich dann oft noch bis Traunstein und dann müssen wir uns brieflich über die nächsten 14 Tage hinweghelfen." (Schongau, am 11. III. 41.)
Christel erfreute sich an jedem Entwicklungsschritt seines Sohnes: „Sonntags bin ich fast regelmässig bei der kleinen Familie, die nun für einige Zeit bei Mutti in Tegernsee stationiert ist. Michilein ist ein Prachtgewächs[,] ich freue mich immer mehr an ihm und kann das Wiedersehen oft kaum erwarten." (München am 28. V. 41.) Als seine Versetzung nach Straßburg drohte, räumte er ein: „Es wäre mir schwer so weit von meiner lieben Familie getrennt sein zu müssen, habe ich doch schon nach einer Woche Trennung Sehnsucht nach meinem Mischa. Es ist auch so schmerzlich, wenn man die Entwicklung seiner Kinder nicht miterleben kann. – Du würdest überhaupt staunen, wenn Du den Gauner wiedersehen würdest: er steigt die Treppen hinauf, steigt auf Stühle[,] versteht schon allerhand obgleich die Anzahl seiner Worte noch recht bescheiden ist. Er hat grosse Körperkräfte die er mit Temperament zu nützen weiss, dennoch hat er auch eine zärtliche Seite, die ja den Eltern bekanntlich besonders angenehm ist und zu Nutze kommt. Bald werde ich Dir ein paar aktuelle Bildchen zukommen lassen." (Tegernsee am [zwischen September und 20. Oktober 1941])
Dass sein „Fehltritt" von den Eltern schließlich nachgesehen wurde, war ihm eine große Entlastung: „Mutti hat ja nun meine ‚Familie' recht entschieden angefordert, sie leidet unter ihrer Einsamkeit und scheint das junge Leben z. Zt. notwendiger denn je zu brauchen. Herta beabsichtigt allerdings bei Beginn der Beerenzeit wieder nach R.[uhpolding] überzusiedeln, die Beeren sind nun mal ihre Passion, das ist auch sowohl Mutti als auch Lise genehm. So kann manchmal das vermeintliche Pech zu einer guten Sache werden und der kleine ‚Schandfleck' wird von niemandem mehr aus der Welt gewünscht – im Gegenteil!" (München am 9. V. 41.) Er vermittelte, wo er konnte: „Für Mutti ist es gut, fast notwendig, dass durch das Kind Leben in die Bude kommt, sie macht es sehr nett. Manchmal ist es nicht so ganz leicht mit ihr zu sein – sie ist betrübt, dass Du [Angelika] Dich so distanziert hast, ich musste viel Klagen mit anhören. Muttis Art ist oft schwierig und ihre Vorwürfe und Klagen sind gerade oft wie Barrieren, aber wenn wir uns nicht lieb zeigen[,] ist sie in ihrem tiefsten Punkt getroffen – dann taucht die leider nie überlebte Eifersucht gegen Lise auf, der sie sich unterbewusst wohl in manchem unterlegen fühlt. Ich denke eben immer daran, dass sie eine gute Mutter war, – wenn sie uns auch nicht immer ganz verstanden hat – und mache ihr gerne eine Freude." (München am 31. V. 41.)

Trotz aller Schwere – „Die düstere Unentschiedenheit der Zeit quält mich oft ziemlich. ... ich bin überbeschäftigt und komme doch zu nichts, möchte die Zeit nicht ungenutzt verstreichen lassen und dennoch rinnt sie mir durch die Finger, ohne dass ich sie halten kann." – ließ Christel seine Hoffnungsfreude nicht versiegen: „Meine ans Himmelstor pochenden Hoffnungen sind ja auch allzu tief versunken und doch kommen durch das Grau, das mir leider oft den Blick verdüstert, immer wieder schöne Bilder gezogen. Dann glaube ich wieder fest daran noch einmal die Quellen des Lebens und der Schönheit zu finden d.h. zur wahren Freude." Er blickte auf das Schöne in seinem aktuellen Leben. „Meine übrigen gut bürgerlichen Lebensansprüche sind sehr befriedigt. Essen, Schlafen, Kegeln, hie und da Lesen, alles ist gut und lässt kaum zu wünschen übrig." Er fand sich in den gegenwärtigen Augenblick ein. „Das Kegeln macht sogar ausserordentlichen Spass – ich habe es nun zu einiger Fertigkeit gebracht, nachdem ich die ersten Male gerne die Zielscheibe wohlgemeinten Spottes abgegeben hatte. Getrunken wird nun weniger[,] zum mindesten werden wir nicht mehr so oft dazu herangezogen (Gottlob!)" Und er wahrte seine Grundeinstellung: „Ungerecht wäre ich, wenn ich nicht all das Schöne, was ich weiterhin erlebe, dem Trüben entgegenstellen würde." (Schongau am Lech, den 31. III. 41. und Freitag abend. [13. Juni 1941])

20 von Christels Briefe sind aus der von ihm sogenannten Exilszeit in Straßburg erhalten. Den ersten von dort kommenden Brief schrieb er seiner Schwester: „Bei einer Flasche Bordeaux (der letzten, die ich mir diesen Monat leisten kann) und dicker Zigarre möchte ich nun noch vor Beendigung der 24. Stunde ein paar Zeilen schreiben. Wenn man irgendwo neu Fuss zu fassen versucht, so fühlt man sich fast verpflichtet, jedem von dem neuen Zustand zu berichten. Da ich gerade dies, – wenn es sich um eine neue militärische Epoche handelt, mit all dem schon so oft erlebten u. geschilderten Verdruss – besonders ungern tue, habe ich mit der Eröffnung meiner Correspondenzen lange gezögert." (Zu Strassburg auf der langen Schanz. ... am 27. [Oktober] 41)
In der Hauptstadt des Elsass startete Christel einen neuen Versuch, sich dem kommisshaften Sich-Treibenlassen entgegenzustellen und in seinem Studium voranzukommen. „Ich habe nun rund nach Verlauf von 1 ½ Jahren wieder angefangen Kollegs zu hören. Es ist klar, dass das nicht zuletzt durch die hiesigen Lebensbedingungen geschieht, dennoch kann ich mit Vorsicht behaupten wieder einigen Geschmack daran gefunden zu haben. (Glaube aber nicht, dass ich in München nun nie mehr damit begonnen hätte.)" Die Bedingungen setzten ihm zu: „Die wirkliche Ruhe u. Conzentrationsmöglichkeit zu wirklich frucht-

barer beglückender Arbeit, fehlt leider gänzlich. Leider benötige gerade ich dies unbedingt u. liebe nichts mehr als Abgeschlossenheit u. gemütliche Einsamkeit, um mir wirkliche Kenntnisse anzueignen, hier wird alles nur Stückwerk bleiben." Er sehnte sich nach einem nutzbringenderen Tagesablauf: „Schwer ist mir nur erträglich, wenn mir die Zeit so eines Abends nach dem anderen durch die Finger rinnt, ich die Absicht hatte dies u. jenes zu tun u. dann diese Abende verplempert waren, in Stückwerk zerfielen, durch Zeitunglesen, Radiohören, Geschwätz zu einem Nichts zerflossen." (Strassburg am 4. XII. 41.) Und seinem Stiefbruder gesteht er: „Auch sonst ist es nicht einfach ein bisschen Lebensniveau zu behaupten. Lärm, Radio u. ähnliche Stubenplagen kennst Du selbst. Dazu kommt aber noch manches andere, man kann nichts schaffen, wenn man in so einer trägen Umgebung lebt, u. wenn man wollte so hätte es doch wenig Sinn." (Strassburg, am 3. II. 42.)

Christel sehnte sich nach anderen Umständen. „Es ist mir oft besonders schwer gewesen immer mit 2 oder noch mehr Kameraden zusammensein zu müssen u. immer profane Gespräche zu führen oder zu hören. Vor allem kommt man sich dann selbst in seinem Wesen langsam profaniert vor, denn irgendwie bleibt ein Hauch von allem haften." (Strassburg am 11. II. 42.) Weiter: „Mein Dasein ist oft ziemlich traurig, oft kämpfe ich gegen die innere Empörung an. So viel Sehnsucht – so wenig Erfüllung, das ewige Missverhältnis. Mein grösster Helfer u. Verderber ist der herrliche Schatz der Erinnerungen, denn er kann wie ein strahlender Lichtborn aufleuchten, aber auch den Gegensatz zwischen dem Leben-Müssen u. dem Leben-Können schmerzlich vor Augen führen. Was plane ich nicht alles für mein Zusammenleben mit den Kindern, – immer wieder schiebt sich ein Balken davor, niemand tut eine Kleinigkeit für so wichtige Angelegenheiten, weil sie eben persönliche sind. Andrerseits ist der Fortbestand dieses feucht fröhlichen Stubenlebens ein Ding der Unmöglichkeit für mich u. meine Zukunft." (Strassburg, am 17. II. 42.)

Er freute sich auf das Zusammensein mit der Familie, malte sich Weihnachten aus: „Oft denke ich an den Mischa u. jedesmal freue ich mich sehr an der Erinnerung u. freue mich noch mehr auf das Wiedersehen." (Strassburg am 4. XII. 41.) Drei Tage später: „Mit grösster Freude denke ich immer wieder an mein Mischalein. Jede Nachricht über das kleine Pflänzlein freut mich ausserordentlich. Täglich stelle ich mir den Moment vor, in dem ich das Büblein an mich drücken kann. Am meisten aber freue ich mich darauf, wenn er die vielen Kerzen am Christbaum sehen wird. Diese Vorstellung entzückt mich immer wieder." (Strassburg am 7. XII. 41.) Gleichzeitig versuchte er an der Erziehung und der Entwicklung der beiden Kinder – war doch zum Jahresende „ein echter Ruhpoldinger" hinzugekommen – teilzuhaben. „Dass ich die Entwicklung von Vinzenz nicht miterleben kann (die bayerische Schreibweise ist gar nicht so schlimm) ist mir ein grosser Verlust, der mich oft betrübt. Ich werde, wenn ich später mit den Kindern zusammensein kann immer reich genug sein, aber dennoch, welcher Schatz, wenn man jede Lebensepoche seiner Kinder kennt. Genauso gross ist natürlich die Entbehrung Mischas, aber ihn konnte ich damals öfter sehen u. nun entwickelt er sich nicht mehr so sprunghaft." (Strassburg, am 31. [Januar] 42.)

Ihm fiel es sehr schwer, aus der Ferne zusehen zu müssen, wie sich Herta und Elise mit den Kindern abmühten. „Wäre ich in München gewesen, so hätte ich gut manchmal helfen können ... So kam mir Strassburg wieder wie eine unnötige Verbannung vor. Ich hoffe aber stark, dass nun das Dickste vorüber ist! An einem der nächsten Tage werde ich mich zum Rapport melden mit dem Versuch nach München zurückversetzt zu werden. Dann würde manches einfacher. ... Andernfalls trage ich mich ernsthaft mit dem Gedanken die ganze Familie hierherzuholen. In Zell geht es nun nicht mehr, ich kann das Opfer, das Lise bisher so freudig für uns brachte, u. das gewiss auch viel Schönes für sie zeitigte nicht weiter von ihr fordern. Ich bin Lise sehr sehr dankbar für alles, was sie für meine Leutchen getan hat u. was sie mir damit abgenommen hat." Ihm war bewusst, dass noch eine ungewisse Zeit vor ihm und Herta lag: „Ein Zigeunerleben werden wir vielleicht noch lange führen müssen u. werden vielleicht auch noch mal schlechter dran sein als jetzt, dennoch ist es ein einziges Gefühl eine Familie gebildet zu haben. ... Immer freudig ist der Gedanke an meine Söhnleins u. die liebe Frau, der ich in Treue ergeben bin." (Strassburg am 11. II. 42.) Und gleichbleibend wiederholte er seinen Dank an die Pflegemutter: „Was bisher war, war ja so gut u. ich bin so dankbar, wenn ich an die beiden Büblein denke u. daran, dass sie in Zell ihre erste schöne sorgliche Zuflucht gefunden haben. Du bist die einzige Liebe, die uns so opferbereit half u. unter ihre Fittiche nahm. ... Ich denke oft u. innig an alles Schöne gemeinsam Erlebte u. weiss dass sein Ablauf in der Zeit, sein Wert aber in der Ewigkeit liegt." (Strassburg am 19. II. 42.)

Aus Strassburg fragte Christel wiederholt nach, ob seine Angehörigen Wünsche nach bestimmten Waren hätten, die man in der alten Grenzstadt noch erhalten konnte, ansonsten aber nur schwer aufzutreiben waren. Er wollte sich so nützlich machen: „Viel Zeit geht durch Einkäufe drauf, denn auch hier wollen die Raritäten gesucht sein u. ihr seid wohl die besten, aber nicht die einzigen Abnehmer. Ein Heizkissen ist leider nicht mehr zu haben." (Strassburg, am 4.

II. 42.) Zwei Tage später dann doch die Erfolgsmeldung: „Heute konnte ich zu meiner grössten Freude noch ein el.[ektrisches?] Heizkissen für Lise aufstöbern. Hab es gleich abgesandt möge es die Gute in angenehme Wärme einhüllen! Manchmal mache ich mir auch ein paar Familiensorgen, bes. um Lise, aber dennoch hoffe ich, dass alles gut weitergeht. Der Gedanke an die 2 Goldracker macht mein Leben reich u. freudig. – Neben den ausgedehnten u. zeitraubenden Einkäufen (ich bin dadurch doch wenigstens zu etwas zunutze!) habe ich zahllose Vergrösserungen machen lassen u. ein prächtiges Album entstehen lassen." (Strassburg, am 6. II. 42.)

Zurück in München stellte Christel fest: „Ich finde das Leben in ernsten Zeiten nicht weniger lebenswert. Die Freude ist wohl ein Ziel des Lebens, aber nicht das einzige u. immer schimmert sie ja auch durch den Ernst hindurch." (München am 11. 6. 42.) Was er eine Woche später um den Gedanken ergänzte: „Bei mir leider immer noch starke zeitliche Zersplitterung. Dennoch hat jeder Tag auch seinen Gewinn. Die mächtigen medizinischen Werke, die ich nun daliegen habe, möchten bei mir auch eine Arbeitsperiode einleiten, aber es ist schwer nur einige zusammenhängende Stunden zu gewinnen. Natürlich sind es neben den Pflichten auch die Neigungen, die viel Zeit nehmen, vielleicht muss ich da ein wenig opfern." (München am 17. 6. 42.)

Nachdem die ersten vier Flugblätter der „Weißen Rose" erschienen waren, schrieb Christel seiner Schwester: „Ich habe eine Art Schlafsucht und verschlafe beunruhigender Weise nun schon seit 3 Wochen 3/4 meines Lebens. In den Zwischenstunden bin ich frisch u. aufnahmefähig, aber kaum sind 2 Stunden verstrichen zieht mich der Pfuhl wieder mit magischer Gewalt an sich. Komisch ist auch, dass es ein geradezu lächerliches Unterfangen ist mit Willenskraft gegen diesen Zug ankämpfen zu wollen. Hier zwingt das Fleisch den Geist! Vielleicht ist das eine regenerative Epoche (zumal ich das Rauchen bis zu einem gewissen Grade sein liess) vielleicht aber auch ist das ‚zart gestimmte' Instrument der inneren Sekrete mal wieder verstimmt." Die Schlafsucht könnte auch mit seiner inneren Entwicklung zu tun gehabt haben: „Ich lebe gerade in einer Entwicklungszeit in der ich noch nicht genau weiss, welcher Richtung in meinem Geist ich mit meinem Selbst ganz angehöre. Es ist wohl eine Art Gärung, ein klarer Wein ist noch nicht gekeltert." (München am 15. 7. 42.)

Christel vertiefte in diesen letzten Lebensmonaten sein inneres Gespür, aus dem heraus er sich um andere kümmerte: „Lebe auch in diesem kommenden Jahr im tiefen Vertrauen, dass alles sinnvoll ist u. einem keine Zufälligkeiten im

Leben begegnen, dass alle Kämpfe letzthin für das Gute ausgefochten werden, wenn unsere Augen auch nicht so weit blicken[,] es erkennen zu können. Auch im schlimmsten Wirrwar kommt es darauf an, dass der Einzelne zu seinem Lebensziele kommt, zu seinem Heil kommt, welches nicht in einem äusseren ‚Erreichen' gegeben sein kann, sondern nur in der inneren Vollendung seiner Person." Er dialogisierte dabei auch mit sich selbst. „So ist ja auch das Leben, als die grosse Aufgabe der Mensch-Werdung, eine Vorbereitung für ein Dasein in anderer neuer Form. Und dieser Aufgabe dienen letzthin alle kleineren u. grösseren Aufgaben u. Ereignisse des Lebens. Wir erkennen zwar ihren inneren Zusammenhang noch nicht[,] wissen aber[,] dass sie sinnvoll sein müssen. Später einmal wird erst ein Licht auf alle Dinge unseres Lebens fallen, das sie uns klar erkennen lässt. Zunächst aber müssen wir mit unserer ‚Unwissenheit' vorlieb nehmen u. den Weg unter den vielen möglichen aussuchen, der nach oben geht – und wenn wir ihn finden u. auf ihm gehen[,] erleben wir viele Freuden – echte Freuden, die uns niemand mehr nehmen kann." (München am 27. [Juli] 42.)

Der junge Medizinstudent freute sich auf sein drittes Kind und versuchte seine Freude zugleich der eigenen Mutter zu vermitteln: „Auch ist Dir an Hertas Figur eine natürliche uns hochwillkommene (hoffentlich auch Dir!) Überraschung vorbehalten, die einer Grossmutter so recht das Herz weiten sollte." (Eibsee am 3. 9. 42.) Er musste für seine Nachwuchsentscheidung werben, wie es in einem Brief an seine Schwester anklingt: „Lieb, dass Du bei Grossmutter warst. Dass Du den 3. (ersten ganz legitimen) Urenkel noch nicht eingestehen konntest macht nichts, sowas spricht sich später schnell genug um und ein vorzeitiger Wirbel ist nicht nötig. Mutti habe ich es nun mitgeteilt, wollte sie nicht allzu lange warten lassen." Dabei genoss er derweil das Familienleben aus vollen Zügen. „Wir machen oft kleine Spaziergänge zu schönen Aussichtspunkten, setzen uns auf eine schöne Bank u. freuen uns an dem kraxelnden u. herumtobenden, unermüdlichen Mischa u. dem schönen Blick." (Eibsee am 7. 9. 42.) Für jede Unterstützung aus dem größeren Familienkreis war er dankbar, wollte aber nicht, dass sich jemand gezwungen fühlte: „Habe aber nie Sorge, dass wir von Eurer Hilfe unbedingt abhängig seien! Im Notfalle schaffen wir es auch mit unseren kleinen Reserven, unserer Beweglichkeit u. schliesslich meiner über kurz oder lang auch einmal in Kraft tretenden Verdienstmöglichkeit, selbst. – Dass aber Euer Vorhandensein eine grosse Beruhigung ist, brauche ich nicht zu betonen!!!"
Christel hatte in der Vaterschaft seine große Aufgabe entdeckt. „Ich betrachte es aber ganz ernsthaft als ein grosses Geschenk, dass ich in so jungen Jahren schon

Vater von 3 Kindern sein darf, denn einen grossen Teil meines Lebens scheint ja nun mal das Vater-Sein bei mir einzunehmen. Es ist aber nie Gefahr, dass das Übrige dadurch verdrängt wird, denn gerade für die Kinder muss ich mir ja meine Vielseitigkeit bewahren. Pass auf, mit des Himmels u. Eurer Hilfe aber vor allem meiner Lebenskraft geht alles gut und unser Leben ist fruchtbar! Die gute Substanz muss sich vor allem vermehren, mit Selbstschonung u. Einkindersystem wird man den Pöbel nie bändigen können." (Lermoos am 14. 9. 42.) So war das Treiben der Kinder unentwegt ein Thema seiner Briefe: „Den lieben Kindern geht es gut. Mischa badet sich schier in Tomaten u. Melonen u. ist so gut zu haben. Ich bin froh einmal längere Zeit ohne Unterbrechung mit Herta u. Mischenka zusammensein zu können. Ich lerne dadurch viele neue Züge an dem Kleinen kennen. Nach dem Jubelkindlein haben wir rechte Sehnsucht, aber wir werden ihn ja auch bald wiedersehen können." (Eibsee, am 14. [Oktober] 42.) Anderntags: „Mischa ist voller Einfälle u. erstaunlicher Selbstständigkeit. Ich staune immer wieder über seine vielseitigkeit – auch im Erfinden chikanöser Torturen der Eltern, wenn er einen schlechten Nachmittag hat. Aber doch kann man sich nicht sattfreuen an ihm – auch wenn er oft ein guter Lehrmeister in der Übung der Geduld ist." (Lermoos am 26. 9. 42.)
Seine Freude am Zusammensein mit seiner Familie ist durchschlagend: „Mischalein kam mir warm eingehüllt in dicke Wollsachen mit einem Glöcklein um den Hals und strahlendem Gesicht entgegen, ein wunderbares Wiedersehen. Er ist noch mächtiger geworden ohne in seiner Art oder seinen Zügen auch nur ein bisschen gröber geworden zu sein. Er bildet entzückende Sätze, setzt seine Worte einfach goldig. Ich war starr vor Staunen wie sich ein Kind in 3 Wochen entwickeln kann. Aber nicht weniger Vincent: Bei seinem Anblick ging mir das Herz auf! 2 Geburtstagsüberraschungen hatte er mir zu bieten: er steht mit einem süssen Lausbubengesicht im Bettlein, lacht wie ein Glöcklein, freut sich diebisch über seine Kunst – er, der vor 3 Wochen noch keine Ahnung hatte wozu die Beine da sind! Als 2. Überraschung soll er 2 Zähne haben die aber noch fast unsichtbar nur durch das Geräusch, das beim Beklopfen seiner kleinen Zahnleisten entsteht, feststellbar sind. Mischa u. Vincent leben schon ganz brüderlich zusammen, animieren sich zu tollem Gelächter u. zum Gesichter Schneiden und lieben sich heiss u. ohne Eifersucht. Hertalein geht es gut, sie fühlt sich gesund u. leistet die Kindsarbeit mit Freuden. Es ist erstaunlich und für mich beruhigend und erfreulich, wie schwungvoll sie alles Tag für Tag macht! Sie bekommt viel Kraft von ihren geliebten Söhnen und freut sich auch auf die Zukunft und das Wohnen in Lermoos." (Ruhpolding am 12. XI. 42.)

Die Familie gut in Lermoos untergebracht, musste er noch seine Studentenbehausung in Aldrans finden. In einem sehr ausführlichen Brief erzählte er von seiner langen Suche Elise, der er länger nicht geschrieben hatte. „Nun erst, da ich endlich einen geheizten Raum habe und einen Tisch zum schreiben kann ich Dir etwas davon berichten! Wer hätte gedacht, dass ich nun am Fusse des Patscherkofel wohne, mit herrlichem Südbalkon, in traumhaft schöner Umgebung? Heute nachmittag zog ich hier ein, nachdem ich in Innsbruck selbst u. der näheren Umgebung nichts finden konnte."

Zwischenzeitlich war er nach Lermoos ausgerückt, da er kränkelte. „Am Samstag flüchtete ich nach Lermoos, wohin glücklicherweise über Telfs-Fernpass eine gute Omnibuslinie geht (3 Stunden Fahrt) die mich fast vors Haus in L.[ermoos] bringt. Der Aufenthalt bei Frau u. Kindern war eine Erholung nach den strapaziösen Tagen – wenngleich nur ein geheiztes Zimmer für so viel Leute auch etwas problematisch ist, aber wir müssen sparsam sein mit Heizmaterial[,] solange wir so wenig haben u. noch keine Kohlen da sind. Aber trotzdem[,] der Sonntag war, ‚Balsam auf meine Seele'."

Einmal mehr genoss Christel die Zeit bei den Seinen. „Die Kinderlein sind ja so goldig lieb und lebendig, auch recht wohlerzogen und brav zur Zeit. Hertalein hatte etwas gebacken zum Nikolaus und gemütlich ist es ja eigentlich immer in unserer Bergwohnung (und Gott sei Dank friedlich) Montag früh ging es dann mit dem Omnibus zurück, bei strahlendem Wetter eine herrliche Fahrt."

Christel war froh über sein erstes eigenes Zuhause – „Vom Leben selbst wird Dir ja Herta noch ausführlicher berichten, jedenfalls bin ich froh, dass es sich so gut anlässt, dass es ohne nennenswerte Schwierigkeiten geht und die Kinder munter u. gesund da oben leben. (Sie sind schon gut abgehärtet, Mischa schläft gut im kalten Zimmer, Vincent lassen wir in der temperierten Küche.)" (Innsbruck am 8. XII. 42.) – und freute sich auf Weihnachten. „Heute nachmittag werden Christbäume besorgt, wir wollen eine schöne echte Tanne aus dem Wald holen. Aus Innsbruck konnte ich wieder manches zur Verschönerung des Festes herbeischaffen: eine Flasche Wein, neue Platten, ein bissl Spielzeug für die Kleinen und manches andere. ... wir werden ein sehr glückliches und dankbares Fest erleben aber zugleich unendlich bedauern, dass wir es ohne die allerliebste Gesellschaft von Dir, Lise und Bernhard tun müssen." (Lermoos am 19. XII. 1942. und Lermoos am 22. XII. 1942.)

Alle Dezember-Briefe Christels waren mit Schilderungen seines neuen Zuhauses gespickt oder geprägt von dem Gedanken an Weihnachten als dem Geburtsfest des Heilands. Doch – wie stets – war sein Interesse am Leben der Seinen wach. „Mutti kommt täglich ein paar Stunden, freut sich sehr an den Kindern und ist nun auch von der Schönheit unseres Wohnens angetan, während sie zunächst nur über die Primitivität erschüttert war. Mit der Nachbarin nach wie vor schönste Harmonie. ... Dass Mutti da ist, ist für uns wie für sie gleich nett u. erfreulich. Sie ist ja leider ein wandelnder Krankheitskomplex geworden, hoffentlich wird das bald anders. – An Dieter denke ich oft und bin oft in meiner fröhlichen Umgebung traurig, dass der herzliebe Bruder so leidet! Wenn er alles gut durchsteht, wird dieses Leid segensvoll für sein ganzes Leben sein, aber das ist zunächst kein Trost." Und: „Dein lieber Brief hat mich so sehr gefreut, zumal ich nun eine viel lebhaftere Vorstellung von allem habe, was Du mir aus Marienau berichtest. Der Gruppenaben[d] muss wirklich gediegen gewesen sein, mit diesen netten humorvollen Leutchen. – Dass Dein Tolstoi Referat so gut glücken würde, war mir klar, dennoch freue ich mich dass auch die selbstkritische Vortragende mit ihrer Leistung zufrieden war. Ich glaube ich könnte eine umfangreichere geistige Aufgabe gar nicht mehr meistern z. Zt.[;] man ist doch recht zerfetzt innerlich, von so vielem absorbiert. (es wird auch mal wieder besser werden)" (Lermoos am 19. XII. 1942.) Was seine Stiefmutter anlangte schrieb er: „Mit Lise stehen wir in regem Päckchen und Briefaustausch. Sie nimmt ganz rührend teil an unserem Leben."

Ihr selbst wandte er sich wieder ganz warmherzig zu: „Könnte ich am heiligen Abend doch ein paar Stündchen zu Dir hinüberfliegen! So gerne wüsste ich, wie es bei Dir aussieht im Weihnachtszimmer, wie es Dir ergeht, was Du so alleine tun magst in diesen schönen heiligen Stunden! Sicher wirst Du die Stille und Sammlung, die Du nun hast[,] genießen und Deine Gedanken schweifen lassen über Dein Leben, das Leben Deiner Lieben, über die Zukunft, die Hoffnungen und den Ernst der Zukunft. Es gibt ja so Vieles, das uns bewegt in solchen Stunden. Trotz allem Schweren wird sicher auch bei Dir das Gefühl der Dankbarkeit stark sein, der Dankbarkeit, dass das Leben in Gottes Hand ruht und nichts Sinnloses geschieht. Wie schön, ja unfasslich ist es, dass sich die Sonne gerade in diesem düsteren Jahr so oft zeigt in ihrem Glanze, dass die Natur auch in diesem Jahre ihr schönstes Kleid angezogen hat!" (Lermoos am 19. XII. 1942. und Lermoos am 22. XII. 1942.)

Er freute sich über kurze und lange Briefe und dankte – wie stets – für erhaltene Geschenke: „Diesmal hast Du wirklich ‚das' Geschenk für mich gefunden – beim ersten Anblick hat es mich in seinen edlen Bann gezogen. Wirklich, die Enthüllung des Christuskopfes war der stärkste Eindruck, den ich am Weihnachtsabend empfing. Was für eine passende Gabe zum Geburtsfest Christi!

Wie edel, klar gütig sind die Züge dieses Kopfes, von meisterlicher Hand nach einem innerlich erschauten Bild gemalt, welche Kraftquelle ist dieses Antlitz! ... Auch Herta ist stark berührt von Deinem schönen Geschenk, beide danken wir aus ganzem Herzen!" (Lermoos am 27. XII. 42.) Und der immer unsicheren Angelika dankte er: „Wie kannst Du sagen beschämt, Du Liebe, wo ich immer mehr dahinterkomme, dass der Christopherus das herrlichste reichste Geschenk ist, was ich überhaupt von Dir empfangen konnte. Neben dem einzigartigen Nolde und dem Barockschrank ist es das zentrale Stück unserer kleinen Wohnung und dazu nimmt es in meinem Herzen einen ganz besonderen Platz ein. Es unterliegt für mich keinem Zweifel, dass es unter den bisherigen Werken von Hallweger sein Meisterstück ist, eine einmalige gewaltige Schöpfung. (Die Sachen, die ich bei meinem letzten Besuch bei ihm vorfand sind alle schwächer, er hat zur Zeit keine so fruchtbare Schaffensperiode.) Ich habe ihn auch diesmal ins Weihnachtszimmer gestellt, auf einen besonders schönen Platz und mich an ihm gefreut, als hätte ich ihn zum zweiten Mal geschenkt bekommen, nur mit dem Unterschied, dass ich nun viel tiefer in das Wesen dieser echt christlichen Schöpfung eingedrungen hin. Und als auch dieses Jahr dem Weihnachtszimmer besonderer Glanz verliehen wurde, durch diese edle Plastik, empfand [ich] besonderen Dank Dir gegenüber und wusste, dass solch seltene Geschenke nicht oft im Leben gemacht und empfangen werden." (Lermoos am 28. XII. 42.)

Christel ließ bei all dem der Gedanke an das Weltgeschehen nicht los, er war augenscheinlich zwischen Krieg und Frieden hin- und hergerissen. „In der Welt geht es allzu unweihnachtlich zu. Manches macht mir schwer zu schaffen! Entschuldige meine Kürze, aber im sanften Kaffee-Koller, mit siebenfach-überfülltem Magen sind wenige Zeilen schon eine Leistung." (Lermoos am 27. XII. 42.) Oder ernster: „Aber es ist keine Zeit, in der man innerlich zur Ruhe kommen kann, das Weltgeschehen erregt mich tief und ohne Unterlass." (Aldrans am 22.1. [1943]) Der Schwester gegenüber äußerte Christel unverblümter: „Ein kleiner Rat, der sich lohnt: lebt innerlich weiter, als wenn nichts wäre! Hätte nicht schon lange eine Bombe in Mar.[ienau] einschlagen können? Könnten wir nicht schon lange gefallen sein? Nur ein Unterschied: noch stärker hoffen und vertrauen." (Lermoos am 28. XII. 42.) Desgleichen gegenüber dem Schwager: „Alle sind wir der bedeutungsschweren Ansicht, dass das neue Jahr Umstellungen tiefgehender Art von uns fordern wird. Ob dabei der Fluch einer gefallenen Zeit oder ein unverdienter Segen obwaltet – wer weiss es? Uns bleiben nur Hoffnung und Vertrauen aber dabei noch eine Art von Gewissheit, dass die grosse Linie nur aufwärts führen kann. ... Es kann nur eine Vorstellung Trost spenden,

dass hinter allem Geschehen ein höherer Wille steht, dem man sich gehorsam unterwirft. Und diese edle Gelassenheit spricht ganz aus Deinem Brief und hat mich tief gefreut." Er erlaubte dabei sogar einen Blick in sein inneres Leben: „Einen Schwerpunkt hatten meine Tage wohl, in den Gedanken, Hoffnungen und Bitten für die Zukunft meiner liebsten Menschen, des Volkes und darüber hinaus der ganzen heimatlichen Kugel, die so herrlich wäre, wären die Menschen demütig und friedfertig." (Lermoos am 1. 1. 43.)
Im Brief an Angelika drückte Christel noch einmal deutlich seine Verbundenheit mit allen Angehörigen und seine tiefe Freude an der eigenen „Kleinfamilie" aus. „Auch bei uns war das Weihnachtsfest von seltener Art – innig intim und familiär! Zuerst erschien es mir schwer, ohne Dich und Bernhard, Euere liebe Atmosphäre, Euren Geist und Anregungen diesen festlichen Höhepunkt des Jahres zu verleben. Und wenn auch immer wieder ein Gefühl der Sehnsucht durchbrach, so überkam mich doch das grosse Glück Kinder zu haben, ihre Freuden und Leiden teilen zu dürfen, sie für das Leben bereiten zu dürfen mit unwiderstehlicher Macht. (Lermoos am 28. XII. 42.) Auch Elise wollte er einbezogen wissen: „Unser Weihnachtsfest war unglaublich schön. Erst hatte ich ein wenig gefürchtet, ich würde zu sehr die lieben Genossen vergangener Weihnachtsfeste, Dich, Ängslein u. Beri, vermissen, und wenn auch meine Sehnsucht immer wieder gross war u. ist, so war doch das Glück einzigartig, das schöne Fest, den Höhepunkt des Jahres, im trauten neuen Heim mit den Kindern und der lieben Frau verleben zu dürfen. Ich komme mir ja so unsagbar reich vor durch die unversiegliche Freude, die mir die Kinderlein bereiten. Wie goldig waren sie diesmal beim Fest und sind es jetzt noch! Ich hatte das Bäumchen u. das Zimmer ganz allein bereitet[,] wollte auch Herta überraschen und muss sagen dass es besonders schön wurde. (Das Zimmer ist ja an sich schon so schön, wie erst im festlichen Schmuck!) Das Bäumchen ist diesmal eine liebliche Augenweide, ich habe mich so gefreut, dass ich Deine schönen Kugeln daranhängen konnte und habe ausserdem noch viele mit dem Messer ausgeschnittene Plätzchenfiguren aufgehängt. Auch Dein Lametta kommt schön zur Geltung und Mischa liebt besonders das Glitzer-Glitzer. – Du kannst Dir denken, wie die Augen der Kinder glänzten, wie ihre heissen Bäckchen glühten, als sie den Glanz und die Lichter sahen, die bescheidenen Geschenke in Empfang nahmen! Die Vaterfreude übersteigt in solchen Momenten ja jedes Maass." (Lermoos am 28. XII. 42.)

Das neue Jahr prägte die Geburt der Tochter Katja. „Nun ist also doch ein Mäderl da, ein kleiner neuer Schmetterling ausgekrochen, wie freut mich das! Die

Geburt einer Tochter bedeutet für mich ganz Besonderes! So viel Liebe, Freude und Hoffnung verbindet sich schon jetzt mit dem kleinen Wesen, wo ich es noch gar nicht kenne!" Er informierte – obschon völlig übermüdet – gleich Elise über die Geburt: „Alles ging so gut und glatt! In 3 Stunden hat Hertalein geboren – recht wenig schmerzhaft, wie Mutti sagte (die ich zufällig heute mittag anrief, wo ich dann schon vor die vollendete Geburt gestellt wurde). Noch dazu hat sich das Kindlein mein Lieblingsdatum ausgesucht – den 21. (= 3 x 7) einen Tag, dem ich immer mit Freude entgegengehe." (Aldrans am 22. 1. [1943])
Mit der Hoffnung paarte sich Bangigkeit. „Mag es doch in eine gute Zeit hineingeboren sein, einen neuen Aufstieg, dessen Morgenröte jetzt in seiner Geburtszeit aufsteigt. Liese, um einen kleinen Menschen ist unsere liebe Gemeinschaft nun schon wieder grösser, wieder weitet sich der Kreis der sich innig Liebenden, noch tiefer und stärker wird Wunsch und Gebet, dass sich das Leben weiter entfalten könne, ohne feindliche Eingriffe und Hemmnisse. Ganz erfüllt ist mein Herz, nicht nur von diesem einen Freudentag, sondern von einem ganzen Schwall von Gefühlen, Liebe, Hoffnung, Sehnen, alles wogt da durcheinander, aber alles vereinigt sich zu Dank und Bitte. Wenn ich mir auch recht unbescheiden vorkomme, so kann ich doch nicht anders, als an den Dank die inbrünstige Bitte anschliessen." (Aldrans am 22. 1. [1943])
Dann folgte die Sorge um Hertas Kindbettfieber. „Heute abend erfuhr ich telephonisch von Mutti, dass es Hertalein gut geht (wenngleich sie abends wieder 38.8 hat), dass sie gut stillt und recht munter ist." (Aldrans am 2. II. 43.) Es gab im Genesungsverlauf Aufs und Abs. „Nun ist eine schwere Last von unseren Herzen genommen und es wird langsam Platz für die grosse Freude, die das neue Leben mitgebracht hat. Wie erstarrt war ich, als ich mit dem ersten Zug aus München gekommen war und gleich in Hertas Zimmer hinaufstürzte, als es der liebsten Frau nicht gut ging. Fieber im Wochenbett, was könnte einen mehr erregen" (Tegernsee am 28. 1. [1943]) Er suchte wieder nach dem Positiven im Geschehen: „Viel gäbe es zu erzählen von den schweren Tagen, in denen ich innerlich noch viel fester mit Herta zusammengewachsen bin, aber das meiste was ich erlebte kann ich doch nicht in Worte kleiden." (Aldrans am 2. II. 43.) Erst einige Tage später war er beruhigter.[3]

Wieder konnte er Elise nicht genug für ihre liebevollen Unterstützungen danken. „Ich denke so oft an Euch im lieben Zell in stärkster Verbundenheit und Liebe. … es ist auch schön, dass Zell nun wieder das alte geruhsame einsame Zell ist, so herrlich die Zeit mit den Kindern dort war, so unbezahlbar für uns

---

[3] Trotz all der Unruhe und Sorge unterließ er es nicht, in diesen Januartagen wenigstens zweimal nach München zu kommen, um sich mit Hans Scholl und den anderen Freunden zu beratschlagen. (ausführlich Moll, S. 872f.)

damals die Zuflucht dorthin, Deine liebe aufopfernde Hilfe und die reiche Erinnerung an diese Zeit mit allen schönen Erlebnissen, dessen schönstes Vincents Geburt war. – Wieviel Schönes hast Du uns da ermöglicht, all die Touren u. Spaziergänge mit Herta, die wir ohne Dich nie hätten unternehmen können, all die reichen Sonntage." (Aldrans am 22. I. [1943]) Sogar erneute Freude am Studium konnte Christel in dieser angespannten Zeit finden. „Ich habe viel Freude am Studium und werde mich bemühen nun einmal wieder richtig hineinzukommen. Vor allem möchte ich mir einmal in der inneren Medizin eine wirkliche Grundlage schaffen, die innere ist ja doch das A. u. O." (Aldrans am 22. I. [1943])

Weiterhin blieben Frau und Kinder für ihn die Kraftquelle. Als er keinen Urlaub bekam, radelte er, nicht ohne Risiko, am 6./7. Februar zu Herta ins Krankenhaus. „Sonntag vor 14 Tagen war ich mit dem Rad über Jenbach, Achensee, Kreuth nach Tegernsee gefahren, da ich keinen Urlaub hatte. Das war ein ziemlicher Schlauch, aber da ich keine andere Wahl hatte und mein Wunsch so gross war Frau und Kinder wiederzusehen, nahm ich die Strapaze gerne auf mich. … Ich bin mir stärker denn je bewusst, was für ein grosses unschätzbares Glück es für mich ist, die liebe Familie immer in erreichbarer Nähe zu wissen. In diesen ernsten Tagen ist der Gedanke an die Kinder mein stärkster und freudigster innerer Rückhalt." (Innsbruck, den 16. 2. 43.) Schon vorher hatte er erzählt: „Nach 6 Stunden Strapaze kam ich in Tegernsee an, sehr erschöpft und doch so froh, dass ich am nächsten Tag Hertalein sehen konnte. Zu meinem grossen Schrecken aber hatte die Liebe über 40° Fieber als ich Sonntag morgen zu ihr kam. Erst als es dann rasch zurückging, Herta in einen tiefen Genesungsschlaf und starken Schweissausbruch fiel, erholte ich mich von diesem schlimmen Schrecken. Montag war ich noch bei ihr und genoss das ungestörte Zusammensein in ihrem jetzigen Einzelzimmer. Auch die Heimfahrt war durch starken Gegenwind sehr anstrengend. Aber ich war sehr froh, auf diese Art die liebe Frau wiedergesehen zu haben die kleine goldige Katja und den hinreissenden Vincent. … Jetzt scheint die Tapfere ja endgültig zu genesen. Das erfüllt mich mit der grössten Freude und Dankbarkeit. Ich habe in diesen schweren Tagen mit doppelter Kraft empfunden, wie lieb ich meine Frau habe und wie unentbehrlich sie mir geworden ist." (Innsbruck, am 14. 2. 43.)

Die letzten fünf Briefe vor der Gefangennahme an seine Schwester, seine Stiefmutter und an den Onkel Eugen, der sich wohl nach Hertas gesundheitlichem Zustand erkundigt hatte, sprechen von der Sorge um die mögliche Rekrutierung seines Schwagers, aber auch von der Freude über die Genesung Hertas, von Christels Suche, den Willen Gottes zu erkennen und seinem Bemühen, den anderen Hoffnung zu schenken. „Ich sehe auch in dieser momentanen Abgeschlossenheit eine mir zugedachte, vielleicht fruchtbare Aufgabe" (Innsbruck am 5. II. 43.) Die Familie war Christels Magnet. Wir „müssen uns bewusst sein, dass aus jedem einzelnen von uns der Körper unserer durch so starke Liebeskraft verbundenen Familie besteht und dass die Kraft jedes einzelnen auch diesem Körper zufliesst." (Innsbruck am 4. II. 43.) Er dachte an die Sicherheit seiner Familie: „Mein Verantwortlichkeitsgefühl der Familie gegenüber mahnt mich nun leider manchmal zur Vorsicht. Aber letztlich ist ja doch alles Schicksal, also von höherer Macht geschickt." (Innsbruck am 5. II. 43.) Und wieder Hoffnung beschwörend: „Und wenn alles sehr düster ist zur Zeit, so ist es auch sehr licht zugleich." (Innsbruck, am 14. 2. 43.)

So klingen Christels Worte an Elise geradezu als Resümee: „Ich bin Dir zutiefst dankbar für Deine aufopfernde liebreiche Hilfe, die Du früher und jetzt uns zuwendest... Die lieben Kinder, an ihnen lohnt sich die Mühe! Hoffentlich ist ihnen das Leben keine allzu schwere Last, fast unbewusst hat man sie gezeugt und nun dürfen – müssen sie leben. Es mag in allem eine tiefe Gesetzmäßigkeit walten, so ist doch für uns Lebende die Unkenntnis aller Hintergründe und die bedauernswerte Unwissenheit oft eine schwere Last. – (‚Ihr führt ins Leben uns hinein und lasst den Armen schuldig werden, dann überlasst Ihr ihn der Pein, denn jede Schuld rächt sich auf Erden'. [Goethe]) Dass eben das Leben so innig mit der Schuld verflochten ist, dass es überhaupt kein kindlich-unschuldiges, handelndes unzwiespältiges Leben, mit einem Wort, kein paradiesisches Leben auf Erden gibt[,] erfüllt mich oft mit Trauer für die liebsten Geschöpfe, die durch mich zum Leben kamen. Das Leben des Einzelnen ist immer eingebettet in den Zustand der Welt, wenngleich es seine eigenen Gesetze und Strebungen hat. Was nun, wenn diese Welt immer tiefer ins Unheil gleitet. Diese Vorstellung ist mit der des jungen, blühenden Lebens nicht vereinbar. Aber wenn ich heute mit Recht pessimistisch bin, so ist mein Pessimismus wohl trotzdem unberechtigt. Nach dem Wellental kann und musste ja fast wieder ein Wellengipfel kommen. Es ist nur eine wirklich manchmal apokalyptische Stimmung, die mir den Ablauf dieses sonst so sicheren Gesetzes in Frage gestellt erscheinen lässt. Und doch, das ist das Irrationale[,] erfüllt mich das in diese erschütterte Welt gesetzte neue Leben mit tiefer inbrünstiger Freude. Die Kinder werden geführt, geschützt und gesegnet und allein um ihretwillen wird die Welt genesen." (Innsbruck, am 14. 2. 43.)

Fotos aus dem Leben von Christoph Probst

Christoph Probst, ein Student der Medizin

Christoph Probst und seine Frau Herta

Brief Nr. 162 der Mollschen Edition.
„Christoph Probst an Elise Probst, Lermoos, am 22. XII. 1942."

ein Kind, das man nur mit der zärtesten
Liebe lieben kann. Er ist ja immer noch ein
kleines Engelein und bringt uns himmlische
Freude. Aber auch Minka ist und bleibt der
Mittelpunkt unseres Bes, unser einfallsreicher,
lebendiger und doch so zärtlicher Minka.

Vor dem Fest gibt es viel Kleinkram zu
erledigen, einzukaufen usw. Aber dann – nach
dem 24. werde ich mir ruhige Tage machen und
das schöne obere Zimmer nach Kräften geniessen.
Ich sage dir fix, das Noldebild ist der Glanzpunkt
unserer Wohnung, es erquickt mich dauernd
durch seine herzspendende Strahlkraft. Ich
muss immer wieder an den Moment denken, an
dem ich es (den dass ich es je geglaubt hätte)
bekommen. Das war ein so freudiger, ein so
einzigartiger Blitz in Herzen, ich kann das gar
nicht beschreiben. Wenn du dann bald zu uns
kommst, wirst du hier oben und unter
den beiden Engeln schlafen. Das obere Zimmer kann
man nur mit dem Obstzimmer in Oberstdorf oder
in Küssnacht vergleichen, du wirst Freude haben,
wenn du es siehst!

Dein lieber langer Brief hat mich ungeheuer
gefreut. Schön ist es so einen langen liebevoll verfassten Brief zu bekommen! Das Packel mit
den Hemden wird mir wohl noch nachgeschickt.
Zu lieb und rührend fand ich dass du uns auch
diesjahr mit deinen Dresdner Plätzchen bedachtest!
Wunderbar sind sie wieder, ganz vom alten
Schlag, ich danke dir sehr dafür! Hast du Liebe
denn auch für dich genug behalten? Für Pell
habe ich nach dem 2ten einen Urlaubsschein (bis da-

hin ist Zugsperre.) Ich wünsche dir gar nicht,
dass u. wann Ingeli kommt, erfahr ich erst zur
größten Freude von dir.

Halte uns den Daumen, dass die Masern nebenan
nicht auch unsere Kindlein befallen. Ich tue,
was sich tun lässt, um eine Infektion zu
verhüten.

Von Ingeli bekommst du wohl den Roman von
Ljesskow übersandt. Ich werde außerdem noch
sehen, ob ich etwas finde.

Liebe, hoffentlich sehen wir uns bald!
Eben bekomme ich eine Weihnachtskarte von Inge,
worin sie schreibt, dass sie nicht käme! Wie
schade ist das!!! Wäre es da für dich nicht das Schönste,
du machtest dich so rasch wie möglich zu uns auf?
Andernfalls besuche ich dich bestimmt nach dem
28! Dein Besuch würde uns das schönste Weihnachtsgeschenk sein, mach es aber ganz nach Gefühl und
Lust!

Ein friedliches Weihnachtsfest mögest du
erleben, meine Liebe! Unsere Gedanken werden
sich treffen an diesem Abend und unsere Hoffnungen
werden sich vereinigen in ihrer Wunschkraft.

In inniger Verbundenheit, das Herz voll
guter Wünsche grüßt dich
            Dein Christel.

ps. Habe einen schönen Christbaum aus dem
Wald geholt. Freu mich so sehr auf das Kinderfest!

Bald kommen noch mehr Bildchen! Mirza und Nanni grüßen die
liebe Omani ganz besonders!

Christoph Probst bei einer Bergtour

Christoph Probst mit Hans und Sophie Scholl

Dritter Teil

„… ein einziger Weg zu Gott"

Christoph Probst erscheint in den Schilderungen der Freunde „als freundlicher und gelöster Mensch, und diesen Eindruck vermitteln auch Fotografien des großen, gutaussehenden jungen Mannes, der mit offenem Gesicht und gewinnendem Lachen in die Kamera schaut." (Chaussy/Ueberschär, S. 134) Der junge Bayer war eine reife Persönlichkeit. Den heute pathetisch klingenden Formulierungen seiner Schwester nach verlieh die „Geschlossenheit seines Wesens" Christels Worten „eine mitreißende Einprägsamkeit und Überzeugungskraft". Er habe die Gabe besessen, „Letztgültiges auszusagen", so dass „uns fast wie ein Hauch die Ahnung seines frühen Todes" berührte. (CPG, S. 50) Nüchterner sagt dasselbe Lieselotte Ramdohr: „Christoph, der Einzige, der verheiratet war, war sehr ernst und sehr reif." Christophs Persönlichkeit „war irgendwie so abgerundet, so fertig." (CPG, S. 144) Das stimmt mit Roland Kleins Erinnerung überein: „Christoph Probst trat einem stets ganz ʼer selbstʼ, ganz gesammelt gegenüber. Das schmale Gesicht mit dem etwas bräunlichen Teint wendete sich dem Gesprächspartner teilnehmend und freundlich zu und die hellbraunen Augen umfassten und bemaßen den anderen mit Teilnahme und Interesse." Der Lehrer fügt einen weiteren Charakterzug Christophs hinzu: „Mir ist in seinem schmalen Gesicht sein irgendwie eckiger Unterkiefer eindrücklich gewesen. Ich habe seine Kampfeskraft nie zu spüren bekommen. Aber man konnte aus dieser eckigen Form ablesen: Was er sich vornehmen würde, das tat er auch in diesem kurzen Leben." (CPG, S. 144f.) Christoph Probst hatte Charakter.

Freundschaften

„Die Begabung zur Freundschaft", konstatiert Miriam Gebhardt (Position 2109), „scheint all diesen jungen Menschen gemeinsam gewesen zu sein." Dieses Merkmal war „in totalitärer Zeit nicht vorgesehen" und hatte „deshalb für die innere Widerstandsbereitschaft große Bedeutung". (Petry, S. 23) Die Freunde stützten und entwickelten sich gegenseitig. Für Christel und die anderen galt, was Ramdohr so umreißt: „Trotz der schrecklichen Zeit war es immer so schön, wenn wir uns trafen. Es waren Menschen, die ganz anders waren, die festgeblieben sind, nicht ihr Gesicht verloren haben." (CPG, S. 144) Gebhardt führt dies „auf ihre Fähigkeit zur inneren Autonomie" zurück. Für die Historikerin ist „das von eigenen Werten geleitete Denken und Handeln ... die eigentliche Grundlage ihrer mutigen Taten. Sie ist der gemeinsame Nenner des Widerstands und zugleich Anknüpfungspunkt der Geschichte der Weißen Rose für uns heute."[1] (Gebhardt, Position 210)

Als Autonomie bezeichnet man ganz allgemein den Zustand von Selbstständigkeit, Selbstbestimmung oder Entscheidungsfreiheit – auch von Unabhängigkeit. Zu dem letzten Bedeutungsgehalt merkt jedoch Romano Guardini an: „Der Mensch ist nicht autonom. Indem er aber diese Autonomie durch lange Zeit hin zu verwirklichen suchte, muß in ihm etwas geschehen sein, ohne das man die Vorgänge der letzten drei Jahrzehnte nicht verstehen kann: er muß sich überanstrengt haben, so lange und so bis ins Innerste hinein, daß diese Überanstrengung zu einem geschichtsbestimmenden Faktor wurde. Der nach-neuzeitliche Mensch erlitt einen existentiellen Kollaps. Dessen Wirkung war, objektiv gesprochen, die Diktatur; subjektiv aber der Wunsch, der eigenen Verantwortung entlastet, das heißt, von der Diktatur, der direkten oder indirekten, überwältigt zu werden."[2]

Die Autonomie, so der Philosoph Robert Spaemann, bedarf als Stabilisierungsfaktor der Tugend. „Der Tugendhafte ist derjenige, dessen Leben nicht Spielball des Zufalls ist, sondern dessen gegenwärtige Verfassung ihn in Stand setzt, seine Lebenspraxis als Ganze zu antizipieren. Seine Orientierung ist nicht bloße Funktion von Umständen, Einflüssen und wechselnden Dispositionen, sondern sie garantiert eine jeweils angemessene freie Antwort auf die Kontingenzen des Daseins. Sie ist vernünftig. Vernunft allein gewährleistet Autonomie. Tugend aber ist jene auf Erziehung und Übung beruhende habituelle Disposition, die den, der sie besitzt, in Stand setzt, sich auf sich selbst als vernünftig Handelnden zu verlassen und gegenüber anderen für sich gerade zu stehen."[3] So heißt es in der kleinen Schrift über „Das christliche Menschenbild" von Josef Pieper, die Willi Graf besonders schätzte: „Tugend bedeutet nicht die ‚Bravheit' und

---

[1] Hier und jetzt stünde bei vielen jungen Akademikern lediglich die Optimierung des Lebenslaufes im Vordergrund, nicht die Bildung der Persönlichkeit, meint Gebhardt (Position 4339) Auch Maximilian Probst fragt sich bei einem Rückblick auf den Widerstand seines Großvaters: „Es passiert auch heute schnell, dass man sich einlässt auf die Gegebenheiten, die man vorfindet, und sie nicht hinterfragt – dass man wegschaut. ... Aber muss man unter den Bedingungen, unter denen wir heute ungefährdet leben, dann nicht erst recht hinschauen und einschreiten, wo Leid, Elend und Verfolgung herrschen oder sich eine Katastrophe anbahnt?" Im selben Gespräch meint Jens Jessen: „Genau das lehrt der Rückblick: Die Demokratie ist nicht der letzte Garant der Menschenrechte. Sie kann diese auch beschädigen und beseitigen." (Die Zeit, 18. Juli 2019)

[2] Romano Guardini, Freiheit und Verantwortung – Die Weiße Rose – Zum Widerstand im „Dritten Reich", Kevelaer 2010, (Kurztitel: Guardini), S. 33.

[3] Robert Spaemann, Glück und Wohlwollen: Versuch über Ethik, Stuttgart 1989, S. 79.

‚Ordentlichkeit' eines isolierten Tuns oder Lassens. Sondern Tugend bedeutet: daß der Mensch richtig ‚ist', und zwar im übernatürlichen wie im natürlichen Sinne."[4]
Pieper stellt am Beispiel des Christen sieben Grundtugenden als „Verhaltensweisen menschlichen Richtigseins" heraus: „Erstens: der Christ ist ein Mensch, der – im Glauben – der Wirklichkeit des dreieinigen Gottes inne wird. Zweitens: der Christ spannt sich – in der Hoffnung – auf die endgültige Erfüllung seines Wesens im Ewigen Leben. Drittens: der Christ richtet sich – in der göttlichen Tugend der Liebe – mit einer alle natürliche Liebeskraft übersteigenden Bejahung auf Gott und den Mitmenschen. Viertens: der Christ ist klug, das heißt, er läßt sich den Blick für die Wirklichkeit nicht trüben durch das Ja oder Nein des Willens, sondern er macht das Ja oder Nein des Willens abhängig von der Wahrheit der wirklichen Dinge. Fünftens: der Christ ist gerecht, das heißt, er vermag in Wahrheit ‚mit dem andern' zu leben; er weiß sich als Glied unter Gliedern in der Kirche, im Volk und in aller Gemeinschaft. Sechstens: der Christ ist tapfer, das heißt, er ist bereit, für die Wahrheit und für die Verwirklichung der Gerechtigkeit Verwundungen und, wenn es sein muß, den Tod hinzunehmen. Siebentens: der Christ hält Maß, das heißt, er läßt es nicht zu, daß sein Habenwollen und sein Genießenwollen zerstörerisch und wesenswidrig wird." (Menschenbild, S. 13f.)

Verhaltensweisen menschlichen Richtigseins

Christoph Probst und seine Freunde hatten anscheinend ein natürliches Gespür für diese Realitäten. Insbesondere Sophie Scholl hat ihr Ringen um Charakterbildung in ihren Texten festgehalten. Sie scheint sich bewusst gewesen zu sein, meint der britische Historiker Paul Shrimpton (S. 50), auf einer geregelten Basis kämpfen zu müssen, um ihre Charakterfehler auszumerzen. Sophies beeindruckende Selbstkontrolle, so der Engländer, gehe „auf ihr jahrelanges Bemühen zurück, gegen ihre Fehler, Bequemlichkeiten und Eigensinnigkeiten anzugehen, mittels Selbstprüfung, täglichen Besserungsbemühungen und insbesondere die Entschiedenheit, nicht nachzulassen". Auch bei Christoph Probst finden sich Bemerkungen in dieser Hinsicht: „Heuschnupfen. Es war einfach eine Qual, dieser Reiz in Nase und Augen, die ganz verschwollen sind, manchmal wäre ich am liebsten aus der Haut gefahren. Aber ich habe mich jetzt etwas besser beherrschen gelernt." (CPG, S. 67)

---

[4] Josef Pieper, Das christliche Menschenbild, Leipzig 1936, hier zitiert nach der Ausgabe 1950, (Kurztitel: Menschenbild), S. 19.

Zu Christoph Probsts Tugenden gehörten sicherlich Starkmut, Gelassenheit und Großzügigkeit, wie sie ein Seelsorger umreißt: „Stark ist, wer beharrlich nach seinem Gewissen handelt; wer den Wert einer Handlung nicht nach dem eigenen Vorteil, sondern nach dem Dienst für andere bemißt." Gelassenheit: „Wer die Fassung bewahrt, ist besser imstande nachzudenken, das Für und Wider abzuwägen, die voraussichtlichen Folgen seines Vorhabens richtig abzuschätzen und dann besonnen und entschieden zu handeln." Und schließlich Großherzigkeit: „Die Großherzigkeit bewirkt, daß wir aus uns heraustreten und uns zum Wohl aller für das Große und Wertvolle bereitstellen. Wer diese Tugend besitzt, kennt die Enge der Kleinkariertheit, des egoistischen Kalküls und der auf Vorteil versessenen Intrigen nicht, denn er stellt vorbehaltlos seine Kraft in den Dienst einer Sache, die sich lohnt."[5]

Derartige Gedanken fanden die Freunde gerade bei John Henry Newman, den ihr Mentor Theodor Haecker ins Deutsche übertragen hatte. Newmans Predigten, „laden den Zuhörer oder Leser dazu ein, die Übung der Tugend im alltäglichen Leben ernst zu nehmen." Außergewöhnliche Heldentaten seien unnötig, „bloß die Erfüllung eines jedermanns Pflicht."[6] Der Weg zu Gott ist für Newman ein geheimnisvoller Austausch zwischen Göttlichem und Menschlichem. „Lasst uns danach streben, Freunde Gottes zu werden und Mitbürger der Heiligen," so der englische Kardinal, „nicht durch sündenlose Reinheit, denn die haben wir nicht; nicht durch unsere ausgezeichnete Taten, denn wir haben keine vorzuweisen; nicht durch unsere Privilegien, denn die stammen von Gott, und sind nicht unser Tun; nicht durch unsere Taufe, denn sie ist äußerlich; freilich aber durch das, was die Frucht der Taufe in uns ist, kein Wort, sondern eine Macht, kein Name, sondern eine Wirklichkeit, die nichts fordern, doch alles erbitten kann; eine aufrichtige Entschlossenheit, eine unvoreingenommene, vollständige Unterordnung unserer selbst unter unseren Schöpfer, Erlöser und Richter." (nach Shrimpton, S. 289)

Für den realistischen Briten ist das natürliche Leben das Szenario des Handelns: „Wer sich eine Bequemlichkeit versagt, um einem Kranken oder Bedürftigen das Leben zu erleichtern, wer seinen Mangel an Charakter beherrscht oder einem Gegner verzeiht, wer für eine Beleidigung um Entschuldigung bittet und sich nicht vom Lärm der Welt oder menschlicher Rücksichtnahme leiten lässt – der erweist einen größeren und echteren Glauben als es jemand in einem noch so tiefen Glaubensgespräch zu tun vermag."[7] Andernorts (Nr. 8.7): „Fragst du mich, was du hinsichtlich des Vollkommenseins tun sollst, antworte ich dir: ers-

---

[5] Josefmaria Escrivá, Freunde Gottes, Köln 1977, (Kurztitel: Freunde Gottes), Nrr. 77–80.

[6] Juan Velez, Holiness in a Secular Age: the Witness of Cardinal Newman, Cleveland 2017, Position 570.

[7] Rafael Pardo Fernández, Orar con... el Cardenal Newman, Paris-Montpellier 2012, Nr. 4.8.

tens, bleibe nicht länger im Bett, als du zum Aufstehen benötigst, opfere deine ersten Gedanken Gott auf, besuche das Allerheiligste Altarssakrament, bete den Angelus andächtig, iss und trink zur Ehre Gottes, bete den Rosenkranz gut, sei gesammelt, nimm dich in Acht vor schlechten Gedanken, halte die Nachmittagsbetrachtung gut, erforsche dein Gewissen täglich, gehe zeitig zu Bett und du bist vollkommen." Newman war sich bewusst (Nr. 9.1): „Das Geschenk der Heiligkeit zu erlangen ist Aufgabe eines ganzen Lebens."[8]

Zum Menschsein gehört nach katholischer Auffassung seit jeher die Kunst, „erfüllt zu leben und dankbar jedes kleine Geschenk des Lebens zu verkosten."[9] Christoph und seine Freunde verstanden das Leben zu genießen. Auch sie hätten sagen können: „Diese Welt ist voll von Schönheit! Wie könnten wir je die Gaben Gottes geringschätzen?" (CV, Nr. 144) Bei Pieper konnten sie dann lesen, dass die Überwertung der Mäßigung „nicht ganz unschuldig daran [war], daß in unserem Sprachgebrauch die Worte ‚Sinnlichkeit', ‚Leidenschaft', ‚Begehren', ‚Trieb' usw. eine durchaus negative Wertbedeutung bekommen haben, obwohl sie doch ethisch zunächst neutrale Begriffe bezeichnen." (Menschenbild, S. 51) Freilich ist auch hier der rechte Gebrauch der Dinge entscheidend: „In den Tugenden wachsen: das macht die Herzen der jungen Menschen stark." (CV, Nr. 158)

Das Leben ist eine Mission

Auf dem Weg zu Gott ist ein Blick für die Mitmenschen der unverzichtbare Wegweiser: „Dein Leben muss wie ein prophetischer Anstoß sein, der andere inspiriert, der eine Spur in dieser Welt hinterlässt, diese einzige Spur, die nur du hinterlassen kannst." (CV, Nr. 162) Denn „im Herzen jeden Mannes, jeder

---

[8] Diese Ansichten Newmans korrelieren mit den Gedanken Papst Franziskus' im Lehrschreiben Gaudete et exsultate über den Ruf zur Heiligkeit in der Welt von heute. „Es gefällt mir, die Heiligkeit im geduldigen Volk Gottes zu sehen: in den Eltern, die ihre Kinder mit so viel Liebe erziehen, in den Männern und Frauen, die arbeiten, um das tägliche Brot nach Hause zu bringen, in den Kranken". (Gaudete und Exsultate, Nr. 7) Oder: „Die unscheinbare, zerstreute Heiligkeit [zu] sehen, sich an ihr [zu] freuen und dafür zu danken. Diese Heiligkeit, die da lebt ‚im geduldigen Volk Gottes: in den Eltern, die ihre Kinder mit so viel Liebe erziehen, in den Männern und Frauen, die arbeiten, um das tägliche Brot nach Hause zu bringen, in den Kranken, in den älteren Ordensfrauen, die weiter lächeln. In dieser Beständigkeit eines tagtäglichen Voranschreitens sehe ich die Heiligkeit der streitenden Kirche. Oft ist das die Heiligkeit ‚von nebenan', derer, die in unserer Nähe wohnen und die ein Widerschein der Gegenwart Gottes sind'." („Brief an das pilgernde Volk in Deutschland", Nr. 10) Als „Mittel der Heiligung" nennt der Papst dann „die verschiedenartigen Methoden des Gebets, die kostbaren Sakramente der Eucharistie und der Versöhnung, das Opferbringen, die verschiedenen Frömmigkeitsformen, die geistliche Begleitung und viele andere." (Gaudete et Exsultate, Nr. 110)

[9] Papst Franziskus, Schreiben „Christus vivit" an junge Menschen, (Kurztitel: CV), Nr. 146.

Frau, mögen sie noch so weit von Gott entfernt sein, schwelt – von Gott selbst dort gezündelt – eine tiefe Sehnsucht nach Ewigkeit, die hier unten nicht gestillt werden kann. Dieser von den Geheimnissen und verschwenderischen Impulsen der Gnade jederzeit unterstützte Wunsch kann uns als Ausgangspunkt dienen, die Seelen neuerlich zu entflammen und sie nach und nach – wie auf einer langsam ansteigenden Rampe – der Freundschaft mit Gott zuzuführen.[10]" So bemühte sich etwa Carl Muth um Hans Scholl, bemühten sich Hans Scholl und Harald Dohrn um Christoph Probst. Der „bacchantische" Alexander Schmorell fand durch seine Freunde zu sich und Kurt Huber durch das Buch eines Theologieprofessors zu einem umfassenderen Glaubensverständnis.[11]

Dass jedem Menschenleben eine Mission innewohnt, scheint ein zum Freundeskreis der „Weißen Rose" recht passender Gedanke. „Das Leben hat keine Mission, sondern ist eine Mission". (CV, Nr. 10) Dazu ist der gewöhnliche Mensch wie der gewöhnliche Christ in der Welt. Wird diese Berufung „nur als Dienst innerhalb der Kirche begriffen (Lektoren, Akolythen, Katecheten, etc.) und vergessen, dass die laikale Berufung vor allem die der Liebe in der Familie, der sozialen und politisch wirksamen Nächstenliebe ist," so sei das, sagt Papst Franziskus, schlimm. Denn die Sendungsberufung des gewöhnlichen Christen sei „eine konkrete Verpflichtung vom Glauben her zum Aufbau einer neuen Gesellschaft. Das bedeutet, inmitten der Welt und der Gesellschaft zu leben, um ihre verschiedenen Ebenen zu evangelisieren, um den Frieden wachsen zu lassen, das Zusammenleben, die Gerechtigkeit, die Menschenrechte, die Barmherzigkeit und so das Reich Gottes in der Welt zu verbreiten." (CV, Nr. 168) Nur hier lässt sich den Euphemismen entgegentreten, die menschenunwürdiges Verhalten bemänteln.[12]

So rang Theodor Haecker um die Möglichkeit einer christlichen Kultur, „unter Voraussetzung des Faktums der Offenbarung, unter Voraussetzung auch der Annahme dieser Offenbarung durch den Glauben, des Primates des Glaubens, der Lebendigkeit des Glaubens". Für den Überlegenden stand dieses Kulturschaffen „in direktem Verhältnis zu der relativen Gesundheit des natürlichen Verstandes und der Vernunft, zu der relativen Reinheit der Sitten, und zwar nicht der einzelnen, auch nicht einer engeren Glaubensgemeinschaft nur, sondern eines ganzen Stammes, eines ganzen Volkes, einer ganzen Nation. Eine

---

[10] Bischof Alvaro del Portillo, Mit Christus auf dem Weg, Brief vom 1. November 1993.

[11] „Zu den Qualitäten eines solchen Begleiters gehört," umreißt Papst Franziskus: „ein gläubiger Christ zu sein, der sich der Kirche und der Welt widmet; jemand, der beständig die Heiligkeit sucht; ein Vertrauter, der einen nicht verurteilt; einer, der den Bedürfnissen von jungen Menschen zuhört und mit Liebenswürdigkeit antwortet; einer, der Selbstbewusstsein hat, doch eigene Grenzen anerkennt sowie die Freuden und Sorgen des geistlichen Lebens kennt." (CV, Nr. 246)

[12] Zahlreiche solch missbräuchlicher Begriffe erläutern verschiedene Autoren im Lexikon Familie des Päpstlichen Rats für die Familie, Paderborn 2007.

christliche Philosophie z. B. wird so dort möglich sein, wo der ‚gesunde Menschenverstand' verhältnismäßig intakt erhalten ist, in den herrschenden Schulen, wo an der natürlichen Kraft der Vernunft, Wahrheit zu erkennen, nicht gezweifelt wird." (Christentum und Kultur, S. 53)

Haecker war davon überzeugt, dass diese Welt „wesensmäßig nicht möglich ohne das Opfer [ist], denn sie ist ein Werk der Liebe, und zur Liebe gehört das Opfer, ihr größtes Werk, ihr klarster Ausdruck, fast sie selber. Nicht von dem notwendigen Sein des Opfers mußte die Welt erlöst werden, im Gegenteil, das kann sie gar nicht." (Schöpfer und Schöpfung, S. 93f.) Gerade weil diese Welt niemals vollkommen ist, ist ein anhaltendes Bemühen gegen das Böse und für das Gute – auch wenn es wehtut – zu allen Zeiten unabdingbar: „Oftmals entscheidet sich dies im Kleinen," so Franziskus, „in dem, was irrelevant erscheint, weil sich die Hochherzigkeit im Einfachen und Alltäglichen zeigt. Es handelt sich darum, dem Großen, dem Besten und Schönsten keine Grenzen zu setzen, aber sich gleichzeitig auf das Kleine zu konzentrieren, auf die tägliche Hingabe."[13] (CV, Nr. 169) Freilich vollzieht sich dies weitgehend im Verborgenen. „Was die Geretteten von den Verdammten unterscheidet," deutet Peter Krefft eine Bemerkung des Thomas von Aquin, „ist ihre Beziehung zu Christus." Unklar sei jedoch, „welches Minimum nötig ist, um als ‚Glaubender' durchzugehen", gleichfalls, „wieviel explizites Wissen von Gott im Verstand vorhanden sein muss, damit es zur Rettung ausreicht". Menschen würden die Antworten auf diese Fragen nicht kennen, „nur Gott, nicht wir, kennt die Geheimnisse des menschlichen Herzens."[14] Christ im eigentlichen Sinn des Wortes ist also nicht der Getaufte, sondern wer den christlichen Glauben lebt. Newman formuliert diesen Gedanken so: „Wohl also mag die Kirche unsichtbar genannt werden, nicht bloß was ihr vitales Prinzip anlangt, sondern in Hinsicht auf ihre Glieder. … und sintemal Gott der Heilige Geist unsichtbar ist, so ist es auch Sein Werk. Die Kirche ist unsichtbar, weil der größere Teil ihrer wahren Kinder vollendet und entfernt worden ist und weil die, die noch auf Erden sind, nicht von sterblichen Augen festgestellt werden können."[15] Freilich hält auch Newman daran fest, dass die sichtbare Kirche der „Saum" ist, der den Zugang zu Gott ermöglicht. Die Taufe bleibt heilsnotwendiges Sakrament.

---

[13] Franziskus bemerkt auch: „Wer meint, keine schweren Fehler gegen das Gesetz Gottes zu begehen, kann in einer Art Verblödung oder Schläfrigkeit nachlässig werden. Da er nichts Schlimmes findet, das er sich vorwerfen müsste, bemerkt er die Lauheit nicht, die sich allmählich in seinem geistlichen Leben breitmacht, und am Ende ist er aufgerieben und verdorben." Deshalb rät Franziskus, „es nicht zu unterlassen, jeden Tag im Gespräch mit dem uns liebenden Herrn eine ehrliche Gewissenserforschung zu machen." (Gaudete et Exsultate, Nr. 164)

[14] Peter Kreeft, Practical Theology: Spiritual Direction from St. Thomas Aquinas, Ebook-Ausgabe, San Francisco 2014, Position 10758.

[15] Siehe hierzu John Henry Newman, „Die Gemeinschaft der Heiligen", in: ders., Das Mysterium der Dreieinigkeit und der Menschwerdung Gottes, S. 162–178.

Glauben

Bei zwei Gedenkfeiern für die Mitglieder der „Weißen Rose" äußerte sich Romano Guardini zu deren Taten[16]. Es gebe, so der Religionsphilosoph, eine objektive Ordnung, denen die Dinge unterlägen. Und es gäbe „eine Rache der mißbrauchten Dinge", die „im einzelnen nicht leicht zu verfolgen" sei, „weil sie sich auf verborgenen Bahnen und in unmerklichen Bewegungen vollzieht." Doch würden wir sie empfinden „in dem beunruhigenden Gefühl, daß die wirtschaftlichen und gesellschaftlichen Verhältnisse nicht in Ordnung sind, bis sie sich in Katastrophen offenbart, die niemand mehr übersehen kann. Auf Grund dieser Ordnung wird das Tun gewogen. Das Maß sind Redlichkeit, Treue und Umsicht, unscheinbare, mühevolle, aber lebenbegründende Tugenden."
Guardini verweist dazu auf greifbare Beispiele: „Wie fremd ist der durchschnittlichen Denkweise das Leben eines Forschers, der Genuß und Gesundheit vergißt, um eine noch unbekannte Wahrheit zu finden! Wie unsinnig die Leidenschaft eines Künstlers, der sich für sein Werk verzehrt! Wie unverständlich die Gesinnung eines von geschichtlicher Stunde Gerufenen, der tut, was sie fordert, auch wenn er dabei untergeht! Und wie töricht ist für den unberührten Beobachter das Verhalten des Liebenden, dem ein anderer Mensch sein Leben anvertraut hat, oder der sich durch die Not der Verlassenen verpflichtet fühlt! Auch hier ist Ordnung, strenger als die der materiellen Dinge; unerbittlicher in ihren Folgen, wenn sie verletzt, reicher an Fruchtbarkeit, wenn sie erfüllt wird – durchsichtig freilich nur für den, der ihr selbst zugehört."
Die hier tragende Kraft sei der Glauben: „Glauben aber heißt, sich in diesen Beginn zu stellen: die Gesinnung Christi als die wahre anzusehen, die Wirklichkeit, die Er verkündet, als die endgültige zu nehmen, mit der Kraft, die Er selbst gibt, im eigenen Leben das Seine nachzuvollziehen." Guardini meint keine Verstiegenheiten: „Sie [die Münchener Studenten der „Weißen Rose"] waren natürliche Menschen, die ihr Leben kräftig lebten; sich des Schönen freuten, das es ihnen schenkte, und das Schwere trugen, das es ihnen auferlegte. Sie schauten gerade in die Zukunft, zu tüchtigem Werk bereit und auf die Verheißungen hoffend, die in der Jugend liegen. Aber sie waren Christen aus Überzeugung. So standen sie im Raum des Glaubens, und die Wurzeln ihrer Seele reichten in jene Tiefen hinab, von denen gesprochen worden ist. In welcher Weise ihnen die letzten Sinngebungen zu Bewußtsein gekommen sind, haben wir hier nicht zu untersuchen. Daß es geschehen ist, und sei es auch durch Verhüllungen und Vermittlungen hindurch, ist gewiß."

---

[16] Ansprache „Die Waage des Daseins." Rede zum Gedächtnis von Sophie und Hans Scholl, Christoph Probst, Alexander Schmorell, Willi Graf und Prof. Dr. Huber. Gehalten am 4. November 1945. Erstveröffentlichung: Tübingen, Stuttgart, Wunderlich-Verlag 1946, in: Guardini, S. 7–20.

Freiheit!

Hinsichtlich der Freiheit, die den Studenten überaus wichtig war, erörtert der Theologe[17]: „Von woher immer man das Wesen der Freiheit bestimmen möge – auf jeden Fall meint sie die zwar vom Denken nicht mehr auflösbare, aber der inneren Erfahrung evidente Tatsache, daß der Mensch nicht nur eine Umsetzungsstelle von Energien, sondern ‚initium' ist, Anfang; daß er ‚Initiative' hat, im eigenen Innern urspringende Anfangskraft; und daß er deshalb für das, was er tut, in jener besonderen Weise einstehen muß, die ‚Verantwortung' heißt. Damit wächst er über alle Weisen hinaus, wie in der Wirklichkeit sonst Energie aktiv wird. Er ist Person; das heißt aber, etwas Großes und Schicksalsschweres." Guardini warnt vor „einer Verknechtung, die aus dem Menschenwerk der letzten Jahrhunderte selbst aufsteigt". Er verweist darauf, dass das menschliche Tun immer auch eine Auswirkung auf ihn selbst gehabt habe. „Besitzen war immer auch ein Besessen-Werden, Macht-Ausüben immer ein Macht-Erleiden". Doch habe sich „die Abhängigkeit noch bis etwa in die Mitte des vergangenen Jahrhunderts zur Freiheit in einer Proportion gehalten, die wir heute als etwas sehr Glückliches empfinden." Das sei heute wesentlich anders. „Von dieser Unfreiheit bildet die totalistische Staatsordnung den deutlichsten Ausdruck. Doch dürfen wir uns keinen Illusionen hingeben: Auch jene Lebensformen, die ihrer Idee nach auf der Freiheit ruhen, drohen sich immer mehr auf die Einebnung der Persönlichkeit hin zu bestimmen. Sprechen wir es mit einem Schlagwort aus: Es gibt einen Totalismus von oben herab, aber auch einen von innen heraus. Wer genau zusieht, entdeckt in dem angeblich so freien Leben der Demokratien die bedenklichsten Anzeichen eines indirekten, durch das Gefüge der technischen Kultur selbst sich auswirkenden Zwanges. Statt der umfassenden Momente, die hier genannt werden könnten – der uniformierenden Wirkung der technischen Methoden, des Ethos der Gruppenbildung, der Entwicklung der Bürokratie, der Beeinflussung der öffentlichen Meinung usf. – nenne ich nur ein einzelnes, aber besonders erhellendes: den wissenschaftlich durchdachten Griff der Wirtschaft nach dem Unbewußten des Menschen. Sie untersucht die Weisen, wie scheinbar unbemerkte Anstöße der Reklame in die innere Motivation aufgenommen werden und entwickelt sie zu einer Technik beständiger, vom Betroffenen selbst nicht bemerkten Einflußnahme. Wer fähig ist, Symptome als solche zu verstehen, sieht, was da vor sich geht."

---

[17] Ansprache „Es lebe die Freiheit!" Festrede, gehalten bei der Enthüllung des Mahnmals für Prof. Kurt Huber und seinen studentischen Widerstandskreis am 12. Juli 1958. Erstveröffentlichung in: Jahrbuch der Ludwig-Maximilians-Universität München, 1958, S. 101–109, in: Guardini, S. 21–37.

Daher stelle sich dem Menschen die Aufgabe, „ob er der Herr seines eigenen Werkes bleibt oder dessen Funktionär wird. So muß er sich in sich selbst stellen. Er muß sich den Raum der persönlichen Vorbehaltenheit schaffen und das Andringen der Öffentlichkeit von ihm abwehren. Muß die menschlichen Urbindungen wieder als heilig erkennen und sie wahren. Muß willens sein, nicht dem zu erliegen, was ,man' tut, man haben und sehen muß. Eine Mauer in sich aufrichten gegen die Flut der öffentlichen Beeinflussungen durch Reklame, Nachrichten, Rundfunk usw."

Das bestätigt im Gegenzug Goebbels Sekretärin Brunnhilde Pomsel[18]. „Wir konnten ja auch nur so denken, wie es uns vorgeschrieben war, wie es uns vorgedruckt war, wie die Zeitungen schrieben, wie der Rundfunk es erklärte. Es gab ja nur einen Rundfunk. Es gab noch den Deutschlandfunk. Den hörte aber kein Mensch. Entweder war da nur Kultur oder nur Wissenschaft. Hörte niemand. Man hörte den einen Rundfunk in ganz Deutschland. Jedenfalls die Massen, die Volksmassen, und dazu gehörten wir ja alle." Und sie fragt sich über 50 Jahre später: „Ist es die Gleichgültigkeit der Menschen, die das alles ermöglicht hat." (Position 654 und 1623)

Freiheit ist bildungsoffen. Ihr Ziel ist: Zu erreichen, dass sich die Fähigkeit zur Selbstverfügung ganz natürlich auf das Gute hin ausrichtet.[19] „Die Freiheit ist untrennbar verbunden mit der moralischen Qualität der Person, und diese unterliegt ihrer Freiheitsausübung, und diese wiederum den Tugenden." (Augusto Sarmiento)

Das einzelne Gewissen

Haecker betonte in seinen Tag- und Nachtbüchern: „Das Christentum will eine Gemeinschaft im Geiste von ,Einzelnen', welche alle, jeder einzeln, und im einzelnen in der Wahrheit durchgebildet sind. Die Kategorie ,des Einzelnen', von Kierkegaard herausgestellt, ist eben doch die christliche Forderung des Tages gegen den Untergang des Menschen in der Masse, gegen die Vergottung entleerter Menschen ohne Gewissen." (Nr. 571) Schon in Schöpfer und Schöpfung (S. 75f.) hatte der Nachdenkliche geschrieben: „Das Gewissen überschreitet den

---

[18] Hansen, Thore D./Pomsel, Brunhilde, Ein deutsches Leben. Was uns die Geschichte von Goebbels Sekretärin für die Gegenwart lehrt, Ebook-Ausgabe, Berlin-München-Zürich-Wien 2017 (Kurztitel: Pomsel, Position).

[19] In seinen Psalmen-Meditationen bemerkt Robert Spaemann: „Das Gebet um Belehrung über den Weg Gottes ist, wenn es ernst gemeint ist, ein gefährliches Gebet. Es wird nämlich erhört. Und nicht immer ist es dem Menschen lieb und willkommen, wenn ihm der schmale Pfad wirklich gezeigt wird, der gerade ihn zu Gott führen soll. Dieses Gebet ist unter Umständen das Gebet darum, ,von einem anderen gegürtet und dorthin geführt zu werden, wohin du nicht willst' (Joh 21,18)." (Kommentar zu Psalm 25)

Tod, ist persönlicher als der Tod. Zwar ist die Person, das höchste Sein und Dasein, durch nichts anderes erklärbar, bestimmbar, identifizierbar als durch sie selbst in der Analogie mit der göttlichen Person, also daß auch die Person nicht identisch ist mit dem Gewissen, sie ist es nur mit sich selbst, die unsagbarer ist als das individuum ineffabile, aber das Gewissen ist am nächsten der erschaffenen Person, konstituiert sie mit, ohne sie selber zu sein. Das Gewissen ist erziehbar und kann zugrundegehen ohne die Ernährung und Erhaltung durch das Wort Gottes, durch die objektive Offenbarung, welche in die Hut der Kirche gelegt ist."

Damit sich „Gewissensfähigkeit" entwickeln kann, sind „verschiedene Grundvoraussetzungen für die Entwicklung eines besonderen Moralempfindens" nötig, „wie es die Aktivisten der Weißen Rose ausgezeichnet hat". Nach Gebhardt (Position 411) gehören dazu: „Logische Denkfähigkeit, Empathiefähigkeit und eine positive Beziehungs- und Erziehungsgeschichte in der Familie." Das heiße im Umkehrschluss freilich nicht, dass „gebildete und geliebte Menschen besonders moralisch werden, aber zumindest erleichtert es die Ausbildung moralisch hoher Standards".

„Auch die Mitglieder der Weißen Rose kannten die Versuchung des kurzfristigen kleinen Glücks. Sie waren vergleichsweise gut gestellt, gesund, pflegten einen für damalige Verhältnisse privilegierten Lebensstil." (Gebhardt, Position 231) Dennoch fochten sie nach einem Wort Golo Manns „gegen das Riesenfeuer mit bloßen Händen." (Bald/Knab, S. 102) Es war diese kleine Gruppe Münchener Studenten, bewundert Joachim Fest, „denen es gelang, den Teufelskreis taktischer Überlegungen und sonstiger Hemmungen zu durchbrechen. Sie sprachen deutlich nicht bloß gegen das Regime, sondern auch gegen die moralische Trägheit und Benommenheit der deutschen Bevölkerung." (Shrimpton, S. 150) Sie wurden so zu dem, was Winston Churchill tief bewegt würdigte: „Die politische Geschichte aller Nationen hat kaum jemals etwas Größeres und Edleres hervorgebracht als die Opposition, die in Deutschland existierte. Diese Menschen kämpften ohne Hilfen, weder von innen noch von außen, getrieben allein vom Unbehagen ihrer Gewissen. Solange sie lebten, waren sie für uns nicht erkennbar, denn sie mussten sich maskieren. Doch ihr Tod stellte ihren Widerstand ins Licht." (Shrimpton, S. 279)

Sind sie deshalb Helden?, fragt sich José García in seinem Buch über die „Weiße Rose". „Sie taten doch nicht Übermenschliches. Sie verteidigten etwas Normales, das Recht auf Freiheit des einzelnen Menschen (...). Möglicherweise gründet aber gerade hier ihre Größe. Sie hielten ihr Gesicht hin für etwas ganz Normales und setzten dafür ihr Leben ein, sie besaßen die Tatkraft, das normalste Recht mit letzter Hingabe zu verteidigen." (García, S. 138) So setzt die Erinnerung an die „Weisse Rose" Maßstäbe für Menschlichkeit und Zivilcourage. Sie bietet „Anlaß für ein grundsätzliches Nachdenken über das Politische, über Ziele und Grenzen, Gefährdungen und Gefahren des Staates und der Gesellschaft, nicht zuletzt aber des Menschen im Spannungsfeld von Staat und Gesellschaft." (Bald, S. 200)

Widerstand

Für Christoph Probst und seine Freunde war der christliche Glaube das Movens, der Beweggrund, der zum Handeln drängte. „Ich bin überzeugt, dass gerade die christliche Grundhaltung aller Mitglieder der Weißen Rose," erklärte Inge Scholl, „wesentlich dazu beigetragen hat, mit den bloßen Reden über Widerstand Schluss zu machen und – in vollem Bewusstsein der damit verbundenen Gefahr – aktiv zu werden." Auch für Angelika Probst war ihr Bruder „im Grunde kein politisch bestimmter Mensch". Sein Widerstand sei „weniger politischen, als vielmehr religiösen Charakters" gewesen. (CPG, S. 45) Das schränkt zwar Dieter Sasse zunächst ein: „Jeder Versuch, seine [Christels] Motive auf die eine oder andere Schiene zu schieben, sei es rein christlich oder rein politisch" stimme nicht. Man müsse „es sich als ein Ganzes vorstellen. Christel hat aus einer moralisch-ethischen Verpflichtung heraus gehandelt". Doch natürlich, so fährt der Bruder fort, habe er sich auch auf die Taufe vorbereitet. „Er war ja eigentlich immer religiös." (CPG, S. 146)

Am 22. Juni 1940 schreibt Sophie Scholl: „Der Mensch soll ja nicht, weil alle Dinge zwiespältig sind, deshalb auch zwiespältig sein. Diese Meinung trifft man aber immer und überall. Weil wir hineingestellt sind in diese zwiespältige Welt, deshalb müssen wir ihr gehorchen. Und seltsamerweise findet man diese ganz und gar unchristliche Anschauung gerade bei den sogenannten Christen. Wie könnte man da von einem Schicksal erwarten, daß es einer gerechten Sache den Sieg gebe, da sich kaum einer findet, der sich ungeteilt einer gerechten Sache opfert." (Petry, S. 30) „Der Christ," erklärt Josef Pieper, „fragt nach dem ordo timoris, nach der Ordnung der Furcht." Er „fragt nach dem eigentlich und letztlich Furchtbaren; und es ist seine Sorge, daß er nicht etwa Dinge fürchte, die gar nicht wirklich und endgültig furchtbar sind, und daß er nicht etwa das endgültig Furchtbare für harmlos halte." (Menschenbild, S. 41) Aus diesem Bedenken erwächst dann die Kraft, eine hemmende Angst zu überwinden, wenn eine schwierige Aufgabe bewältigt werden muss.

Folglich konnte und kann Widerstand auch kein Widerstand der Kirche als solcher sein. „Es waren Einzelne in der Kirche, die ihn riskierten, manchmal unter schweigender Zustimmung der Mehrheit der Mitchristen, in seltenen Fällen unter ausdrücklicher Ermunterung, ja Beauftragung durch kirchliche Instanzen. ... Man muss es nüchtern sehen: Die Vorstellung, dass eine Kirche sich als ganze ‚in den Widerstand begibt', ist wenig realistisch", meinen Bald/Knab (S. 11). Und sie berufen sich auf den Historiker Heinz Hörten, der zu Recht bemerkt, „Widerstand als politische Kategorie lege das Handeln der Kirche einseitig auf die politische Sphäre fest und verenge und überfordere sie damit. Kirche als Institution kann sich verweigern, sie kann dem Allverfügungs- und Absorptionswillen des totalitären Staates widersprechen – das ist schon viel. Sie schafft damit Voraussetzungen für möglichen Widerspruch und Widerstand oder bescheidener: für das in solchen Situationen geforderte Zeugnis von Einzelnen." Freilich darf nicht übersehen werden, dass in gewissem Sinne die Kirche immer dort handelt, wo einer ihrer Gläubigen handelt.[20]

Das gilt für jede Gesellschaft: „Alle Tugend des Einzelnen ist für das Gemeinwohl erheblich; das heißt: das Gemeinwohl bedarf der Tugend aller Einzelnen; es ist nicht verwirklichbar, wenn nicht die einzelnen Glieder des Gemeinwesens gut sind, nicht nur im engeren Sinn gerecht, sondern ‚gut', auch im Sinn persönlichster und verborgenster und sozusagen privatester Tugend." (Menschenbild, S. 36)

„In gewissen Regionen, die von den Wassern der Taufe nicht mehr befruchtet sind und auch nicht sein wollen," beobachtete Haecker, „in diesen Regionen fällt das Sein des Menschen bald in das Untermenschliche und das Untergeistige, ja Untertierische, indem er als reines Triebwesen der Natur nach und als Maschine dem Geist nach definiert wird". (Mensch, Was ist der Mensch, 4) Eine Rettung gewährleiste nur der Ordo, die objektiv vorgegebene Ordnung: „Diese wird in steigendem Maß und schließlich heillos verletzt, wenn man erstens: den Primat des göttlichen Rechts vor dem menschlichen nicht mehr anerkennt, 2.) wenn man die Rechte des Kaisers aufhebt und alles unter die unmittelbare Herrschaft Gottes oder des Priesters ziehen will, und schließlich 3.): Die Häresie des Tages: Es gibt nur das Recht und die Macht des Kaisers. Ihm ist alles zu geben, auch das Gewissen des Menschen, denn er, oder allenfalls das Volk, ist wenn nicht Gott Selber so doch ein unmittelbares, unfehlbares Glied Gottes." (Tag- und Nachtbücher, Nr. 515) Den Machtgebrauch bemaß Haecker entgegen der

---

[20] Sicher darf man Haeckers Beobachtung über die Situation der Kirche in Deutschland auch in diesem Sinne verstehen: „Es ist kaum ein Zweifel, daß in einer wesentlichen Hinsicht die Kirche in eine Situation gedrängt wird, welche der der ersten Zeit des Christentums sehr ähnlich sein wird. Ähnlich – also nicht identisch. Es werden große Unterschiede sein, die keine einfache Kopie zulassen, sondern zeitgebundenes Nachdenken erfordern und Erleuchtung brauchen. Ich meine natürlich die politische Entmachtung der Kirche. Die Christen werden keinen Vorteil mehr haben dadurch daß sie der Kirche angehören; im Gegenteil! Und das ist gut so." (Tag- und Nachtbücher, Nr. 776)

herrschenden Ideologie am Umgang mit dem Schwachen: „Ein Kriterium für den rechten Gebrauch der Macht ist z. B. der Schutz der nach dem Willen Gottes in sich selber ohnmächtigen Dinge. Das ohnmächtigste Ding in dieser Welt ist das Kind, das Kindlein, der Säugling."[21]

Wir werden gerichtet nach der Liebe

Theodor Haecker hielt in seinen posthum als „Tag- und Nachtbücher 1939-1945" veröffentlichten Notaten fest: „Nach dem Maße seiner Liebe wird ein Mensch von Gott gerichtet. Welcher Liebe? Liebe zu wem oder was? Nun die Antwort darauf ist so klar und so einfältig wie nur möglich. Der Sohn Gottes hat gerade diese Frage sozusagen buchstäblich beantwortet, so daß ein Ausweichen unmöglich ist: Nach seiner Liebe zu Gott und zum Nächsten. Aber die Liebe ist eine transzendierende Macht, noch, wenn sie ‚ungeordnet' ist. Sie hat sozusagen ein Übermaß des Göttlichen in sich. Wer aus wirklicher Liebe eine große Sünde begeht, ist der Vergebung unendlich näher, als wer in Lieblosigkeit eine kleine Sünde begeht, denn Lieblosigkeit ist selber die größte Sünde, weit größer als jede, die einer in ungeordneter Liebe zu einem Geschöpf begehen kann." (Nr. 447) Haecker war überzeugt, dass „wenn einer aufrichtigen Herzens sagen kann und darf, daß er Gott von Herzen liebe, dann darf er sicher sein, daß er von Gott geliebt wird; denn nur die Liebe Gottes kann dieses wirken, daß ein Mensch Gott liebt." (Nr. 971)

„Die Liebe ist ein Habitus, der davon lebt, dass er immer wieder bewusste Akte hervorbringt." Doch diese Haltung, fährt Spaemann fort, existiere nicht nur in diesen Augenblicken. „Ich liebe einen geliebten Menschen nicht nur, wenn ich an ihn denke. Aber lebendig gehalten wird die Liebe nur, wenn ich oft an den Geliebten denke." (Robert Spaemann, Kommentar zu Psalm 34)

Es ist zuallererst Gott, der den einzelnen Menschen liebt. „Gott ist der Urquell allen Seins überhaupt; aber dieser schöpferische Ursprung aller Dinge ... ist zugleich ein Liebender mit der ganzen Leidenschaft wirklicher Liebe. ... Ja, es gibt Vereinigung des Menschen mit Gott – der Urtraum des Menschen –, aber diese Vereinigung ist nicht Verschmelzen, Untergehen im namenlosen Ozean des Göttlichen, sondern ist Einheit, die Liebe schafft, in der beide – Gott und der Mensch – sie selbst bleiben und doch ganz eins werden," erklärt Papst Benedikt XVI. in seiner Enzyklika Deus Caritas Est (Nr. 10). Ein Satz, der für die innere Entwicklung Christoph Probsts stimmig scheint.

---

[21] Theodor Haecker, Der Christ und die Geschichte, Leipzig 1935, S. 68.

„Gott liebt uns nicht nur mit einer Tiefe und Intensität, die wir selbst ansatzweise kaum begreifen können, sondern lädt uns auch ein, auf diese Liebe zu antworten," so Benedikt XVI. vor den Schülern des „St Mary's University College" im September 2010, als er nach England gekommen war, um John Henry Newman zu kanonisieren. „Ihr wißt alle, was es heißt, jemanden zu treffen, der interessant oder attraktiv ist, und ihr wollt mit dieser Person befreundet sein. Ihr hofft immer, daß sie euch interessant und attraktiv findet und euer Freund sein will. Gott will euer Freund sein." In der Folge „beginnt sich alles in eurem Leben zu ändern. Wenn ihr ihn besser kennenlernt, wollt ihr etwas von seiner unendlichen Güte in eurem Leben widerspiegeln. Ihr seid begeistert, die Tugenden zu leben. Ihr beginnt, Habgier und Selbstsucht sowie alle anderen Sünden als das zu sehen, was sie wirklich sind, nämlich zerstörerische und gefährliche Neigungen, die tiefes Leid und großen Schaden verursachen, und ihr wollt vermeiden, selbst in diese Falle zu tappen. Ihr beginnt, Mitleid für Menschen in Schwierigkeiten zu empfinden, und ihr wollt ihnen unbedingt irgendwie helfen. Ihr wollt die Armen und Hungrigen unterstützen, ihr wollt die Traurigen trösten, ihr wollt gut und großzügig sein. Und wenn euch das alles einmal berührt, dann seid ihr wirklich auf dem Weg, Heilige zu werden."

Miriam Gebhardt charakterisiert Christoph Probst in ihrem Buch als „den Liebenden". Sich von Gott geliebt zu wissen, ist das A und O christlichen Denkens. Mit Gott auf allezeit in Liebe verbunden zu leben, ist christlich gedacht das Ziel jeden Lebens, die Vollendung eines jeden Weges zu Gott: „Wir sind auf der Erde, um Gott zu erkennen und zu lieben, nach seinem Willen das Gute zu tun und eines Tages in den Himmel zu kommen," heißt es im Jugendkatechismus der katholischen Kirche.[22]

Und Liebe… – Liebe ist das Schlüsselwort im Leben des Christoph Probst.

---

[22] „Youcat", Nr. 1.

Nachtrag

Was aus den Freunden der „Weißen Rose" wurde

Obwohl Christel und die Geschwister Scholl versuchten, ihre Freunde so gut wie möglich zu schützen, konnten sie nicht vermeiden, zahlreiche belastende Aussagen zu machen. Sie betrafen insbesondere Alexander Schmorell. Der wiederum belastete „mit seinen teilweise untaktischen Geständnissen" weitere Akteure der Weißen Rose, so Willi Graf, Kurt Huber und Eugen Grimminger. (Moll, S. 264) Die beiden Letzteren wurden auf seine Aussagen hin festgenommen, während Willi Graf mit seiner Schwester Anneliese bereits seit dem 18. Februar 1943 in Haft war. Sie kamen im April vor Gericht.
Alex hatte zunächst versucht, in die Schweiz zu fliehen, doch kehrte er unverrichteter Dinge nach München um, wo er am 24. Februar 1943 in einem Luftschutzkeller von einer Freundin aus Angst verraten und dann verhaftet wurde. Alex' Halbbruder Erich wurde am selben Tag festgenommen, zwei Tage später vernommen, freigelassen, um bereits 24 Stunden darauf erneut verhaftet zu werden, „diesmal auf Anweisung der Gestapo". Er wurde von zwei Feldwebeln ins Wittelsbacher Palais verbracht, wo er kurz seine Eltern und seine Schwester sah. Die ganze Familie wurde am 20. März 1943 kommentarlos entlassen. Erich kehrte nach Freiburg zu seiner Einheit zurück und wurde dort von seinem Vorgesetzten Oberstabsarzt Wedel freundlich empfangen und persönlich getröstet. Die während seiner Abwesenheit erfolgte Beförderung der Einheit zum Feldwebel holte man für Erich ostentativ nach.
Angelika Knoop kam am 26. März 1943 wegen Verdachts der Mitwisserschaft in Untersuchungshaft in das Gestapo-Gefängnis im Wittelsbacher Palais in München, wo sie bis Juni verblieb und über ihrer Zelle das Auf- und Abgehen Alexander Schmorells hörte. (Moll, S. 265) Im Lauf seines Gefängnisaufenthalts reifte Alex, auch im christlichen Glauben. „Mit den Worten des katholischen Pfarrers Ferdinand Brinkmann wollte er ‚sogleich den Kurs zu Gott und Ewigkeit' nehmen." Zu seinem Anwalt sagte Alex kurz vor seiner Hinrichtung: „Sie werden erstaunt sein, mich in dieser Stunde so ruhig anzutreffen. Aber ich kann Ihnen sagen, daß ich selbst dann, wenn Sie mir jetzt die Botschaft brächten, ein anderer, z.B. der Wachtmeister hier, der mich zu bewachen hat, sollte für mich sterben, ich trotzdem den Tod wählen würde. Denn ich bin jetzt überzeugt, daß mein Leben, so früh es auch erscheinen mag, in dieser Stunde beendet sein muß,

da ich durch meine Tat meine Lebensaufgabe erfüllt habe. Ich wüßte nicht, was ich noch auf dieser Welt zu tun hätte, auch wenn ich jetzt entlassen würde." (Scholl, Position 2542) Auch Kurt Hubers Glaube reifte. Er beschäftigte sich „in den letzten Lebensmonaten in der Zelle intensiv mit der Dogmatik von Michael Schmaus ...; ihn beeindruckte dessen Auseinandersetzung mit kirchlicher Lehre und christlicher Existenz, mit Existenzialismus und Geschichtsphilosophie, sodass er bedauerte, dies nicht früher getan zu haben." Sein Leben, meinte der Hochschullehrer wäre anders verlaufen. (Bald/Knab, S. 73)

„Auf persönliche Anordnung Heinrich Himmlers wurde am 27. Februar 1943 gegen die Familienangehörigen der sechs Hauptbeteiligten der Weiße-Rose-Aktionen die sogenannte ‚Sippenstrafe' verhängt." Anscheinend umging jedoch der Leiter der Münchener Gestapo-Leitstelle Oswald Schaefer auf eigene Verantwortung so weit wie möglich diesen Befehl. „So wurden Clara Huber, die Frau von Professor Kurt Huber und Herta Probst nicht in Haft genommen, da sie kleine Kinder zu betreuen hatten. Katharina Kleeblatt, Christoph Probsts Mutter, wurde unbehelligt gelassen, da sie kränklich war." Auch sorgte Schaefer dafür, dass die meisten Angehörigen relativ schnell wieder aus der Haft entlassen wurden, obwohl die Schutzhaft- und KZ-Einweisungsbefehle vom Reichssicherheitshauptamt schon ausgestellt waren. (Moll, S. 265f.)

Auch Theodor Haeckers Haus wurde nach der Verhaftung der Geschwister Scholl durchsucht. Die ihn kompromittierenden, nach dem Krieg als „Tag- und Nachtbücher" erscheinenden Tagebuchnotizen konnte seine Tochter als Klaviernoten aus dem Hause zu einem befreundeten Pfarrer schaffen. Von den Aktionen der „Weißen Rose" wusste er nichts, doch belastete ihn die Hinrichtung der Geschwister Scholl und Christoph Probsts schwer. Wochenlang vermochte er keine Zeile zu schreiben. Er „versank in einem ‚Meer der Schwermut' und verstummte bis Juni 1943. ‚Ihn bewegte dabei', so erinnerte sich Jahrzehnte später der Weggefährte Eugen Turnher, ‚nicht nur Trauer und Schmerz, sondern immer wieder die Frage, ob Einsatz und Verlust unserer Freunde in einem richtigen Verhältnis standen. Diese Frage ließ ihn nie los, er kam immer wieder auf sie zurück.'" (Bald/Knab, S. 52) Später fand Haecker nach dem Verlust seiner Münchener Wohnung durch einen Bombenangriff Zuflucht bei den Scholls auf dem Bruderhof in Ervatingen bei Donaueschingen. Vor der Rückkehr nach München trug Haecker in das Gästebuch ein: „Vom 8. Juli bis 24. August 1944 habe ich sieben schöne reiche Wochen im Bruderhof als Gast der Familie Scholl verbracht. ... Weil das Herz zum Herzen spricht[1] war doch das Schönste: ich

---

[1] Der Wahlspruch Kardinal John Henry Newmans lautete „Cor ad cor loquitur" (Das Herz spricht zum Herzen).

durfte sieben Wochen gute Taten sehen und gute Worte hören von guten Herzen. Dafür danke ich und bitte Gott, daß er mit Seiner Güte ihre Güte lohnen möge." (Tag- und Nachtbücher, S. 15f.) Inge Scholl begleitete er bei ihrer Konversion zum Katholizismus.

Carl Muth bekam ebenfalls Besuch von der Gestapo. Davon berichtete der Schriftsteller Werner Bergengruen, der Hans Scholl im Haus Muths begegnet war, ohne zu wissen, dass er „der Verfasser jener Flugblätter der Weißen Rose war, die meine Frau und ich nächtlich abtippten und die ich dann nach sorgfältiger Auswahl der Adressaten zu Rad in die Stadt brachte, um sie auf die Briefkästen der verschiedensten Postbezirke zu verteilen". Hans wiederum schätzte die Werke des im Jahr 1936 zum Katholizismus übergetretenen Schriftstellers. Bergengrüns Erinnerung an die Gestapo-Visite bei Muth: „Nachdem das Unheil sich schon erfüllt hatte, erschienen zu später Abendstunde zwei Gestapobeamte bei Muth. Er wurde gefragt, ob er zugebe, Hans Scholl gekannt und häufig bei sich gesehen zu haben. Muth bejahte. ‚Dann sind Sie also einer der intellektuellen Urheber.' Zur Antwort brüllte Muth ihn an: ‚Das werden sie mir beweisen müssen!' schrie er zornig. Mit diesem Schrei hatte Muth die Herrschaft über die Situation an sich gerissen." Der 22. Februar 1943, als Hans und Sophie Scholl zusammen mit Christoph Probst in München hingerichtet wurden, habe ihm, so Muth später, das Herz gebrochen. (Jakob Knab, Mentor des Widerstands, Die Tagespost, 24. November 2017)

Aus einer Aktennotiz des Reichspropagandaministeriums vom 1. März 1943 ist die große Besorgnis der Behörden zu entnehmen, weil das Todesurteil gegen Sophie und Hans Scholl sowie Christoph Probst von der Bevölkerung negativ aufgenommen wurde. (CPG, S. 48) Auch Brunnhilde Pomsel, Sekretärin im NS-Propagandaministerium von Joseph Goebbels, meinte Jahrzehnte später: „Unter uns war jedenfalls unendliches Mitempfinden, weil es ja so junge Leute waren. Studenten waren das ja noch. Das war so hart, dass man sie auch gleich hinrichtete. Das wollte sicher niemand" (Pomsel, Position 728). Dagegen sah der Oberreichsanwalt des Volksgerichtshofes noch im Mai 1943, also drei Monate nach der Hinrichtung, in den Flugblättern eine derartige Bedrohung, dass „eine Begnadigung von Alexander Schmorell, Willi Graf und Kurt Huber[2] nicht in Frage kommen könne": Es handle sich „wohl um den schwersten Fall hochverräterischer Flugblattpropaganda […] während des Krieges im Altreich." (CPG, S. 48)

---

[2] Hubers „politisches Bekenntnis" vom 8. März 1943 in: Chaussy/Ueberschär, S. 485-492.

Der zweite Weiße Rose-Prozess fand am 19. April 1943 wieder in München statt. Todeskandidaten waren Alexander Schmorell, Kurt Huber und Wilhelm Graf. Weitere elf Angeklagte saßen mit ihnen auf der Anklagebank vor Roland Freisler. Von ihnen wurde Eugen Grimminger zu zehn Jahren Zuchthaus verurteilt, Heinrich Bollinger und Helmut Bauer zu sieben Jahren Zuchthaus, Hans Hirzel und Franz Müller zu fünf Jahren Gefängnis, Heinrich Guter zu achtzehn Monaten Gefängnis, Gisela Schertling, Katharina Schüddekopf und Traute Lafrenz wurden „als Mädchen" zu einem Jahr Gefängnis, Susanne Hirzel zu sechs Monaten Gefängnis verurteilt. Überraschenderweise wurde Falk Harnack freigesprochen. (Scholl, Position 821ff; Kurzbiografien anderer „Weiße-Rose-Mittäter" siehe auch: Gebhardt, Position 4420ff.)

Am 13. Juli 1943 kam es zu einem dritten Prozess wegen der Aktionen der Münchener Studenten. Vier ältere Freunde des Kreises wurden in München vor ein Sondergericht gestellt: der bei den Flugblattaktionen wichtige Hilfestellung leistende Buchhändler Josef Söhngen, Christels Schwiegervater Harald Dohrn, der Kunstmaler Wilhelm Geyer und der Architekt und Maler Manfred Eickemeyer, der den Studenten für ihre Zusammenkünfte und ihre Arbeit sein Atelier zur Verfügung gestellt hatte. Sie erhielten zwischen drei und sechs Monaten Gefängnis. (Scholl, Position 843)

Kurz nach der Verhaftung der Geschwister Scholl fiel Hans Leipelt das sechste Flugblatt der Weißen Rose in die Hände. Mit seiner Freundin Marie-Luise Jahn vervielfältigte er den Text und gab ihm die Überschrift: „Und ihr Geist lebt trotzdem weiter!" Die Beiden verteilten die Flugblätter und brachten sie nach Hamburg. Leipelt sammelte dort für die nach dem Tod ihres Mannes mittellose Clara Huber und ihre Kinder heimlich Geld. Er wurde am 8. Oktober 1943 verhaftet. Ein Jahr nach seiner Verhaftung fand am 13. Oktober 1944 der vierte Prozess gegen die Weiße Rose statt. In diesem Prozess wurde Leipelt zum Tode verurteilt, seine Mitangeklagte Marie-Luise Jahn zu 12 Jahren Zuchthaus. Leipelt wurde in das Vollstreckungsgefängnis München-Stadelheim gebracht, wo er am 29. Januar 1945 durch das Fallbeil hingerichtet wurde. (Scholl, Position 909)

Christels Schwiegervater Harald Dohrn, der im dritten Weiße Rose-Prozess weitgehend unbehelligt geblieben war, begrüßte am 28. April 1945 zusammen mit seinem Schwager Hans Quecke einen Radioaufruf der „Freiheitsaktion Bayern", die mit allen Mitteln die Verteidigung Münchens verhindern und zugleich dem Ausland gegenüber die Existenz eines anderen Deutschland aus christlichem Geist unter Beweis stellen wollten. Die Schwäger wurden kurz vor dem Einmarsch der Amerikaner denunziert und verhaftet und fielen Gauleiter Giesler in die Hände. Der Fanatiker ließ an diesem und am folgenden Tag, als bereits alles verloren war, 150 Zivilisten hinrichten, die dem Feind keinen Widerstand mehr leisten wollten. Die letzten Opfer fuhr ein Exekutionskommando auf einem Lastwagen in den Perlacher Forst und tötete sie dort durch einen Genickschuss, darunter Dohrn und Quecke. Die Leichen ließ man liegen. (Martyrologium, S. 476ff.) Harald Dohrn starb also unweit der Stelle, an der sein Schwiegersohn begraben lag und die allgemeine Auferstehung der Toten bereits erwartete.

Lesetipps und Kurztitel

Bücher zu Christoph Probst

Christiane Moll (Hg.), Alexander Schmorell – Christoph Probst. Gesammelte Briefe, Schriftenreihe der Gedenkstätte Deutscher Widerstand Reihe B: Quellen und Berichte (hrsg. Von Peter Steinbach und Johannes Tuchel), Band 3, Berlin 2011 (Kurztitel: Moll).

Christoph-Probst-Gymnasium Gilching (Hrsg.), … damit Deutschland weiterlebt. Christoph Probst (1919–1943), Gilching 2000 (Kurztitel: CPG).

Georg Schwaiger, Christoph Probst. Student der Medizin, in: Helmut Moll (Hrsg.), Zeugen für Christus. Das deutsche Martyrologium des 20. Jahrhunderts, Paderborn ^{7}2019, S. 507–509 (Kurztitel: Martyrologium).

Aufsätze und Vorträge zu Christoph Probst

Christiane Moll, Die Weiße Rose, in: Steinbach, Peter/Tuchel, Johannes (Hrsg.), Widerstand gegen den Nationalsozialismus, Bonn 2004, S. 374–394 (Kurztitel: Widerstand).

Angelika Probst, Christoph Probst, in: Christoph-Probst-Gymnasium Gilching (Hrsg.), … damit Deutschland weiterlebt. Christoph Probst (1919–1943), Gilching 2000, S. 127–130 (Kurztitel: CPG); auch unter dem Titel „Meine lieben Marienauer", in: Archiv des Instituts für Zeitgeschichte, München ZS/A 26, Band 4, S. 100–108.

Maximilian Probst, Der Judenhasser, der uns malte, in: Die Zeit, 25. April 2019, S. 39.

Michael Probst, „Mein einziger Kummer ist, daß ich euch Schmerz bereiten muß", in: Christoph-Probst-Gymnasium Gilching (Hrsg.), … damit Deutschland weiterlebt. Christoph Probst (1919–1943), Gilching 2000, S. 135–142 (Kurztitel: CPG).

Ders., Zuversicht und Klarheit. Der Widerstand der „Weißen Rose", in: Dokumentationsband zum 88. Deutschen Katholikentag München 1984, Paderborn, S. 347–358 (Kurztitel: Dokumentationsband).

Ders., Christoph Probst und Willi Graf im Widerstand der „Weißen Rose". Gründe – Ziele Vermächtnis, in: Helmut Moll (Hrsg.) „Weiße Rose" – Vor 60 Jahren zerschlagen, PEK Skript, Köln 2003, S. 12–48 (Kurztitel: PEK Skript).

Barbara Probst-Polášek, Ein österlicher Sieg, Christoph Probst – Vollendung eines jungen Lebens, in: Kirche heute, Monatsschrift, April-Ausgabe 2018, https://www.kirche-heute.de/ausgaben/alle-ausgaben/ausgaben-erweiterungen/2018/april-2018.html#c1765.

Herta Siebler-Probst, Zeugnis, in: Helmut Moll (Hrsg.) „Weiße Rose" – Vor 60 Jahren zerschlagen, PEK Skript, Köln 2003, S. 9–11 (Kurztitel: PEK Skript).

Ralph Studer, Christoph Probst, Das Leben eines Aufrechten, pro manuscripto.

Bücher zur Weißen Rose und zum Widerstand im Dritten Reich

Archiv des Instituts für Zeitgeschichte, München ZS/A 26,
Band 4: Korrespondenz und Niederschriften von 1945–1948 betr. die „Weiße Rose"
Band 5: Presseberichte von 1945–1948 betr. die „Weiße Rose".

Ulrich Chaussy/Gerd R. Ueberschär, „Es lebe die Freiheit!". Die Geschichte der Weißen Rose und ihrer Mitglieder in Dokumenten und Berichten, Frankfurt am Main 2013 (Kurztitel: Chaussy/Ueberschär).

Detlef Bald, Die „Weisse Rose". Von der Front in den Widerstand, Berlin 2004 (Kurztitel: Bald).

Detlef Bald/Knab Jakob (Hrsg.), Die Stärkeren im Geiste. Zum christlichen Widerstand der Weißen Rose, Essen 2012 (Kurztitel: Bald/Knab).

José M. García Pelegrín, La Rosa Blanca. Los estudiantes que se alzaron contra Hitler, Madrid 2006 (Kurztitel: García).

Miriam Gebhardt, Die Weiße Rose. Wie aus ganz normalen Deutschen Widerstandskämpfer wurden, München 2017 (Kurztitel: Gebhardt).

Ricarda Huch, In einem Gedenkbuch zu sammeln…, hrsg. und eingeleitet von Wolfgang M. Schwiedrzik, Leipzig 1997 (Kurztitel: Huch).

Helmut Moll (Hrsg.), Zeugen für Christus. Das deutsche Martyrologium des 20. Jahrhunderts, Paderborn ^{7}2019, hier insbesondere die Artikel über Willi Graf, S. 486–489, Kurt Huber, S. 491–493 und Harald Dohrn, S. 476–479.

Christian Petry, Studenten aufs Schafott. Die Weiße Rose und ihr Scheitern, München 1968 (Kurztitel: Petry).

Inge Scholl, Die Weiße Rose, Ebook-Ausgabe, Frankfurt am Main 2011 (Kurztitel: Scholl).

Paul Shrimpton, Conscience before Conformity. Hans and Sophie Scholl and the White Rose resistance in Nazi Germany, Leominster Herefordshire 2018 (Kurztitel: Shrimpton).

Audio-CD

Martina Mühlbauer, Christoph Probst – Briefe, gelesen von Sebastian Bezzel, Murnau 2017.

Hörspieldokumentation

Katrin Seybold und Michael Farin, Flugblätter des Widerstands – „Wagnis Weiße Rose: Es lebe die Freiheit!", Bayerischer Rundfunk 8. Februar 2018.

Filmdokumentation

Katrin Seybold, Die Widerständigen. Zeugen der Weißen Rose / Nein! Zeugen des Widerstands in München (2 DVDs), Bayerischer Rundfunk 2008.

ZDF info, Hitlers Vollstrecker – Das Volksgericht und der Widerstand – Die Weiße Rose, https://www.youtube.com/watch?v=wF-obYsWWCg.

Abbildungsnachweis

S. 163: „Weisse Rose Institut, München"
S. 164: „Weisse Rose Institut, München"
S. 168: „Weisse Rose Institut, München"
S. 169: George (Jürgen) Wittenstein / akg-images 894360